藤田英典
Fujita Hidenori

家族とジェンダー

教育と社会の構成原理

世織書房

Family and Gender

——Organizing Principles of Education and Society——

Fujita Hidenori

はじめに

二〇世紀の第四半世紀は、家族とジェンダーの在り方が厳しく問い直された時代であった。その問い直しは、一九七〇年代以降のフェミニズム運動の高まり、八〇年代以降の家族・ジェンダーに関する多彩な研究の展開、九〇年代以降の男女共生・共同参画社会の実現に向けての法制度の再編と諸政策の推進、というように展開してきたと概括することができよう。そして、二一世紀の課題は、その問い直しの成果をどのように生かし、そこで掲げられるようになった理念や目的をどのように具体化していくかにあると言えよう。

この展開はいまや時代の大きな流れとなっているが、そこには、幾つか未決の問題ないし等閑視すべきでない問題が横たわっているように見受けられる。その一つは、家族・ジェンダーに関わる制度・観念・慣行の脱構築・再構築が進むなかで、価値観やアイデンティティをめぐる問題が改めて争点化していることである。これは、家族・ジェンダーに関わる制度的再編や新たな政策的介入が拡大するなかで、価値に関わる政治的・社会的選択の問題、教育や社会の構成原理に関わる問題として十分な検討を要する問題であろう。

二つには、家庭内暴力、養育放棄や幼児遺棄、児童虐待、性的虐待、セクシャル・ハラスメント、引きこもり、摂食障害、アルコール依存症、性同一性障害などに悩む人びとが増えているように見受けられることである。これは、必ずしも家族やジェンダーの在り方が問い直され再編されるようになったことに起因するというわけではないが、関連する問題現象として見過ごすことのできない問題である。

三つには、教育と家族・ジェンダーとの関係に関わる問題である。家族が子どもの生活機会・教育機会を左右し、その生活・成長・社会化を支え枠付けている主要な機関であることは、否定しようのない事実である。また、教育が、家族やジェンダーの在り方に関わるメッセージを伝え、その将来のありようを多少なりとも左右する重要な営みであることも、否定しようのない事実である。これらの事実のゆえに、家族・ジェンダーに関わる制度・観念・慣行の再編は、さまざまの困難と矛盾を引き起こすことになる。その困難や矛盾をどのように克服・解決していくのかは、今後の問い直し・再編のプロセスにおいて等閑視すべきでない重要な課題であろう。

＊

本書は、筆者がこの十数年の間に書いた論文をまとめたものである。この十数年、家族・ジェンダーに関しては、膨大な書物が刊行されており、政策的関心や世間一般の関心も非常に高まっている。それは、分野別・テーマ別のコーナーを設けている比較的大きな本屋には、ほとんどと言っていいほどに、家族・ジェンダー関連のコーナーがあることにも表れている。そうしたなかで、本書に特徴があるとしたら、それは、以上の三点に留意していることにあると思う。特に第一と第三の点については、その都度、それなりに検討してきたつもりである。不十分な点、不備な点も少なくないと思うが、今後の議論や研究、実践や政策に、多少なりとも刺激と示唆を与えることができるなら、このうえない幸せである。

家族とジェンダー

目次

家族とジェンダー

教育と社会の構成原理

家族論

家族論

1 家族の現在——変貌する家族、〈家族〉への憧れ

1 はじめに——家族を論じる視点

「問題」としての家族

いまなぜ「家族」を取り上げるのか、また、なぜ「家族」がこんにち問題になっているのか、その問題の本質・背景・構造はどういったものかについて、私の専門の教育社会学の観点から、子ども・教育という視点を考慮に入れて考えてみたい。

こんにち家族論では、家族という枠組みそのものの揺らぎが論じられているが、もう一方で、子どもの生活や教育に関する議論では、家族の重要性が繰り返し言われている。こうした状況のなかで、私は、先進的な家族論と教育論の間で、家族は引き裂かれていると感じてきた。この印象は私の家族論に対するス

タンスを偏ったものにしているかもしれない。そのことを初めにお断わりしておきたい。

一九七〇年代以降、欧米で家族や教育に関する社会史的研究が盛んになってきた。それらの文献を読んでいるうちに、家族や学校が歴史的にどのように生成展開してきたのか、その結果、人びとの生活や子どもの成長のありようがどのように変化してきたのかということに興味をもつようになった。当時アメリカではさまざまの新しい研究が行なわれていたが、とくにリヴィジョニスト（再解釈派）の研究に興味を持った私は、一九八三年から一年間アメリカのペンシルベニア大学で客員研究員として過ごすことになった。ある日ニューヨークの有名な本屋さんに行ったところ、店頭に平積みしてあるたくさんの本のなかに、ピーター・バーガーとブリジッド・バーガーという二人の社会学者が書いた『*The War over the Family* 家族をめぐる戦争』（一九八三）があった。タイトルが印象的であるうえに、社会学者として有名なバーガー夫妻の書いたものだということで、早速それを買い求め、ニューヨークからフィラデルフィアまでの電車のなかで読み進めたわけだが、その本の冒頭には、こんにち「家族が問題になっている」が、「ある事柄が問題と見なされる」場合、「もっと正確に言えば、問題化される」場合、そこには「二つの意味が含まれている」と書かれている。

一つは認識論的問題である。ある事柄が問題として認識されるのは、それが他の事柄より目立つからであり、注目せずにはおれないからである。家族が問題視されるのは、家族をめぐって何か理解しがたいことが起こっている、何かがおかしい、と感じられるからである。私たちは普段、息をしていることを気にもとめない。息苦しいと感じるようになってはじめて、息をしていることに気づき、何か問題が起こっていると考える。それは社会制度でも同じである。社会生活において何か不都合なことがあると、それに関わる制度が注目され問題視されることになる。

もう一つは規範論的問題である。少なくとも近代以降の社会では、ある制度が問題視されるということは、なんとかすべき問題、実践的に何かをすべき問題として捉えられるということを意味する。社会は人びとが作りあげたものであり、作りかえることのできるものであるという近代的な前提に基づいているが、家族はこんにち、このような意味で問題化されているというのである。

「家族をめぐる戦争」

この何とかしなければいけない問題として家族を論じるに際して、なぜバーガー夫妻は本のタイトルを「家族をめぐる戦争」としたのだろうか。War という言葉は〈戦い〉と訳すこともできるが、この場合は〈戦争〉と訳すほうが適切だと考えられるのだが、その意味について考えてみよう。

アメリカ人は、どうも war という言葉が好きなようである。たとえば一九六〇年代、アメリカ社会に充満する貧困を克服しなければならないということで、連邦政府は War on Poverty という政策を掲げた。これは「貧困との戦い」と訳されているが、この場合 war は〈戦い〉と訳すほうが適切である。一般に〈戦い〉という言葉は、戦う主体の行為を指し、その行為を主体の側に立って捉える場合に用いられる。〈貧困との戦い〉は、貧困が、アメリカ社会の克服すべき問題、アメリカ社会のすべての人が協力して解決しなければならない問題として捉えられたということである。同様の使い方は〈自然との戦い〉という場合にも見られる。

それに対して、〈戦争〉という言葉は、敵対する勢力間の争いを第三者の視点から捉える場合に用いられる。この本のタイトルは*The War over the Family*である。on と over の違いもあるが、この場合は、〈戦い〉ではなくて〈戦争〉と訳すほうが適切である。なぜなら、こんにち家族が問題になっているのは、家族というものをめぐって価値観や利害の対立があるからであり、対立・矛盾する価値や利害を調整し、新しい均衡・境界を確立することが課題となっているからである。

しかし、家族という装置、家族という制度、家族という仕組みは、たんに〈戦争〉と訳してそれで十分かというと、けっしてそうではない。一九六〇年代以降、女性解放運動やフェミニズムの運動が盛んになってきたが、家族という制度は、その主要な担い手の一方である女性を差別し抑圧する制度として展開してきた。したがって、それは〈戦争〉であると同時に、〈戦い〉でもある。女性の立場に立てば、これは〈家族をめぐる戦争〉ではなくて、〈家族に対する戦い〉、〈乗り越え、克服すべき戦い〉である。そういう意味で、The War over the Family は、たんに〈戦争〉と訳しただけでは十分ではない。そこには〈戦い〉という要素も含まれている。そういう二面性を持った問題として家族の問題を捉える必要があると思う。

家族問題に対する三つのスタンス

この本のなかでバーガー夫妻は、家族問題に対して三つの基本的な立場が区別されると述べている。すでに述べたように、家族をめぐる問題が価値や利害の対立に根ざす戦争という側面を持っていることを考えれば、そうした立場の違いが出てくるのは当然である。

第一は、現状批判的なフェミニストの立場である。家族の現状を否定的に捉え、女性の自由と男女平等を実現するために、女性に対して抑圧的・差別的な家族制度を変えていかなければならない、というスタンスを基本とする現状批判的な立場である。それに対して、第二に、新保守主義と呼ぶことのできる立場がある。この立場は、第一の立場に対する反動という傾向を持っており、家族の現状を自然なもの・あたりまえのものとして捉え、それを基盤にして人びとの生活や子どもの成長が成り立っていると考え、そういう家族を守らなければならないと主張する。

三番目は、〈価値自由〉を標榜する研究者の立場である。現状に対して中立的で、家族の歴史や現状を事実として分析解明するというスタンスである。一般的に研究者の役割は、特定の価値観や考え方にコミットするのではなく、事実をありのままに観察分析し、その構造や特徴を明らかにすることにあると考えられているが、家族についても同様のスタンスで研究するという立場である。

しかし、すでに述べたように、こんにち家族の問題は〈戦争〉と呼べるような状況にある。こうした状況では、どれだけ〈価値自由〉を標榜しようとも、本当に中立的でありうるかということが問題になる。一般に戦争では武器や情報が重要な役割を果たすが、家族問題が〈戦争〉状態にあるとすれば、学問的な知見や見解がそうした武器や情報として、どちらかの側に利用されることは十分にありうる。実際、ラディカル・フェミニストと言われる立場に立つ研究者は、現状批判・変革というスタンスを自ら表明している。この場合は第一の立場になるが、そうでない場合でも、すなわち、そうした価値的コミットメントを極力排除しようとしている研究者の場合でも、また、そうしたコミットメントを排除したところで行なわれた研究の成果であっても、結果的に一方の側に加担し、利用されるということは、いくらでもありうる。たとえば一連の社会史的研究は、夫婦・親子の情愛的結合とプライバシーを特徴とする〈近代家族〉はヨーロッパでは一七、八世紀以降に出現、拡大してきたものだということを明らかにしてきたが、この知見は家族問題という戦場では、主に現状批判・変革推進派によって利用されてきた。こんにち私たちがあたりまえだと思っている家族は、ヨーロッパでもたかだか二、三〇〇年、日本では明治以降に形成されてきたものであり、たかだか一〇〇年ほどの歴史しかもっていない。それどころか、戦前期は家父長制が強かったから、情愛的で多少なりとも民主的な核家族が大衆的な広がりを持つようになったのは戦後のことでしかない。つまり、私たちが自明視している家族は、けっして普遍的なものでも絶対的なものでもなくて、時代とともに変化するものであり、また、変化していくべきものなのだ、というように、変化・変革を支持するメッセージとして利用されることになる。こうしたことは、家族問題だけでなく、およそ社会問題と言われるものすべてに、程度の差はあれ言えることである。

2　問題化する家族

問題化の新次元とその背景

こんにちなぜ家族が問題化しているのか、その背景についてまず確認しておこう。日本で家族がこんなにちのような次元で問題視されるようになってきたのは、一九七〇年代以降のことである。明治以来、家族のありようは繰り返し論じられてきたが、これまでは、その時々に理想と考えられる家族を実現するにはどうしたらよいかという問題の立て方がなされてきた。ところが一九七〇年代以降は、従来のように理想の家族を追い求めるという構えそのものが間違いではないか、家族という枠組みそのものが問い直される必要があるのではないか、その枠組みそのものが揺らいでいるのではないか、といった議論や研究や運動が盛んになってきた。

その背景としては、第一に、幼児虐待や家庭内暴力など、〈家族病理〉的現象が表面化してきた。第二に、離婚率や非婚率の上昇といった家族関連指標の変化が家族の揺らぎを示すものとして注目されるようになった。第三に、ウーマン・リブ（女性解放）やフェミニズム（女権拡張主義）の運動、国際婦人年や世界女性会議というように、女性の地位向上と男女平等の実現を目指す運動が世界的にも国内的にも盛んになってきた。第四に、家族史研究や家族研究が「近代家族」の歴史的展開を明らかにし、家族という枠組みを歴史的に相対化してきた。そして第五に、そうした動きを背景にして、男女雇用機会均等法や夫婦別姓問題など、家族や労働に関する法律の改正や社会政策の変更が推し進められるようになった。こうした動向のそれぞれについて簡単にみておこう。

〈家族病理〉的現象の増加

〈家族病理〉的現象としては、まず、親子関係に関する問題が注目されるようになった。家庭内暴力、過保護、父親不在、父権の喪失、親子の断絶など、親子関係をめぐるさまざまの問題や現象が一九七〇年代以降マスコミを賑わすようになった。第二に、とくに幼児と母親との関係をめぐる問題も注目されるようになった。幼児遺棄、幼児虐待、育児不安、育児ノイローゼ、「母原病」など、母子関係における病理的現象が指摘されるようになった。第三に、家庭の崩壊や家族そのものの揺らぎも指摘されるようになった。たとえば個食／孤食ということが問題として注目されるようになった。家族がいても一人で食事をするとか、会話のない食卓といった事態が指摘されるようになった。森田芳光監督の「家族ゲーム」（一九八三年）という映画は、こうした状況を象徴的に描いた作品として注目された。そこでは、屋台のそば屋のように、家族が壁に向かって横一列に並んで食事をするという光景が描かれている。私たちは一般に、食卓は家族団欒の場であり、食卓を囲んで食事をするという光景を望ましい家族の在り方を象徴するものとして思い描くが、「家族ゲーム」のなかで描かれた家族の人間関係は横に並んで、お互いに目を交わし合うことのない関係として描かれている。家庭のホテル化や「くれない族」の妻ということも言われた。ワーカホリック（仕事中毒）の夫と家庭のなかで一人孤独な日々を過ごす妻。何もしてくれないと嘆く妻たちの出現を称して「くれない族」という流行語がつくられ、山田太一脚本の「それぞれの秋」（一九七三年）や「岸辺のアルバム」（一九七七年）といったテレビドラマが人気を博したことも周知のところである。七〇年代以降、そうした家族のありようが、映画やテレビドラマ、小説やまんがのなかでさまざまに描かれてきた。そして、そうした光景は、フィクションではなく、実際の家庭でも広まっていると言われるようになった。第四に、夫婦関係の破綻、離婚・別居の増大も注目されるようになった。さらに五番目として、アルコール依存症（キッチンドリンカー）、摂食障害、情緒障害、行動障害などの増加が指摘され、家族のありようとの関連が言われるようになってきた。

一九七〇年代以降、こうした〈家族病理〉的現象が頻繁に指摘されるようになってきた。そうした現象が実際のところどのくらい広がっているかは不明だが、マスコミが事件として報道する出来事や映画やテレビドラマで描かれる現象が、現代の状況を象徴していることは否定できない。

家族の揺らぎ

次に、各種の家族関連指標が示す〈家族の揺らぎ〉について考えてみよう。家族に関するさまざまの統計は、〈家族が揺らいでいる〉という印象を与えるに十分なものである。たとえば離婚率は、図1が示すように、確かに一九七〇年代以降上昇している。一九六〇年頃は、夫婦一〇〇〇組当たり三・五三であったが、六〇年代後半以降上昇し始め、九〇年代には五を超すようになった。それでも図2に示されているように、欧米諸国に比べると、まだはるかに低い水準にある。しかし、図3に示されているように、離婚が原因で母子世帯になった家族は、一九五二年には七・五％でしかなかったが、一九八八年には六二・三％というように、急増している。

初婚年齢の上昇・未婚率・非婚率の上昇も注目されている。図4を見ると、一九六〇年頃までは三〇〜三四歳の未婚男性の割合は一〇％以下であったが、六〇年代後半以降急増し、九〇年には三〇％を超している。女性の場合も、男性ほどではないが、一五％くらいになっている。図5に示されているように、平

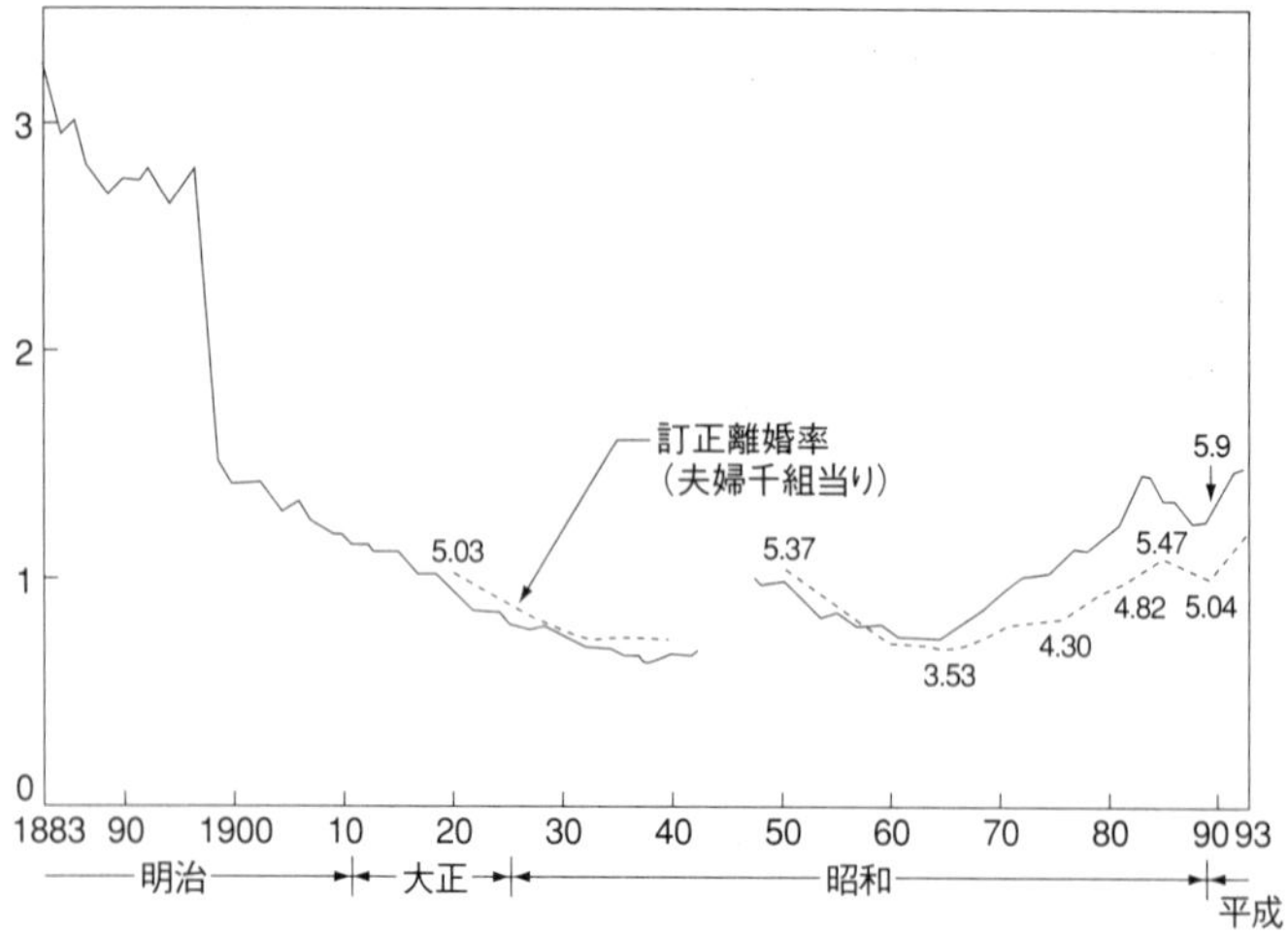

（出典）厚生省「人口動態統計」等により湯沢が作成。文献①湯沢雍彦『図説家族問題の現在』（1995）より。

図1　普通離婚率と訂正離婚率の推移

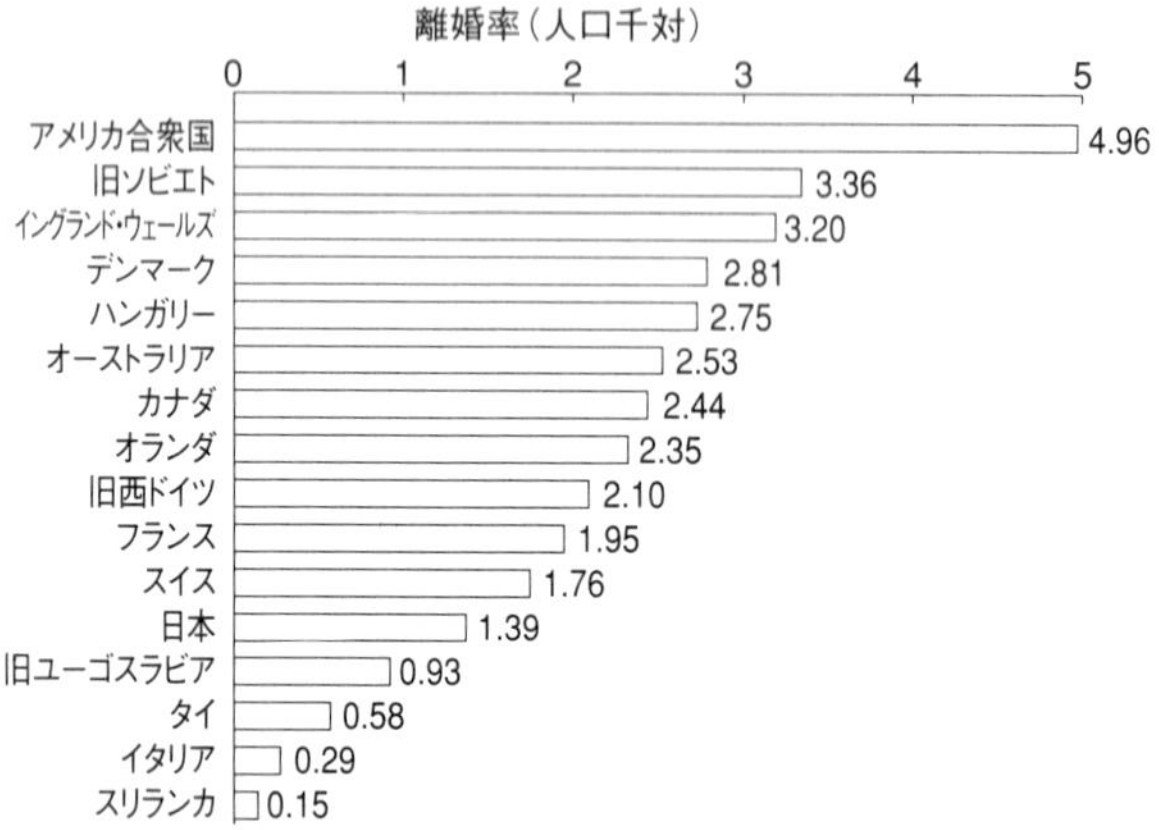

（出典）厚生省「離婚に関する統計」（1991）による。文献①湯沢（1995）より。

図2　諸外国の普通離婚率（人口千対）（1985年）

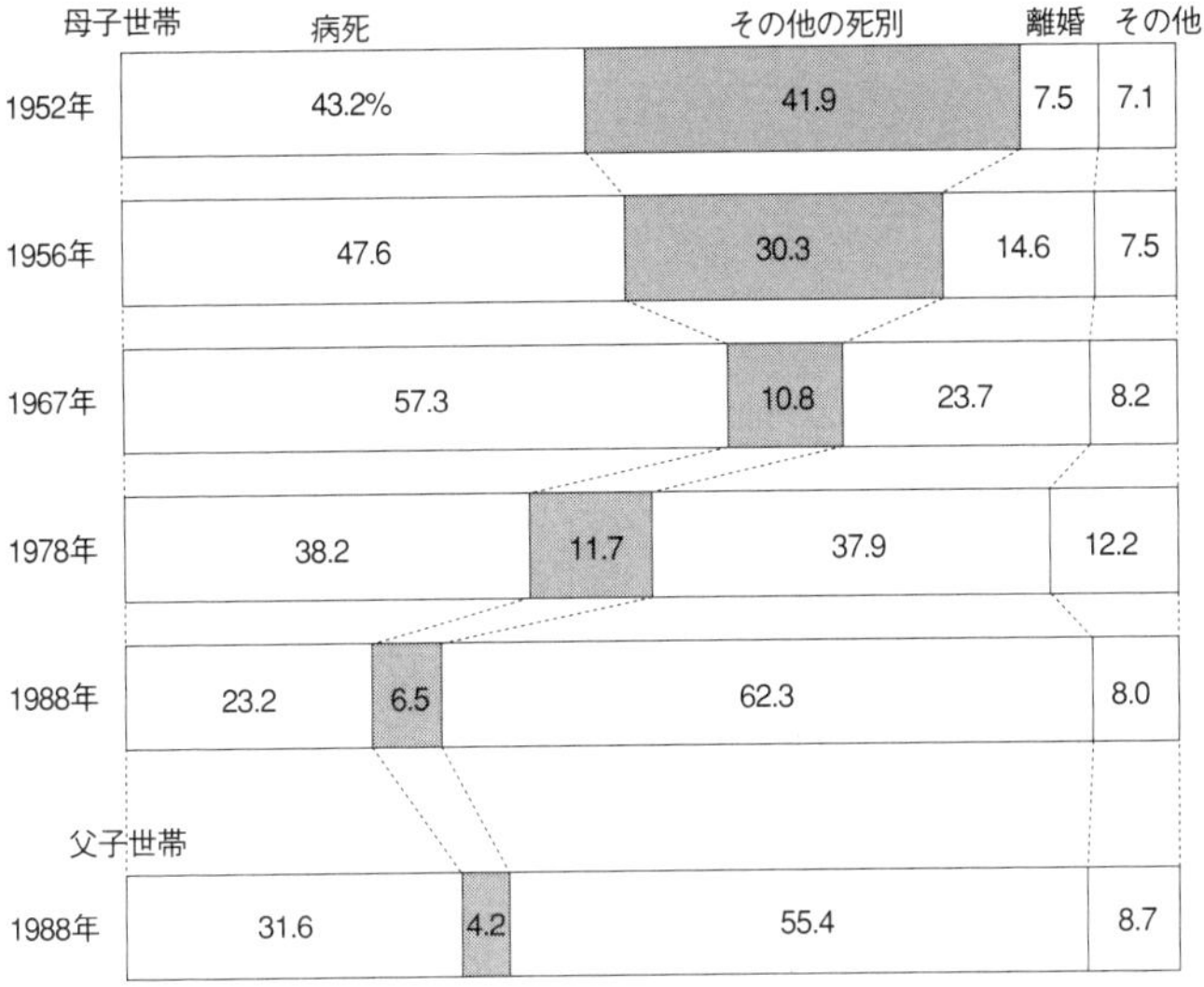

（出典）厚生省『国民生活基礎調査』（1988）による。文献①湯沢（1995）より。

図3　母子世帯・父子世帯になった理由

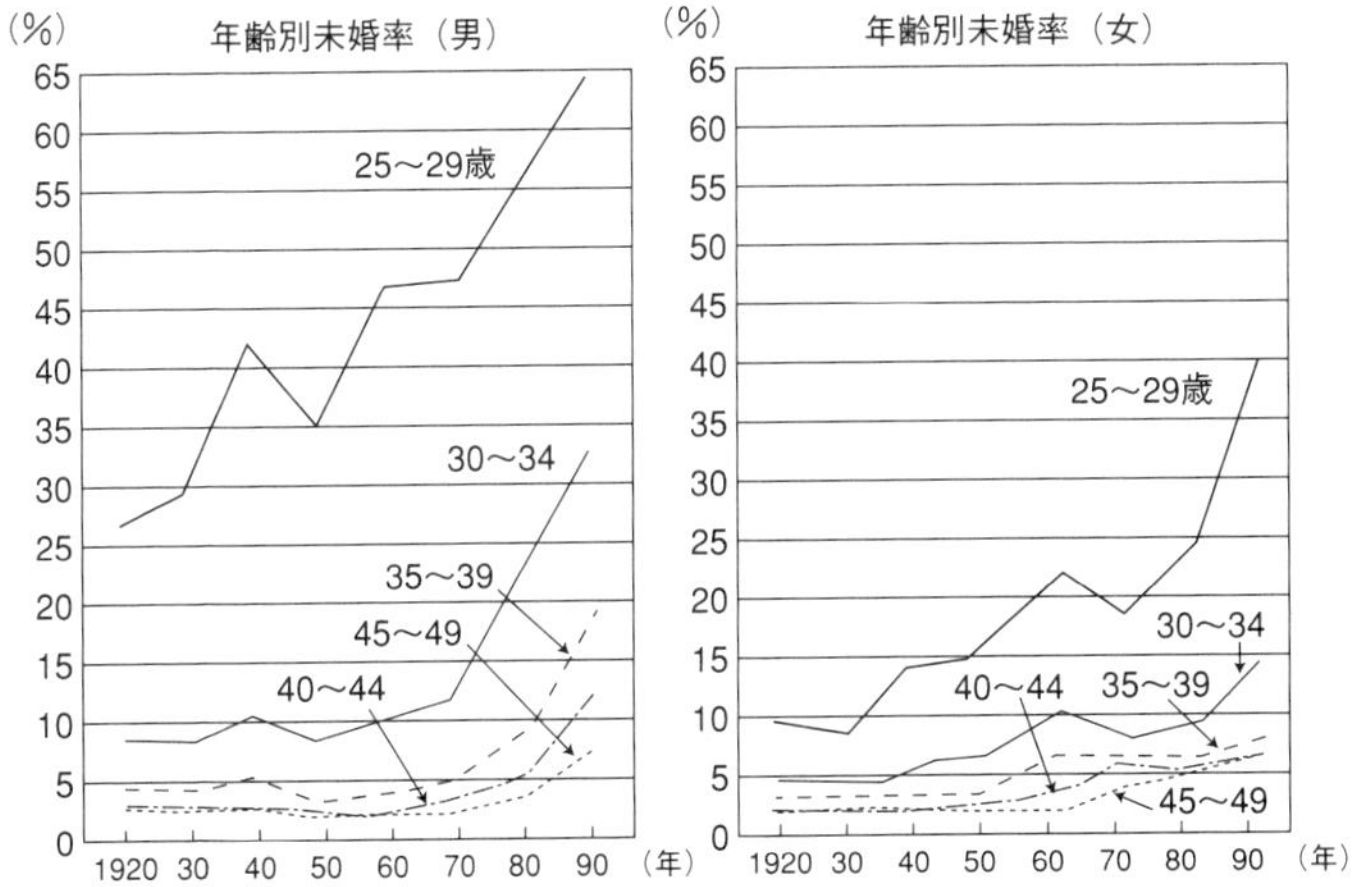

（出典）総務庁「国勢調査」による。文献①湯沢（1995）より。

図4　未婚率の推移

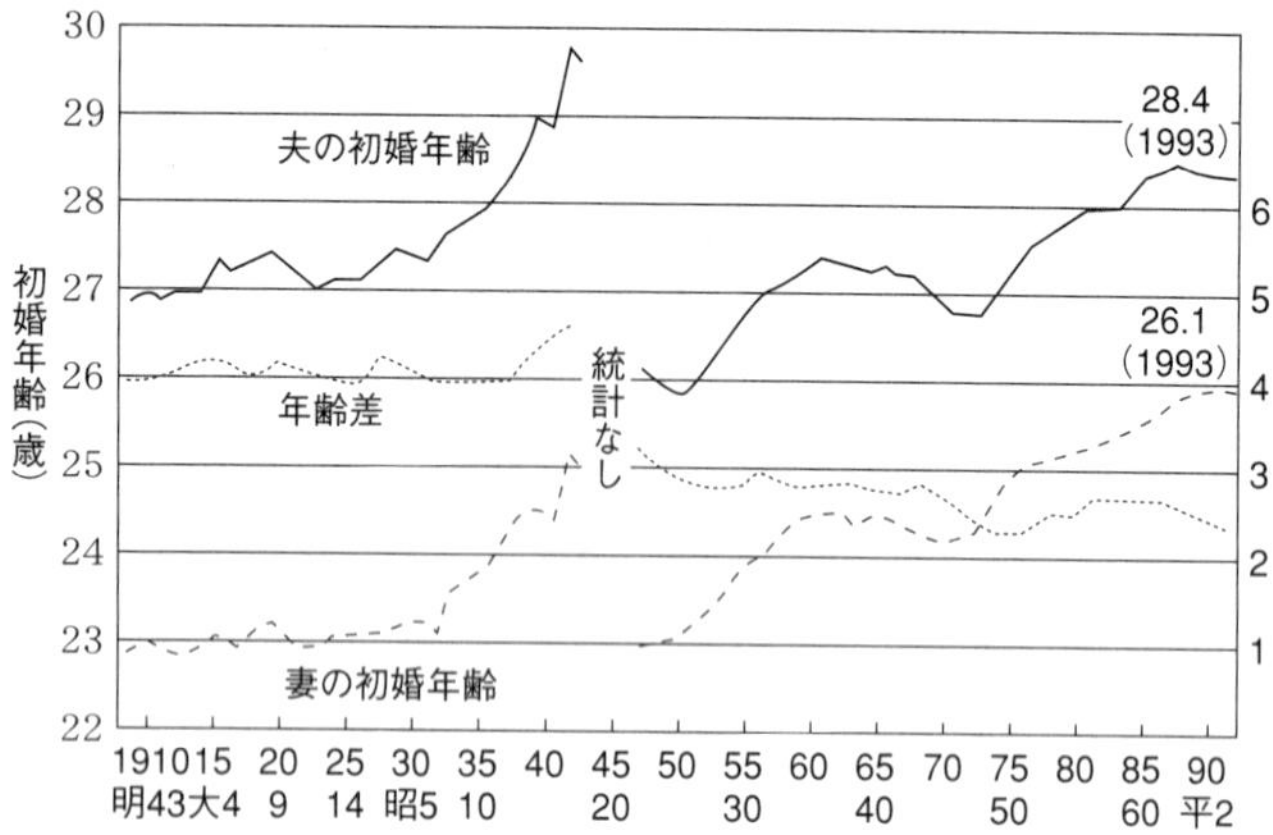

（出典）厚生省「人口動態統計」による。文献①湯沢（1995）より。

図5　平均初婚年齢と平均年齢差の推移

均初婚年齢も七〇年代以降、第二の上昇期に入り、九〇年には男性二八・四歳、女性二六・一歳になっている。この初婚年齢は、図6にも示されているように、国際的にも非常に高いものである。図7は、合計特殊出生率と出生数の推移を示したものである。九〇年代半ばに大学卒業年齢に達した第二次ベビーブーム世代のピークは二〇九万人であるが、最近の出生数は一一〇万人台になっている。こうした出生数の急減は学齢人口の急速な減少をもたらすから、数年後にはつぶれる大学も出てくると言われるわけだが、この出生数が急減してきた理由の一つは合計特殊出生率（女性が生涯に産む子どもの数）の急速な減少にあると言われている。図7の出生率の推移を見ると、ひのえうまの一九六六年は、多くの人が出産を控えたために一・五八と低くなった。その後七〇年代半ばまでは二人台を維持したが、七〇年代後半以降低下し始め、八九年には一・五七に低下した。このときマスコミや政府関係者は、ひのえうまの年より低くなったと

（出典）　厚生省人口問題研究所「人口の動向　日本と世界」（1904）による。数値はUN、Demographic Yearbook.1990年度版に基づき人口問題研究所が算定したもの。ただし、日本は厚生省統計情報部「人口動態統計（概数）」（1993）による。文献①湯沢（1995）より。

図6　主要国の平均初婚年齢（1990年前後）

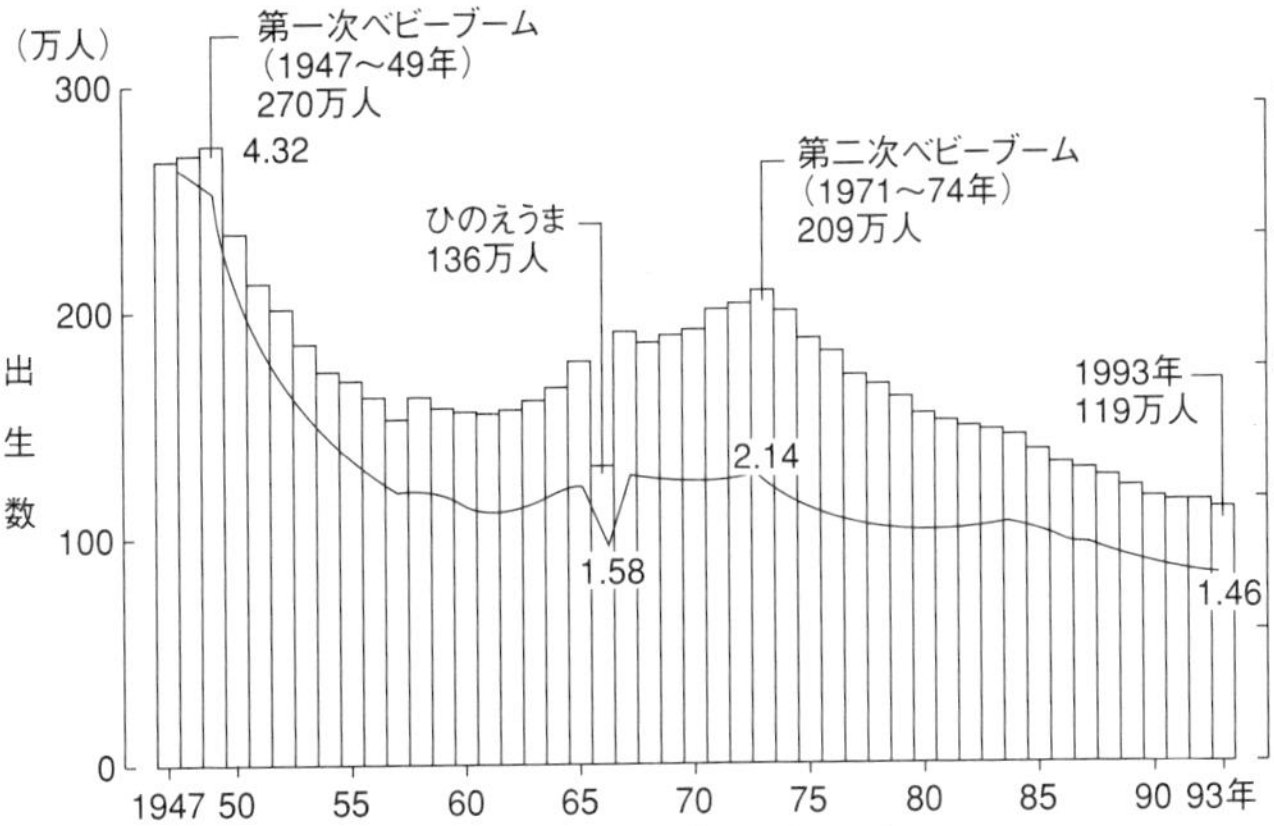

（出典）厚生省「人口動態統計」による。文献①湯沢（1995）より。

図7　出生数および合計特殊出生率の年次推移

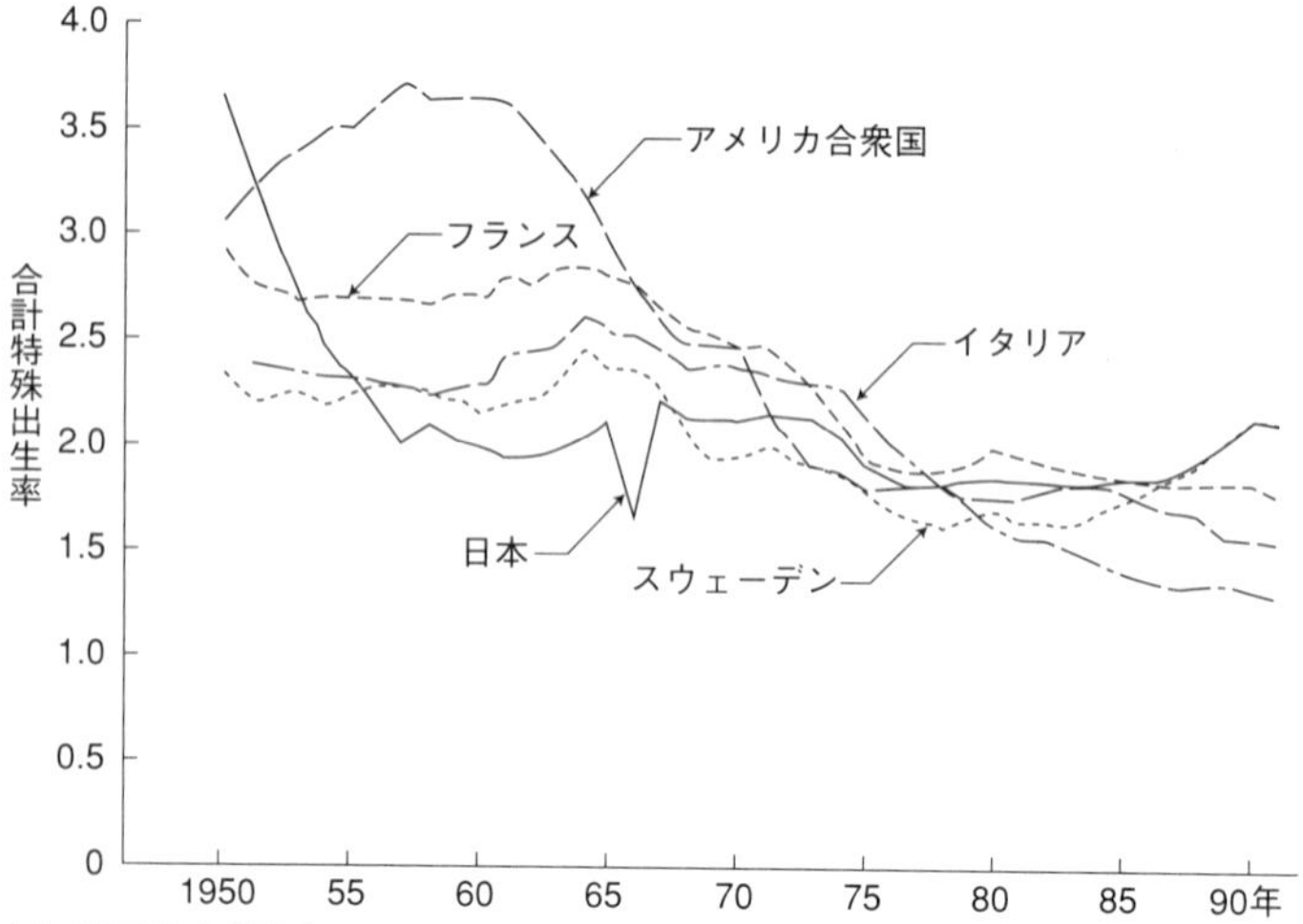

（出典）厚生省「最近の人口動態　第30号」（1994）による。文献①湯沢（1995）より。

図8　主要先進国の合計特殊出産率（1950〜91年）

いうことで、「一・五七ショック」と言って、出生率の低下を問題視した。これがなぜ重大視されるかというと、人口置き換え水準、すなわち、現在の人口規模を維持していくのに必要な出生率は二・〇八であるから、それより低いということは、人口がどんどん減少していくということになるからである。約一・五の水準が一世代（約三〇年）続くと、日本の人口は約二八％減少すると推計されている。図8はその主要先進国の出生率の推移を比較したものだが、出生率低下による人口減少という事態は、スウェーデンなどでは深刻に受け止められ出産奨励策が講じられることになったが、日本では「一・五七ショック」と言われ注目はされたが、必ずしも社会的問題として深刻に受け止められてはいないようである。

　ライフスタイルの多様化も注目されてきた。共働きが増え、八〇年代後半には〈夫婦で働き、子どもはつくらず、生活をエンジョイする〉ディンクス（DINKS, double income no kids）というライフスタイルが喧伝された。他方では、欧米諸国における〈性の解放〉に関する情報が紹介され、そうした性の様式が都市部を中心に部分的に広まったとも言われてきた。夫婦そろって公然と婚外性交を楽しもうというスウィンギング（日本ではスワッピング・夫婦交換と言われる場合が多い）が一九六〇年代後半以降、アメリカ都市部の中産階級の間で一部広まったと言われ、日本でも話題になった。オープン・マリッジ（自由で開かれた結婚生活）も一部で喧伝されるようになった。さらに、同性愛を権利として認める動きも広まってきた。また、近年の日本では、テレクラや援助交際といった現象が広まり、問題視されているが、これも〈性の解放〉という流れのなかで捉えられるものであろう。

以上のように、さまざまの側面で家族のありようが多様化してきた。離婚率や非婚率の上昇、家族形態やライフスタイルの多様化、〈性の解放〉など、家族に関わりのあるさまざまの指標が、家族の変化と揺らぎを示すようになってきた。そして、そうした状況のなかで、研究者は、〈家族の孤立化〉から〈家族の個人化〉へと問題視する視線を移動するようになった（目黒・一九八七）。

男女平等社会への動向

家族の変化を促進しているもう一つの要因として、男女平等化への動きをあげることができる。一九七〇年代以降、日本でもウーマン・リブやフェミニズムの運動が活発化してきた。また、民法の改正や男女雇用機会均等法の制定が行なわれ、さらに九〇年代になって夫婦別姓や遺産相続法の改正などが問題化してきた。国際的な動向も顕著で、一九七五年の国際婦人年世界会議に始まり、一九九五年の第四回世界女性会議（北京会議）では女性のエンパワーメント（empowerment 権限付与、力量形成）ということが強調された。そうした動向を受けて国内でも、「男女共同参画二〇〇〇年プラン」が策定され、男女共同参画審議会や男女共同参画推進本部（本部長は内閣総理大臣）が設置された。もう一方で、一九七七年に国立婦人教育会館（現、国立女性教育会館）が開設されて以来、全国各地の自治体でも女性会館や女性センターの設立が相次ぎ、さまざまの活動が行なわれている。

マスメディアの変化も重要である。女性キャスターやニュース番組などでの女性アナウンサーの登用と活躍は、女性の社会的活動への進出・参加を大衆的に印象づけている。小説やまんがの世界における女性の活躍も同様である。そうしたマスメディアで活躍する女性はもちろんだが、マスメディアが流布する情報も、女性の社会参加やエンパワーメント、男女平等・共生社会への移行を奨励・促進するもの、さらには多様な家族形態や結婚形態、多様なライフスタイルの可能性を示唆するものが多くなった。

家族史研究・家族研究の動向

家族史研究・家族研究も、一九七〇年代以降、新たな展開を遂げてきた。家族史研究としては、歴史人口学的研究、社会史的研究、世帯経済研究、女性史研究、フェミニズム研究などを一応区別することができる。歴史人口学的研究の代表的なものとしては、ケンブリッジ・グループのP・ラスレットやE・A・リグリィらの研究がある。家族の歴史的変化については、従来、近世や近代の初めまでは拡大家族であったが、近代化の過程で次第に核家族になってきたと考えられてきたが、彼らは近世・近代の出生や死亡や移動について教区簿冊を使って丹念に調べ、事実は必ずしも拡大家族というわけではなかったことを明らかにした。また、世帯経済研究としては、タマラ・ハレーヴンの『家族の時間、産業化の時間(*Family Time & Industrial Time*)』(一九八二)という本が有名である。統計データやさまざまの文書資料・伝記などを使って、一九世紀から一九三〇年代までのアメリカのニューハンプシャー州における繊維工場の労働者家族を二世代にわたって丹念に調べ、近代化・工業化の過程で家族というものがどのように変化してきたかを考察したものである。私たちはこれまで、家族は拡大家族から核家族へ、大家族から小家族へと歴史的に変化してきたと考え、それを家族変化に関する自明の歴史的命題としてきたが、これらの研究は、それが必ずしも歴史的事実ではないことを指摘し、家族が歴史のそれぞれの時点でどのようなあり方をしてきたかということに光をあてた。

現在の家族のあり方について、その議論に非常に大きなインパクトを及ぼしてきたのは、P・アリエス、E・ショーター、J・フランドラン、L・ストーンといった人たちの社会史的研究であり、そのなかでも、とりわけ心性史と呼ばれる研究である。これらの研究もまた、歴史人口学的研究の成果や方法を一部取り入れながら、主な資料としては種々の文書資料、絵画やイラスト、墓石や住居や調度品などの考古学的資料を駆使して、家族なるものを歴史的に相対化し「近代家族」という概念を提起し、その制度・観念・慣行の歴史的展開を跡付け、その性質と変化を明らかにしてきた。「近代家族」というのは、こんにち私たちが〈普通の家族〉と考えているものに近いのだが、たとえばアリエスは、その著『〈子供〉の誕生——

アンシャンレジーム期の家族と子供の生活』（一九六〇、杉山訳・一九八〇）において、〈子ども〉という観念、子どもを特別の存在として捉え処遇する〈まなざし〉や慣行、子ども中心の家族や情愛的な家族の心性や家族のプライバシーといったものはすべて、近代とともに出現し展開してきたものだということを、さまざまの資料に基づいて明らかにした。

イギリスのストーンはその著『家族・性・結婚の社会史――一五〇〇年－一八〇〇年のイギリス』（一九七七、北本訳・一九九一）において、イギリスの家族の歴史的変化をさまざまの資料に基づいて詳細に考察した。それによれば、イギリスの家族は「開放的な系譜家族」から「閉鎖的な系譜家族」を経て「閉鎖的な情愛家族」へと変化してきたが、その過程で家族は、世帯の範囲を狭め、地縁・血縁の共同体的干渉を排除し、家族生活をプライベートなものとして外部社会から隔離・遮蔽し、家族生活のための専用空間として家庭（home）をつくりあげてきた。

カナダの社会史家ショーターは、その著『近代家族の形成』（一九七五、田中ほか訳・一九八七）において、もっと大胆に仮説的議論も交えて近代家族の生成と展開について論述している。彼は「近代家族」は三つの愛情革命によってもたらされたと論じた。一つは夫婦の愛情（ロマンティック・ラブ）であり、カップルを共同体の監視から解放し、愛情の世界へと導いた。二つ目は、親子愛、とくに母親の子どもに対する愛情、そして三つ目は、家庭を守り大事にしなければいけないと考える家庭愛である。これら三つの次元で愛情革命が起こった結果、愛情によって結ばれた人間関係、プライバシーを保障された空間、安息と憩いの場を提供する家庭を重視する「近代家族」が出現したと論じた。

「近代家族」概念の三つの次元

以上のような家族史研究などの問題提起もあって、さまざまの角度から家族の捉え直しが行なわれてきたが、「近代家族」概念にある種の混乱が起こっていることも確かである。私自身は、こうした家族史研究の成果を踏まえて、「家族の変容と子どもの教育」（一九九五、本書第2章）などの論文で、こんにち家族をどう捉えるかについては、集団としての境界と、家族内の人間関係とその構造がどうなっているかを押さえる必要があるということを論じ、日本における〈近代家族〉の生成展開について仮説的な議論を展開しているが、ここでは、「近代家族」という言葉の主要な使われ方を確認しておこう。

一つは、一九五〇年代から六〇年代の日本の家族論で頻繁に論じられたように、到達すべき目標・理想としての家族像を指して近代家族と言う場合がある。社会学では、バージェスとロックによって定義された「友愛家族」がこれに相当する（E.Burgess and H.Loke,*The Family*, 1945）。友愛によって結ばれる男女平等の民主的な家族を理想視する見方である。二つ目は、先ほど紹介したような社会史的研究が明らかにしてきた歴史的形態としての「近代家族」であり、その理念型である。前者が、実践的なモデル（範型）としての近代家族であるとすれば、後者は、近代以降に出現したものとして歴史研究において分析的に析出された理念型としての「近代家族」である。さらに三番目の用法としては、近代以降の社会における実態としての家族を近代家族と言う場合もある。したがって、この用法に従えば、近代という言葉をどう定義するかによって異なるが、近代の家族が近代家族であり、現代の家族は現代家族である。しかし、しばしば混乱の元になるのは、〈近代〉という言葉が、特定の歴史的時代を指して用いられる場合と、〈近代＝モダン〉という言葉で言い表わされるさまざまの重大な特徴がこんにちにいたるまで社会生活を支配しているために、近代と現代を区別するのではなく、近代以降をすべて〈近代〉と呼ぶ場合があるからである。この場合、実態としての近代家族（第三の用法）と歴史的な理念としての「近代家族」（第二の用法）とは、非常に近いものとなる（本論文では原則として、第三の用法の場合を近代家族、第二の用法の場合を「近代家族」として区別している）。

以上のように、用語法にはかなりの混乱がみられるものの、一連の家族史研究が明らかにしてきたことは、私たちがこんにち家族という言葉でイメージするもの、多くの人びとが〈普通の家族〉と考えているものは、歴史的には近代以降に形成されてきたものであり、けっして普遍的なものではないということである。

社会政策の標準：家族か個人か

家族の変化を促進しているもう一つの要因は、家族法制や社会政策の変化である。もっとも、これは、家族の変化を促進している要因というだけでなく、家族論や家族の実態の変化に対応して変化している側面でもある。

周知のように、こんにち家族に関わるさまざまの法律や制度が問い直され、その改正再編が進められている。たとえば夫婦別姓は職場などで実質的に容認されはじめており、法律改正も検討されている。相続に関して嫡出子と非嫡出子を区別すべきかどうかという問題や、離婚に関する法律の改正も検討されている。税制・賃金制度・社会保障などの分野では、従来、家族を基本単位としてきたが、個人を単位とするものに再編するかどうかが課題となっている。たとえば賃金制度で言えば、扶養家族手当や年功制賃金体系は家族を制度設計の標準として想定している。同様のことは税制についても言える。男女雇用機会均等法の制定・改正をはじめ、女性の雇用機会や就業条件を改善するためにも、出産・育児休暇制度の充実が図られており、もう一方で、高齢化社会を迎え、年金制度の見直しや介護保険・介護システムのあり方が問題になっている。

このように、家族の在り方に関係のあるさまざまの分野で、法律や政策や慣行の見直しが進められている。そして、その背後で、従来の性別分業や夫婦役割の在り方が問い直され、改編調整が進められている。そうした動向が、家族の在り方に影響を及ぼし、その変化を促進していることは言うまでもないが、そこで重要な争点となっているのは、家族を単位（標準）として考えるのか個人を単位として考えるのかという問題である。そして、この問題は、たんに家族の在り方や、その主要な構成員である夫婦・親子の関係という問題を越えて、社会生活をどのように再編していくのかという点での対立する二つの視点ないし関心に連接している。

周知のように、この二、三〇年、日本社会は大きく変化してきた。経済が高度成長をとげ、都市化や少子化・小家族化が進むなかで、家族は孤立化してきたと言われてきた。すでに述べたように、「近代家族」は孤立化・遮蔽性をそもそも特徴として出現展開してきたのだが、この二、三〇年の社会変化のなかで、家族は実態としても、小さな殻のなかで閉じ籠もり隣近所との付き合いも希薄になり、孤立化の度合いを強めてきた。むろん地域によって状況はかなり異なるが、いずれにしても、そうした孤立化状況を否定的に評価し、もろもろの社会問題の背景と見做す議論が一方にある。心の病の問題や、教育、福祉、介護の問題を論じるとき、ほとんど例外なく、孤立化した家族のありようが問題視される。孤立化した家族と失われた地域のつながりが、一連の問題を難しくしているというのである。子どものいじめや非行の背後には家庭や地域の教育力の低下があるとか、主婦のアルコール依存症（キッチン・ドリンカー）が増えているとか、幼児虐待や育児ノイローゼが増えているとか、そうしたさまざまの問題の背後に〈孤立化した家族〉という問題があると言われる。

しかしもう一方で、とくに男女平等という問題を考える場合に重視されるのだが、〈個人化する家族〉を当然視する立場、個人を社会生活の基本単位と考え、家族も個人を基本にして考えるべきだという議論がある。つまり、こんにち家族は、〈孤立化する家族〉と〈個人化する家族〉との間で揺れている。家族を捉える視線、家族に対する関心は、この二つの次元に大きく分化しており、その間には重大な矛盾・対立がある。それがこんにち家族に関わって私たちが直面している状況である。そして、この点に、こんにち家族の問題を考えるうえでの難しさがあると言えるだろう。

3　家族をどう捉えるか？

家族問題を構成する三つの次元

これまで問題化する家族の諸相についてみてきたが、それにしても、そもそも〈家族〉とは何であろうか。変化する時代のなかで家族についてどう考えたらよいのか。こうした点について、残された時間のなかで考えてみたい。

家族の問題を考える場合、次の三つの次元（層構造）を区別することが重要である。第一は、私たちは一人ひとり、独立した固有の人格として、すなわち個人として、存在し生活しているという次元である。家族という集団、家庭という空間のなかでも、それぞれに固有の思いや情念を持ち、固有の慣習行動を身につけた個人として、生活し行動している。その思いや情念、態度や慣習行動は、たとえ夫婦や親子の間でも理解し難いものであったり、嫌悪や対立の源泉になったりする。たとえば、家に帰るとテーブルの前にでんと座り、黙っていても食事が出てくるものだと思っており、そのように振舞っている夫がいるとしよう。これは、その男性が自明視している役割行動であり、身につけている慣習行動であるが、その通りにことが運ばないと不機嫌になるかもしれない。他方、妻のほうは、それをあたりまえと思っている夫に常々不満を抱いていたかもしれないし、また、その日は特別に疲れていてそうしたくなかったのかもしれない。いずれにしても、そこには、それぞれの思いを持ち、異なった役割行動を担い、異なった慣習行動を身につけた二人の個人がいる。その思いや行動は、夫婦であっても親子であっても、さまざまの矛盾と緊張を孕んでいる。そうした個人の次元、その心性・情動・慣習行動の次元がある。

二番目は、そういう個人の思いや行動や考え方を枠付け、制約している制度（装置）と規範（まなざし）の次元である。たとえば人は適当な年齢（平均結婚年齢）になったら結婚ということを意識しないわけにはいかなくなるとか、とくに女性は三〇歳近くなると「結婚退職しないのか」といった周囲の視線を気にせざるをえなくなるといったことは日常的によくあることだが、それは、そういう社会的な規範（まなざし）が存在しているからであり、そうした〈規範的なまなざし〉の網目のなかで私たちは生活しているからである。さらに、私たちはまた、さまざまの法制的枠組みに拘束されて生活している。たとえば結婚すると婚姻届を市役所に提出するとか、それに伴って多くの場合女性が姓を変えるというように、婚姻・家族に関する法制的枠組みのなかで生活している。そうした法制的な枠組みや規範を男女平等で自由なものに変えていく必要があるということで、こんにちさまざまの議論があり、検討がなされていることは、すでに述べた通りである。

三番目は、家族というものについて人びとが描いているイメージや、家族というものに寄せている意識的・無意識的な期待の次元である。たとえば「渡る世間は鬼ばかり」という連続テレビドラマでは大家族がテーマとなり舞台となっているが、そこに描かれているような家族や人間関係のありように対する憧れのようなものを、多くの人びとは抱いているようである。図9は、「どのような家族形態が望ましいと思うか」ということを聞いた結果であるが、都市部と農村部では違いがあるものの、大都市でも約四八％の人が親子やお年寄りなど大勢の人が一緒に住む家族を望ましいと答えている。しかし、若い女性に結婚相

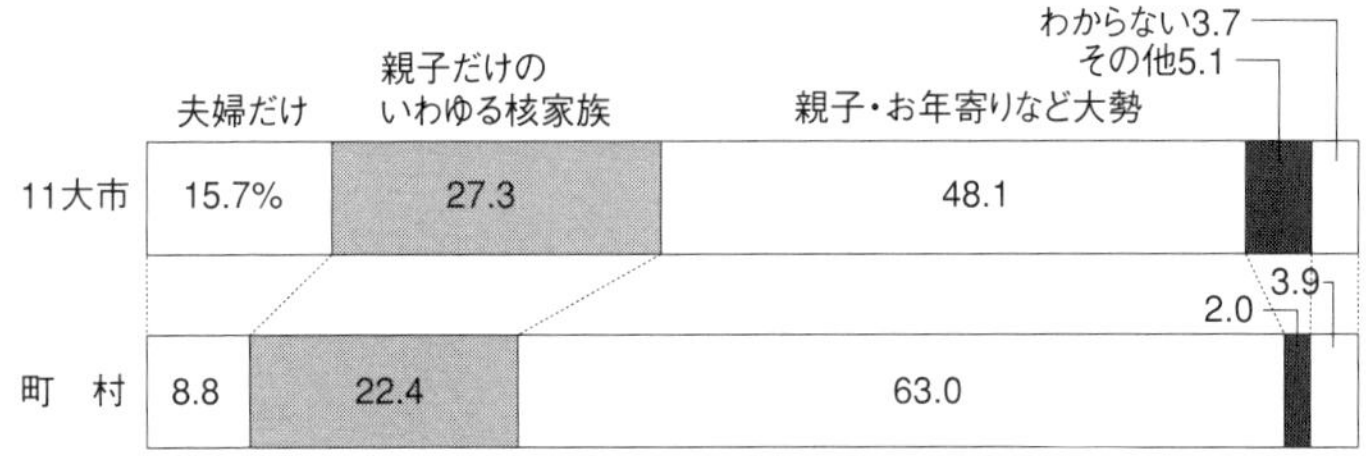

（出典）内閣広報室「家族・家庭に関する世論調査」（1986）による。文献①湯沢より。

図9　どのような家族形態が望ましいと思うか

手としてどういう人がいいかを聞くと、姑や小姑のいないほうがいいと答える人が多い。一方には、夫婦だけのほうがいいとか、夫婦と子どもで幸せな家庭をつくりたいという思いがあり、もう一方には賑やかで楽しい大家族を好ましい家庭像として思い描くという傾向がある。こういうイメージや願望は、一方で第一の次元に影響を及ぼし、もう一方で第二の次元に対する人びとの構えを左右し、ひいてはその改変を促進し枠付けることにもなる。

政策や社会運動は、基本的には二番目の次元に照準をあて、その調整・改変を志向するが、それは三番目のイメージの次元に影響され、もう一方で、一番目の個人の次元をどう考えるかによって異なった戦略が採用されることになる。とくに後者については、個人と〈家族〉という制度的・集団的枠組みとの関係をどう考えるかが、家族問題を考えていくうえで重要な分岐点になるように思われる。この点で、先ほど来述べてきたような二つの対立する見方がある。一つは、人間をあくまでも個別的な存在と捉え、家族というものを自立的な個人の集り、その特殊形態として捉える立場である。それに対してもう一つは、人間は身体的には別々の存在であるが、基本的に他者を求めずにはいられない、他者との共生的関係を構築せずにはおれない存在として捉え、家族というものをその原基的なものとして重視する立場である。言い換えれば、人間を独立した孤高の個人として考えるか、それとも他者との安定した親密な関係を志向する存在と考えるかによって、そしてまた、子どもの養育や高齢者のケアという点で家族をどのように位置付けるかによって、家族問題に対するスタンスも違ってくるように思われる。

家族の構成要素

そこで次に、家族はそもそもどのような要素によって構成されているかを考えてみよう。前に述べた社会史的研究なども含めて、これまでの社会学や文化人類学の研究を踏まえて考えるなら、家族の基本的な要素としては次の四つが重要である。第一の要素は、夫婦という対の関係である。言うまでもなく、個々の家族は二人の人間が結びつくことにより発生する。パートナーを求め、そのパートナーと特別に親密な持続的関係をもとうとして結婚し、その関係を維持するための制度的枠組みとして家族をつくる。日本では、この場合のパートナーは異性でなければならないと考えられているが、アメリカなどでは同性もそうしたパートナーとして社会的に認めるべきだという議論が強まっている。また、日本では、婚姻届を出してはじめて正式な結婚・家族として認められることになっているが、欧米では、婚姻届を出さずに同棲していても夫婦・家族として扱われる国もある。図10は、将来子どもにして欲しくない家庭生活像を聞いた調査の結果である。調査対象になった六カ国のなかでは韓国が一番保守的ないし向家族的（プロ家族的）であるが、総じて日本はそれに次いで保守的・向家族的である。日本の値を見ると、「同性愛カップルで

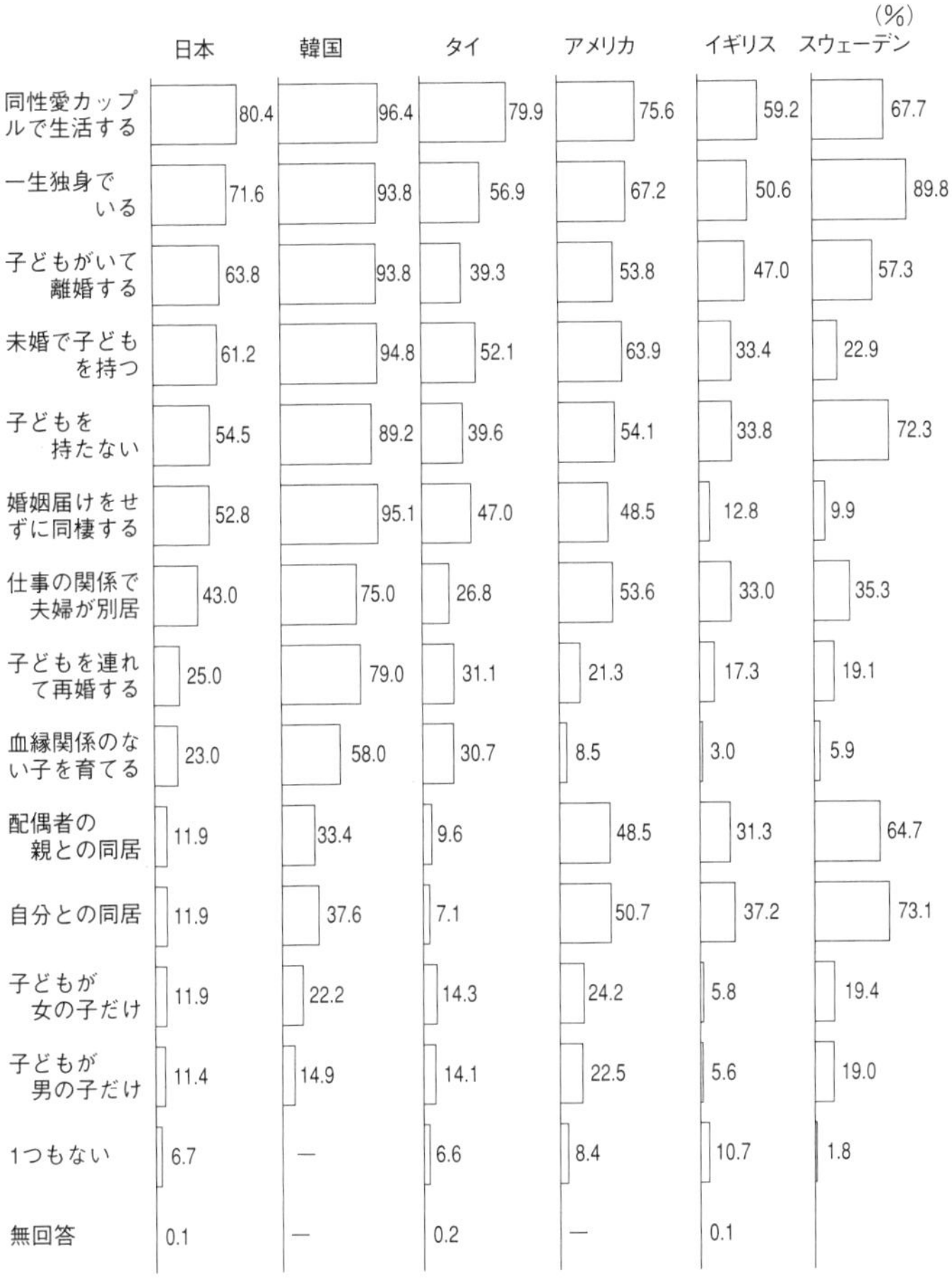

（出典）文献②日本女子社会教育会「家庭教育に関する国際比較調査報告書」（1995）より。

図10　将来子どもにして欲しくない家庭生活像（複数回答）

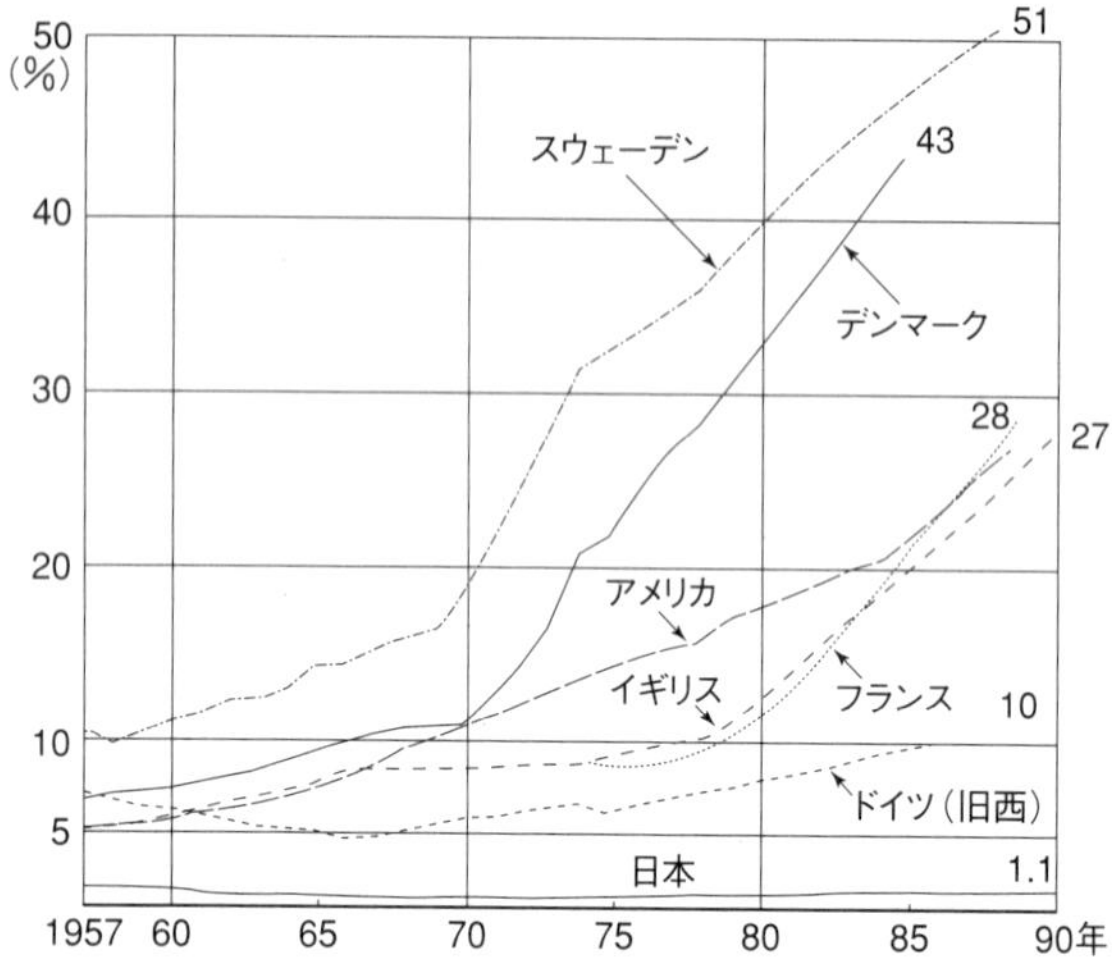

（出典）　国連「世界人口年鑑」を基礎に作成。文献①湯沢（1995）より。

図11　婚外子（非摘出子）割合の推移

生活してほしくない」では約八〇%、「一生独身でいる」は約七二%が、してほしくないと答えている。「子どもがいて離婚する」も約六四%がしてほしくないと答えている。「未婚で子どもを持つ」は日本では約六一%だが、スウェーデンでは約二三%でしかない。逆に、「子どもを一生持たない」は日本では約五五%だが、スウェーデンでは約七二%になっている。「婚姻届をせず同棲する」も日本や韓国とスウェーデンやイギリスとではまったく逆の考え方が支配的である。さらに、たんに意識だけでなく、実践レベルでも、日本と欧米諸国では大きな違いがある。たとえば図11は、婚外子（非嫡出子）の割合の推移を示したものだが、スウェーデンやデンマークではそれぞれ五一%と四三%に達しているが、日本では一・一%ときわめて低い。

家族を構成する二番目の要素は、親子関係である。図10や11で見たように、この点に関しても日本と欧米諸国ではかなり大きな考え方の違いがある。親子関係にとって、法律婚を重要な要件と考えるかどうか、両親がいることを範型とするかどうか、親子関係と夫婦関係のどちらかを優先するかといった点で、少なくとも現状では、制度的にも規範的にも日本と欧米とではかなり大きな違いがある。日本でも近年、これらの点で変化が起こりつつあるが、それを家族の揺らぎ・危機と考えるのか、それとも多様化や世界的趨勢と考えるのかは、家族問題に対するスタンスの違いとして重要である。

第三の要素は、「近代家族」の特徴として指摘されてきた〈家庭〉、多くの人が家族の重要な要素と考えている〈家庭〉である。家庭は、多くの人びとによって、プライバシーが保障される空間であると同時に、居場所・避難所としての家族の核になる空間として重視されている。先程も述べたテレビドラマ「渡る世間は鬼ばかり」にしても、NHK朝のテレビ小説で話題になった「ふたりっ子」にしても、居場所としての〈家庭〉の在り方が重要な隠れたメッセージとなっている。

四番目の要素として、家庭や家名を含めて〈家〉という次元も無視するわけにはいかない。この点については、図12-1(a)に示されているように、非常に興味深い調査結果がある。「子どもとは何か」という質問で、「家を継ぐものだ」という項目に対する「そう思う／そう思わない」の割合が国別に示されている。日本では「そう思う」と肯定的に答えた人は約一三％でしかないのに対して、タイ、アメリカ、イギリスでは八割以上、スウェーデンでも六五％、比較的少ない韓国でも約五六％になっている。これはどう解釈したらよいのだろうか。アメリカ、イギリス、スウェーデンといった欧米諸国で大多数の人が「子どもは家を継ぐものだ」と考えているのに対して、日本では、「そう思う」人が一割くらいで、約四六％は

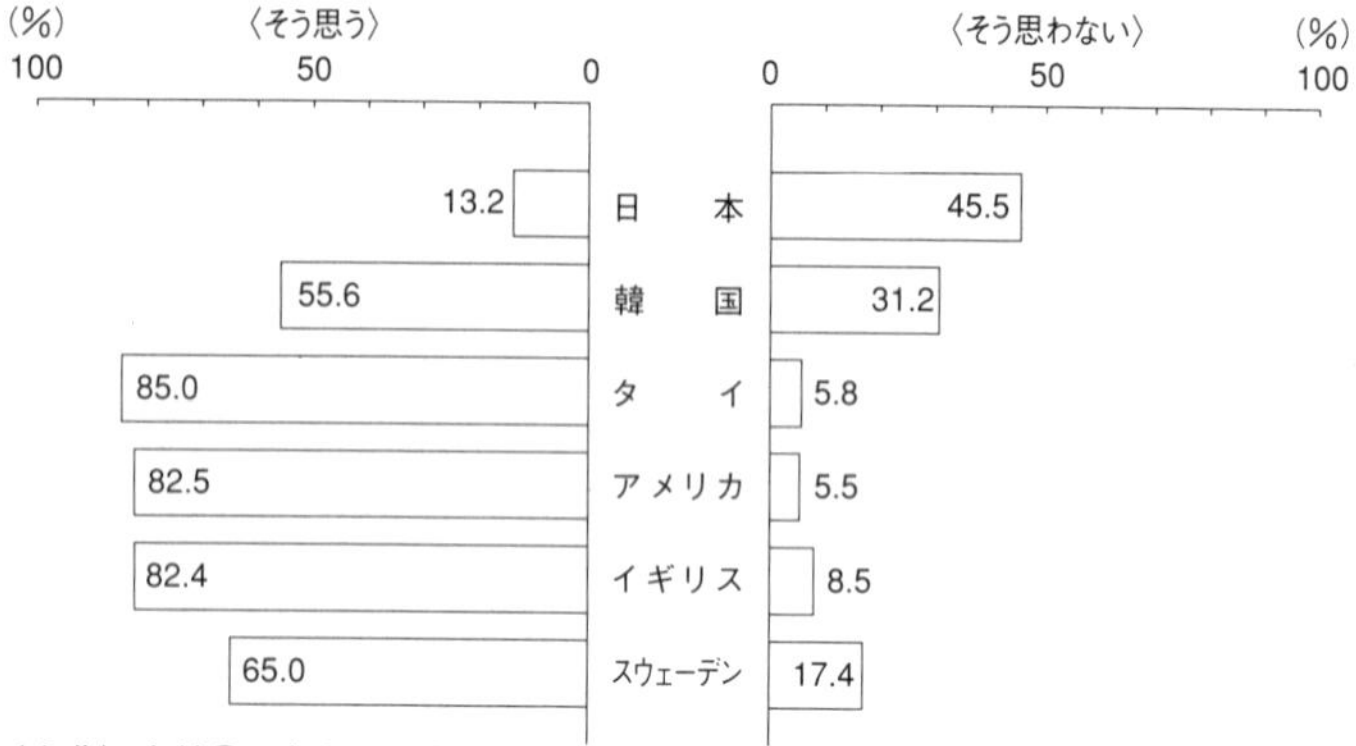

（出典）文献②日本女子社会教育会（1995）、以下同じ。

図12-1　子どもとは何か　(a) 子どもは家を継ぐものだ

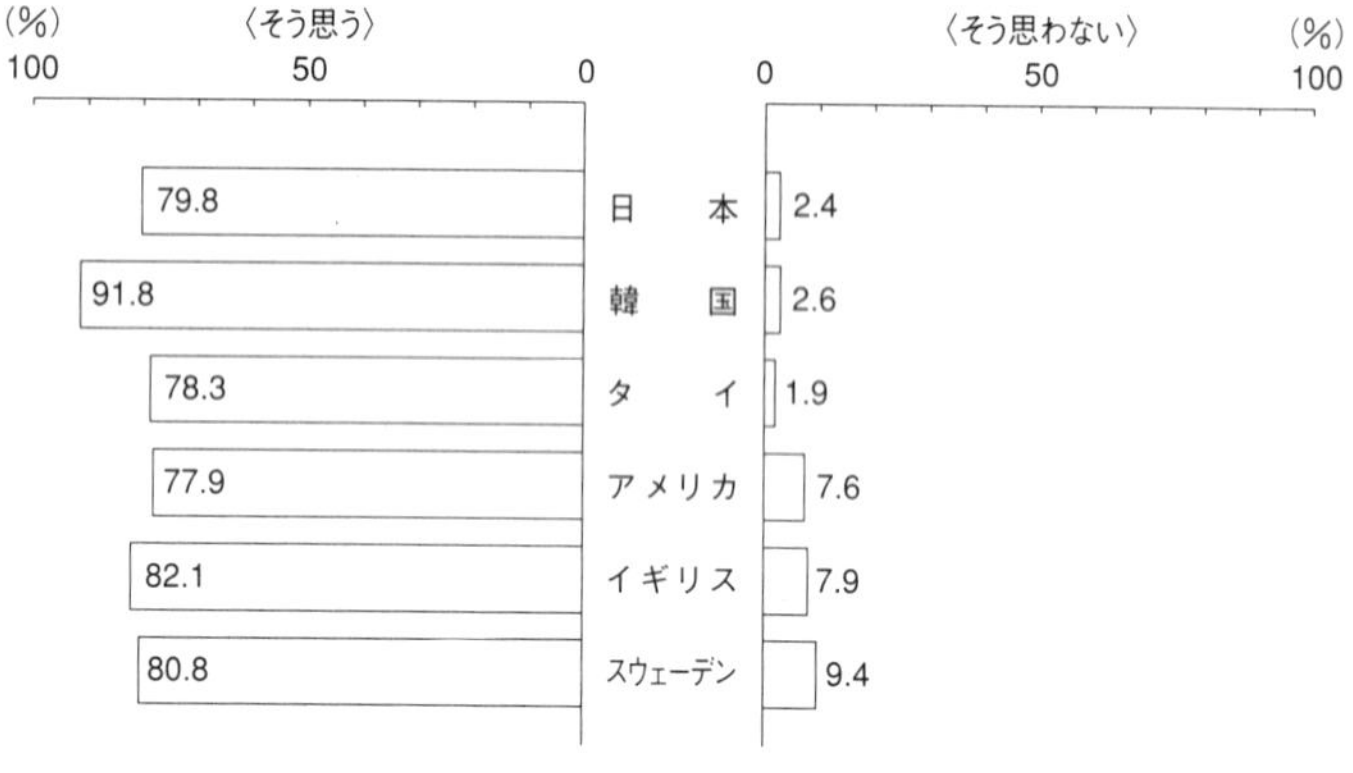

図12-2　子どもとは何か　(b) 子どもは次の社会をになうものだ

「そう思わない」と否定的に捉えている。この調査結果で日本がいかに特異かということは、図12-2(b)の結果と比べると一層明らかであろう。図12-2(b)では「子どもは次の社会をになうものだ」という項目に対する肯定／否定の割合が示されているが、その結果は日本を含めて、いずれも約八割以上が「そう思う」と肯定的に反応している。

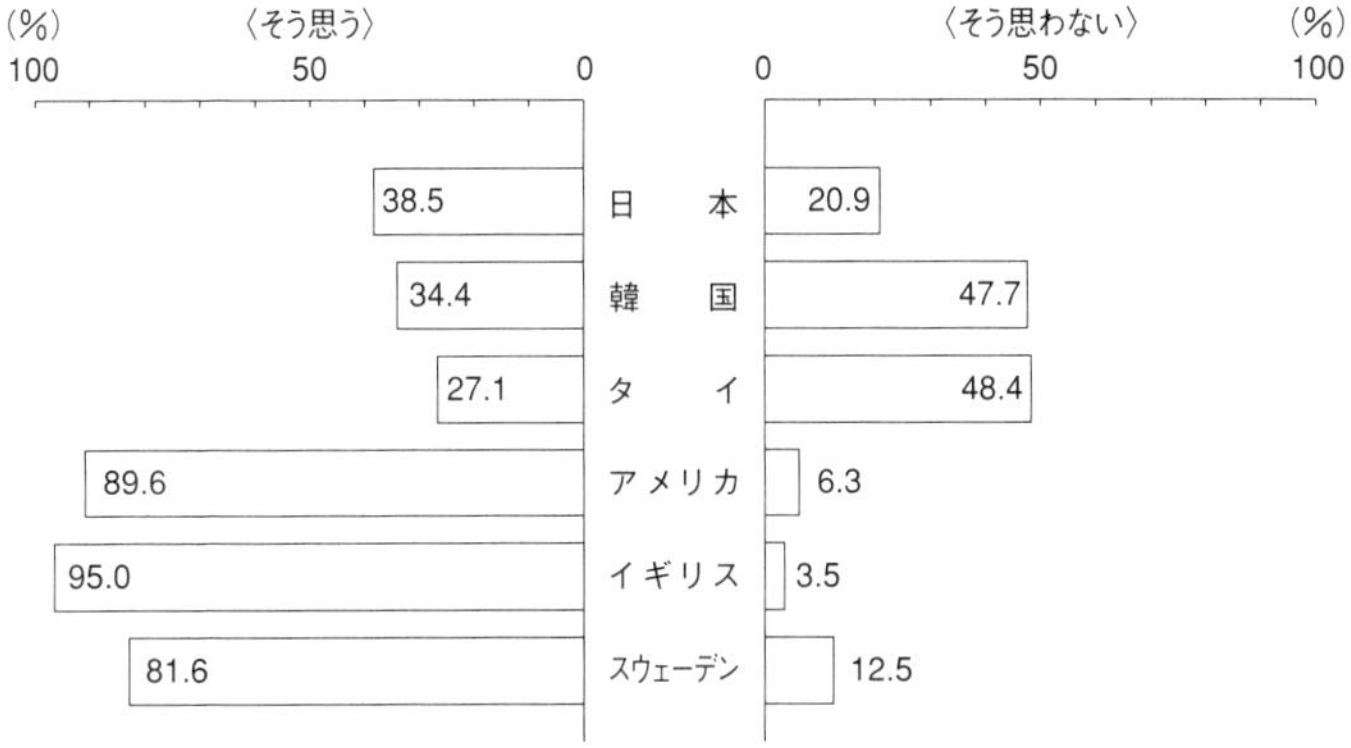

図12-3　子どもとは何か　(c) 子どもはお金のかかる存在だ

なぜ日本では、大多数が「子どもは次の社会をになうものだ」と考えているのに、「子どもは家を継ぐものだ」と考える人がきわめて少ないのだろうか。この調査では、どういう継ぎ方をするのか、「家を継ぐ」ということの中身を明らかにしているわけではないので憶測の域を出ないが、次のように考えることができよう。たとえば、映画にもなったが、M・ミッチェルの『風とともに去りぬ』などでも、〈家＝家族を育んだ大地〉を継ぐということが子どもにとって重要なテーマなのだということが示唆されている。ところが日本では、少なくとも戦前期までは、〈家〉は世代を越えて引き継がれるべきものであり、個人を越えて存続する絶対的なものであった。個人を束縛し、駒のように扱う主体であった。それだからこそ、明治以来、こうした〈家〉からの解放、個人の〈家〉からの自立・自由ということが重要なテーマになってきたのであろう。図12-1(a)の結果は、そうした〈家〉が現実にもってきた重みの差を反映していると考えられる。

以上の四つの要素は、〈家族〉について考えるうえで、欠か

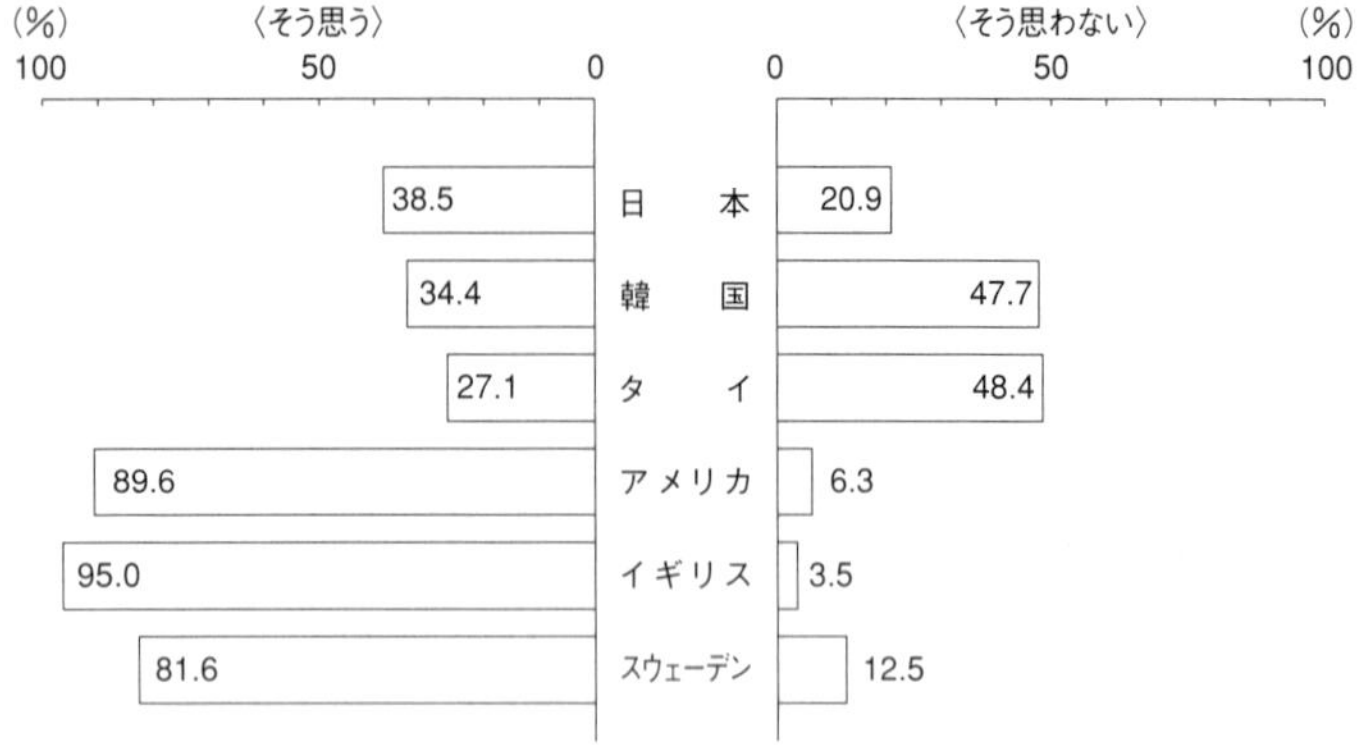

図12-3　子どもとは何か　(c)子どもはお金のかかる存在だ

すことのできない重要な要素だと考えられる。結婚＝夫婦関係、子ども＝親子関係、家庭、〈家〉という四つの要素について、どう考えるのか、どのようなイメージを抱き、どのような形態をモデル化するのか、それによって現実の家族のありようは違ってくると考えられる。家族に関する法制や政策に対する構えも違ってくると考えられる。〈結婚〉とは、基本的には、特別のパートナーを求め、特別に親密な持続的関係を築こうとする行為である。それに対し〈子ども〉というのは、ある意味で、自分の分身をつくり、育てていく行為である。〈家庭〉は、個々人にとって居場所であると同時に、プライバシーを保障してくれる空間であり装置である。そして〈家〉は、家産や家名の基盤であると同時に、たぶんアイデンティティの基盤となり、個人を越えた〈何か〉へと個々人を繋ぐ制度であり装置である。これら四つの要素について、そしてまた、その結合の仕方やその複合体としての〈家族〉というものについてどう考えるかによって、家族問題の捉え方やその変化に対する考え方も違ってくるのだと思う。

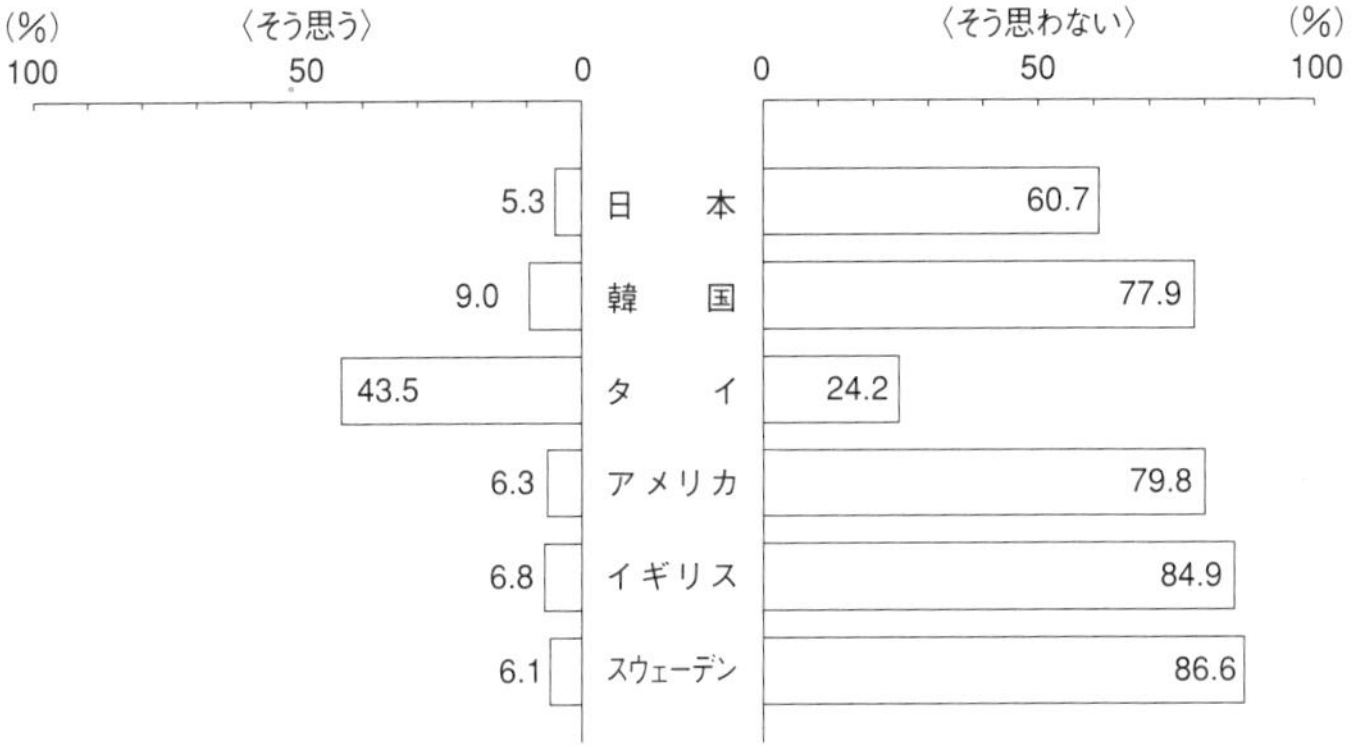

図12-4　子どもとは何か　(d) 子どもは家族の稼ぎ手として役に立つ存在だ

家族の機能と構造

次に家族の機能と構造について考えておこう。この点については、社会学や文化人類学では古くからさまざまの議論があり、教科書的な知識としてはあれこれ言われているが、最近ではあまり論じられなくなっている。しかし、私は、依然として重要な学問的課題だと考えている。

ここでは、家計・戦略・統合・役割関係という四つの要素に注目しておきたい。この点に関して、図12―3(c)~12-6(f)に非常に興味深い結果が示されている。先程の図12-1(a)と同様、子どもはどういう存在かということに関して、図12-3(c)に示されているように、「子どもはお金のかかる存在だ」という項目に、「そう思う」と答えた割合は、日本、韓国、タイでは三割前後と少ないのに対して、アメリカ、イギリス、スウェーデンでは八二~九五%ときわめて多い。これは一体どういうことであろうか。たとえばアメリカの大学生は全部とは言わないまでも、ローンを借りてでも自分で大学に行く者が多いと言われ

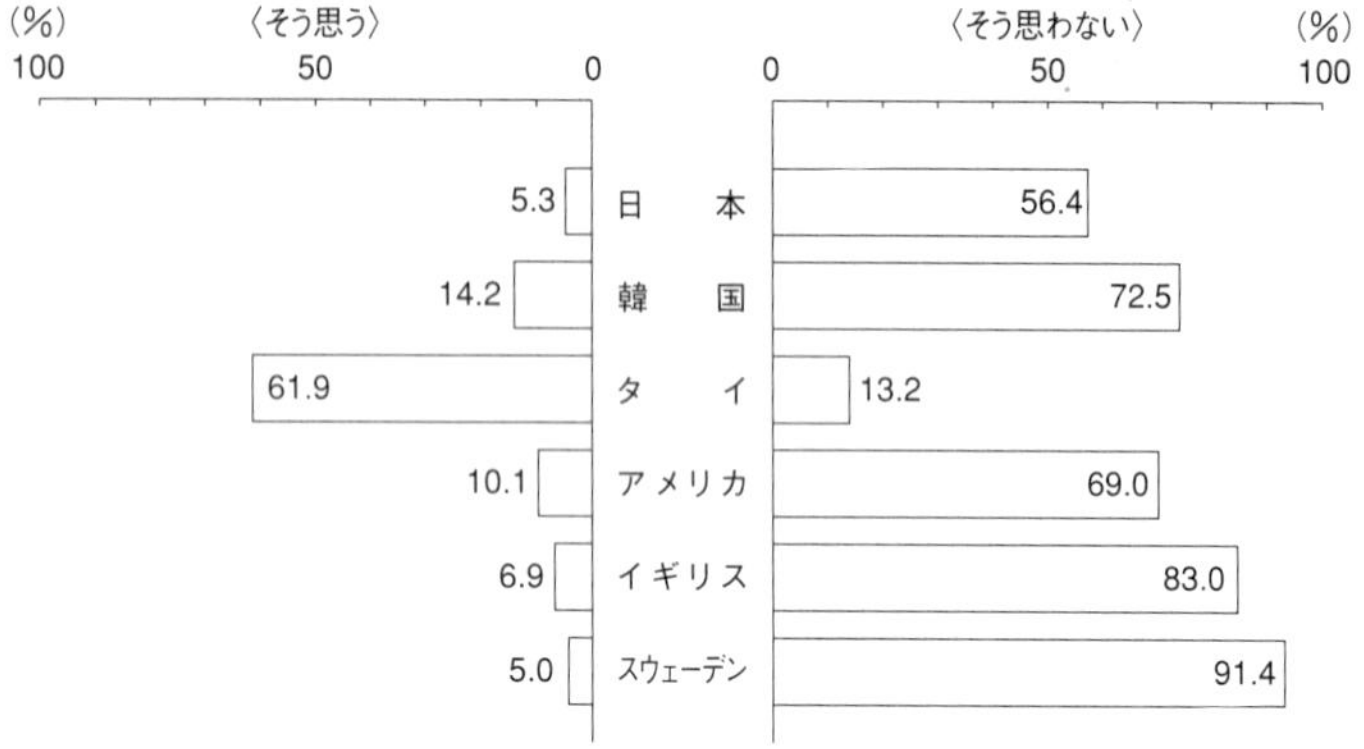

図12-5　子どもとは何か　(e) 子どもは老後の経済的な支えになるものだ

る。それに対して日本では、大学生になっても授業料や生活費を親が負担し続けるという場合が圧倒的に多い。そういう意味では、日本のほうがはるかに子どもにお金をかけているように思われる。ところが日本では、子どもはお金のかかる存在だというふうには必ずしも考えられていない。これはおそらく、日本、韓国、タイでは、子どもの面倒を親や家族が見るということがあたりまえのこととして自明視されており、子どもの生活や成長が家族を単位として捉えられているからであろう。子どもにかかる費用は最初から生活費の一部、必要経費の一部として自明視されているからであろう。ところが欧米では、教育は日本以上に私事（個人が自分の負担で賄うべきもの）と考えられており、子どもは大きくなったら自分で生活するものだと考えられているから、その分、お金のかかる存在と感じられるのであろう。他方、図12‐4(d)は「子どもは家族の稼ぎ手として役立つ存在だ」という項目に対する反応を示したものだが、タイだけ「そう思う」が四割強になっているのに対して、他の国ではいずれもその割合はきわめて少ない。これは、タイも最近

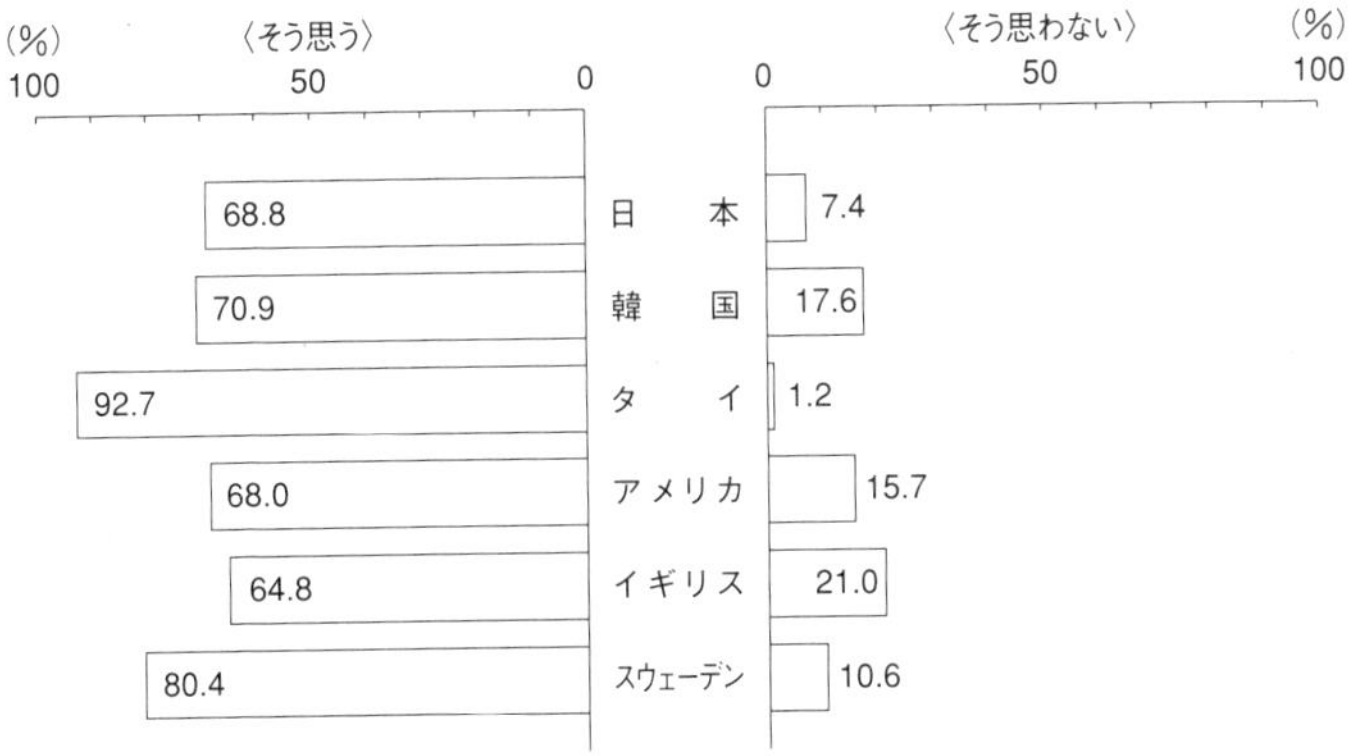

図12-6　子どもとは何か　(f) 子どもは老後の精神的な支えになるものだ

は急速に経済成長を遂げているものの、それでも他の五カ国に比べて生活水準が低く、まだまだ子どもが実質的な稼ぎ手としての役割を果たすという家族が少なくないからであろう。同様に、図12-5(c)の「子どもは老後の経済的な支えになるものだ」という点でも、タイだけが「そう思う」人が六割強と多い。それは一つには生活水準が相対的に低いからでもあろうが、もう一方で、大家族的な生活形態が依然広い範囲で見られるからであろう。いずれにしても、こうしたデータにも示されているように、〈家族〉は明らかに重要な経済単位として存在し機能している。むろんそのありようは社会によってさまざまであるが、〈家計=経済単位〉という次元を無視して〈家族〉というものを考えることはできないと言えよう。

図12-6(f)を見ると、「子どもは老後の精神的な支えになるものだ」という項目では、「そう思う」の割合はタイがもっとも高くて九三%、次いでスウェーデンが八〇%、日本をはじめ残りの四カ国も七割前後は「そう思う」と答えている。時間の都合で十分に論じることはできないが、この結果は、子どもが

家族統合（家族の担い手として苦労・努力すること）の有力な基盤になると同時に、親にとってアイデンティティ（存在や生きてきたこと・苦労してきたことの証し）の基盤になるということを示唆している。

家族が〈家計＝経済単位〉として存在しているということは、家族はその置かれている環境＝外部社会のなかでさまざまの〈戦略〉を行使する主体として存在しているということでもある。地域社会のなかでは他の家族との関係を調整し、家族としての評価や名誉に配慮し、家族としてのアイデンティティを確保すべく、さまざまの戦略を講じている。ゴミを捨てる際にも、どういう生活をしているかを知られたくないと気にするとか、子どもがどの高校や大学に進学するかということについて、子ども自身の進路の問題として気にするというよりも、むしろ、近隣の人たちの評価的な視線を気にするといったことは、そうした家族の名誉やアイデンティティを操作する戦略主体として家族が存在しているからだと見ることができる。むろん家計としてお金をどう使うかという、一つ一つの決定も、そうした戦略の一部である。

役割関係については、説明の必要はないであろう。夫婦の役割分担、親子の役割分担がその核であることは言うまでもないが、こんにちその二つのありようが、女性差別的な性別分業規範の温床として問い直され、親の権威と責任の揺らぎ、子どもの義務と自律性の弛緩として問題化していることは周知のところである。家族は、以上のようなさまざまの次元と要素をもって展開している。

家族の時間

最後に、家族の時間という側面について見ておきたい。私たちは、家族として一つの時間を生きていると思いがちであるが、家族の生活は重層的な時間のなかで展開している。まず第一に、日々の生活時間というレベルがある。たとえば団欒のひととき、食事の時間、睡眠の時間、こうした日常の生活時間は、その時その時が安全で穏やかで快適でなければならない、その時その時が充実した時間でなければならないと考えられている。しかし、家族の時間はそうした日々の時間として流れているというだけではない。〈家〉の持っている時間は、親の世代から子の世代へ、孫の世代へと、世代を越えて続いていく時間である。それに対して夫婦の時間は、結婚してから死別ないし離別するまでの間に一緒に積み上げ、つくり上げていく時間である。その時間が一緒に積み上げていく時間とはならずむしろ離れていく時間となるとき、離婚ということになるのであろう。近年、熟年離婚ということがしばしば言われるが、それはこの積み上げていくべき時間が実際にはそうならずに、離れていく時間となったからであろう。他方、子どもの持っている時間は、〈巣立っていく時間〉である。幼少期から青年期半ばまでは守られて成長していく時間であるが、青年期のある時期から以降は親からも家族からも離れ、巣立っていく時間へと、子どもの時間は変質する。この子どもの時間の持つ指向性の転換を理解することは、親子関係にとって重要なことである。

このように、家族を構成している時間は多様で重層的である。家庭が持っている時間、〈家〉が持っている時間、夫婦が持っている時間、子どもが持っている時間、少なくともこの四つの時間は、同じ空間のなかで展開しながらも、そのリズムとベクトルを異にしている。その異なったリズムとベクトルを持った

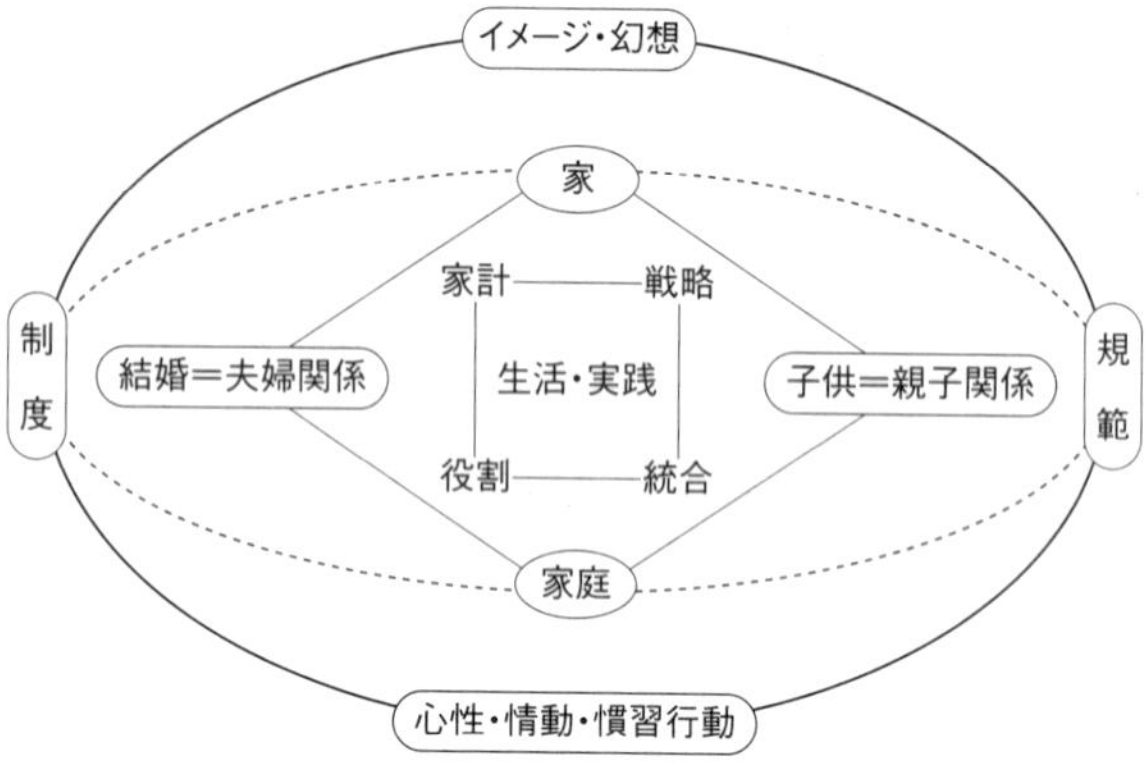

図13　〈家族〉に関わる諸項目の相互関係

重層的な時間の流れのなかで、家族という営みは展開している。

図13は、以上に述べたことを概念図として示したものである。家族を構成する四つの主要な要素（結婚・子ども・家庭・〈家〉）は、真ん中の部分に実線で結んである。むろん子どものいない家族も家族であることは言うまでもない。家族は、〈家計＝経済単位〉として、そしてまた、〈統合性＝コミュニティ〉として存在し、内部にさまざまの役割関係を構築し、外部社会のなかでさまざまの戦略を行使している。そうした家族の営みは、結婚や家族に関する法制度や規範の網目のなかで展開している。個々の個人は、それぞれに自分なりの心性・情動・慣習行動を身体化した存在として、そしてまた、家族や結婚に関してそれぞれに特定のイメージや期待を抱く存在として、同時に、家族の一員として、そしてまた、外部社会の一員として、日々の生活を過ごしている。しかも、その個々人の抱くイメージや期待、その身体化している心性や情動や慣習行動の集合は、一方で、法制度を実行性のあるものにし、もう一方で、規範的まなざしとして人びとの態度や行動に向けられている。むろん、

そこに多様性や変化のダイナミズムがあることも言うまでもない。

最初にも述べたように、こんにち家族というものが揺らいでいることは事実であろう。その揺らぎは、ひところ言われたような「家族の崩壊」ということではなくて、その形態や慣習の変化とみるべきものだと思う。〈家〉・結婚（夫婦関係）・子ども（親子関係）・家族という四つの要素は、その形態が変化することはあっても、当分は続いていくものだと思う。先ほど、二つの対立する見方があり、そして、どちらの見方もあたっていると述べたが、その二つの見方が可能なかぎり十全に生かされるような家族の在り方を模索していくことが重要なのだと思う。政策もそういう方向を目指していくことが重要なのだと思う。

教育（社会学）を専門にしているせいか、最後は教訓めいた話になったが、なぜ私がこういうスタンスでお話したかというと、最初にも述べたように、家族をめぐる問題は、一方で女性差別的で抑圧的な性質を変えていくという〈戦い〉という側面を持っていると同時に、もう一方で、人びとが〈家族〉というものにかけるさまざまの〈思い〉を調整し実現していく〈戦争〉という側面を持っているからである。私たちの研究も議論も、そうした二重の状況のなかで展開している。そのようなわけで、これから家族の問題を考えていくうえで参考になれば幸いであると同時に、私のつたない講義が「家族」という今回の公開講座の導入として、それなりの役割を果たしたと期待したい。

●参考文献

湯沢雅彦『図説家族問題の現在』（ＮＨＫブックス）日本放送出版協会、一九九五年。

日本女子社会教育会『家庭教育に関する国際比較調査報告書』一九九五年。

総務庁青少年対策本部『世界の青年との比較から見た日本の青年――第五回世界青年意識調査報告書』一九九三年。

藤田英典「ポストモダン社会における家族と青少年」『平成四年度～平成六年度家庭教育研究セミナー・国際セミナー報告書』国立婦人教育会館、一九九五年、六〇―七〇頁。

藤田英典「家族の変容と子どもの教育」『平成四年度～平成六年度家庭教育研究セミナー・国際セミナー報告書』国立婦人教育会館、一九九五年、一五八―一七八頁。

藤田英典「社会・家族の変化と幼児」『講座　幼児の生活と教育五　幼児教育の現在と未来』岩波書店、一九九四年、一―三〇頁。

藤田英典「教育における性差と文化」『東京大学公開講座五七　性差と文化』東京大学出版会、一九九三年、二五七―二九四頁。

藤田英典『子ども・学校・社会』東京大学出版会、一九九一年。

藤田英典「教育政策と家族（Ｉ）近代家族の展開と教育――戦後マイホーム主義を中心として――」『ＮＩＲＡ研究業書：わが国の家族と制度・政策に関する研究』総合研究開発機構、一九八九年、五―二四頁。

藤田英典「親の文化・子の文化」『東京大学公開講座四六　異文化への理解』東京大学出版会、一九八八年、二七―五八頁。

目黒依子『個人化する家族』勁草書房、一九八七年。

2 家族の変容と子どもの教育

序――課題と視点

1 本稿の課題と構成

戦後半世紀、日本の家族のありようは大きく変化してきた。その変化の過程は〈近代家族〉の汎化と揺らぎの過程として捉えることができるが、ここでは、その変化が子どもの生活と成長にどのような影響を及ぼし、どのような課題を負荷しているかを検討する。

戦後の変化は、二つの段階に分けて考えることができる。第一段階は、戦後の民主的な諸改革から一九七〇年代までの時期で、この段階の特徴は〈家族の孤立化〉と〈近代家族〉理念の浸透にある。それは、産業化、都市化の進展に伴って、〈職場の外部化〉〈女性の主婦化〉〈家族の孤立化〉が進み、マイホーム主義が優勢になり、母子関係の比重が増大し、〈教育ママ〉現象の普遍化と教育機能の外部化が進んだ段階である。

第二段階は、一九八〇年代以降で、〈近代家族〉の理念が揺らぎはじめたことと男女平等・共生への志向が公然化してきた点に特徴がある。具体的には、女性差別撤廃・男女平等への多様な動きが活発になり、フェミニズムの視点と立場が公然と主張されるようになり、男女共同参画社会に向けて法制面での整備が課題となってきた段階である。しかしもう一方で、高度消費社会の進展や社会各層の利害・関心の対立を背景にして、関連する諸問題・諸矛盾をどう解決するかが重大な政策課題となっていることも周知のところである。

戦後の家族をめぐる状況が、以上のように大きく二つの段階に分けられるとするなら、こんにちの家族に関する問題状況は、戦前期を通じて制度化してきた家父長制的家族の問題と、戦後第一段階の変化、すなわち民主化と産業化・都市化に伴って大衆的な広がりを持つようになった〈近代家族〉的な問題と、戦後第二段階の変化、すなわち〈近代家族〉の揺らぎに伴う問題が、重なり合って生起し展開していると考えるべきである。そこで以下では、その点を考慮して、こんにちの家族と子どもの生活の問題について、次の三つの側面に焦点を合わせて考察する。

第一は、家族をめぐる理念状況の問題である。ここではまず、家族構造の類型として、⑴開放的な拡大家族、⑵家父長的な制度家族、⑶情愛的な核家族、⑷ポスト・モダン家族の四つを区別し、各類型の特徴を役割関係・統制関係の側面から考察する。次いで、その類型を踏まえて、消費社会の高度化やフェミニズム化といった近年の社会変化が家族内の人間関係（夫婦関係・親子関係・きょうだい関係）にどのような影響を及ぼしているかについて考察する。

第二は、家族変動が親子関係や子どもの生活に及ぼす影響に関する問題である。親（とくに母親）は子どもの生活世界のなかで大きな位置を占めているが、親の子どもに対する構えについて、保護対象、表出対象、手段対象、統制対象という四つの次元を区別し、その各次元でどのような病理態の出現する可能性があるか、その可能性は近年の〈近代家族〉の揺らぎのなかでどう変わろうとしているかについて考察する。

第三は、家族規範の問題、その社会心理的意味の問題である。家族は社会生活の要に位置する制度であるだけに、個々人の生活機会を左右するだけでなく、人びとのアイデンティティの基盤ともなっている。近年の変化は、どのような家族像・家族規範を広め、青少年にどのような家族＝社会モデルを提示しているかについて考える。

2　家族と子どもの問題を考える視点

家族に関わる近年の動向には目を見張るものがある。研究・政策・実践の各レベルで、実に多様な展開が見られる。〈近代家族〉を相対化し、家族を核にして社会生活の在り方を考える思考の枠組みを批判的に捉え直す研究や言説が盛んになっている。政策レベルでも、女性差別的で抑圧的な家族と社会の在り方の問い直しがなされるようになり、男女平等社会・男女共生社会・男女共同参画社会に向けての動きが活発化している。しかしもう一方で、子どもの問題や老後の問題が語られるとき、あるいはまた、潤いのある豊かな生活づくり、コミュニティづくりの必要性が言われるとき、そこには〈近代家族〉を規範化し、家族を核にして考える根強い傾向があることも確かである。

家族論・男女関係論と家庭教育論・生活環境論との間に見られる、こうしたベクトルの違いは、ときには認識パラダイムの違いと見なされ、コミットしている価値観や世界観の違いと見なされ、またあるときには、階層差や地域差のあらわれと見なされる。いずれもそれなりの妥当性をもっていると考えられるが、それにしても、家族論・男女関係論の射程と家庭教育論・生活環境論の射程が現実面で交差する地平はかぎりなく広いことも確かである。そして、両者のベクトルに矛盾があるかぎり、その交差する地点で、家族のありようが鋭く問われることになるであろうことは想像にかたくない。

こうしたベクトルの違いや矛盾について、ここで原理的な検討を加えるゆとりはないが、その主要な基盤が社会現象の重層性と多様性にあることは確かである。そこで本論に入るに先立って、社会現象の重層性に関して、次のようなレベルの違いを確認しておこう。それは、認識と議論における無用な混乱を避けるためにも、また、多様な言説や動向を整序するうえでも、必要かつ有用な区別であると考えられる。

一般に社会現象について考える場合、(1)言説・理念レベル、(2)制度レベル、(3)実態レベル、の三つを区別することが重要であり、実態レベルはさらに、①組織レベル、②実践レベル、③意識レベルに分けて考えることが可能かつ必要なことである。

家族について考える場合も同様で、認識の枠組みとして、これらのレベルを区別しておくことは重要である。というのも、こんにち家族が大きな転換期にあると言えるのは、たんに実態レベルで多様な変化が起こっているというだけでなく、制度レベルや言説・理念レベルでも、基本的な枠組みの問い直しと再編が進みつつあるからである。しかしもう一方で、言説・理念レベルでラディカルな問い直しがなされているからといって、実態レベルが必ずしもそれに対応して全面的に変化しているというわけではないことも留意すべき点である。そこには、地域差もあれば階層差もあり、個々の家庭による違いもある。各レベル間の矛盾が、実践面での矛盾や意識面・心理面での葛藤を引き起こしていることも確かである。実践面での矛盾は、特に家庭教育論・生活環境論の領域で重要なテーマになる傾向にあり、他方、意識面・心理面での葛藤は、教育相談や臨床心理学・精神医学の領域で重要な問題になっている。

ここでは、こうしたレベル間のズレと矛盾に注目することにより、家族と子どもの関係構造とその変容について考察する。

1　近代家族の出現と変容

1　〈近代家族〉の特徴

近代家族の揺らぎが言われる昨今であるが、まず、近代家族とは何かについて、簡単に確認しておこう。欧米における家族の社会史的研究が指摘してきたところによれば、近代家族は、近代社会の発展と並行して、〈家族意識〉と〈プライベートな空間〉を備えることによって出現してきた（藤田・一九八九）。P

・アリエス（一九六〇）によれば、一五世紀から一八世紀にかけて徐々に発達してきた家族意識が一八世紀以降あらゆる身分に広まり、その結果、「家族は社会との間に距離をもち始め、絶え間なく拡大していく個人生活の枠外に社会を押し出すように」なり、「一家団欒、プライバシー、孤立」を特徴とする近代的な家庭が出現することになった。それまでは、家族生活は公衆のまなざしにさらされており、「夫婦のプライバシーにまで社会が介入する権利を持って」いた。

こうした変化は、家族（family）という言葉の意味の変化にも表れている。近代以前の社会では、家族は世帯（household）とほとんど同じ意味で用いられており、下僕・召使い・居候など血縁以外の者や遠縁の者もそこには含まれていた（Laslett, 1972 & 1985; Katz, 1975. ストーン・一九七七）。しかし近代社会の展開とともに、家族は地縁・血縁の共同体的干渉を排除し、世帯の範囲を狭め、家族生活をプライベートなものとして遮蔽するようになり、かくして、プライベートな家庭生活のための専用空間として家庭（home）が出現してきた。つまり、近代家族の出現・拡大にともなって、世帯と家族が区別されるようになり、近代的な境界意識の強い集団単位としての家族が出現し、その集団生活の象徴的な空間として家庭を作りあげてきたというわけである。

社会史家E・ショーター（一九七五）は、こうした近代家族の出現を、きわめてセンセーショナルに論じた。彼は、近代家族が出現したのは、市場資本主義の発展と自己中心主義の発展を背景にして、家族に関わる三つの分野で感情革命が起こったからだとして、次のように言っている。「第一の波、ロマンティック・ラブは、性関係に対する共同体の監視からカップルを解き放ち、愛情の世界へとかれらをみちびいた。第二の波である母性愛は、近代家族にくつろぎを与える安息所を築きあげ、共同体の生活との関わりから多くの女性を解放した。そして最後に家庭愛が、家族を周囲の伝統社会との相互関係から切り離し」、「家々の暖炉に心地よい火を燃やし、ついにはこの炎で周囲の共同体を焼きつくした」（田中ほか訳・一九八七）。

このように、これらの社会史的研究によれば、近代家族とは、①家族意識とプライベートな空間を備えた集団（＝共同体的干渉から遮蔽された集団、家族という境界性の観念によって枠づけられた私的空間を志向する集団）、②夫婦愛、親子愛、家庭愛（愛の巣、憩いの場、子どもの健全育成の場としての家庭の観念）を結合原理として規範化した家族と言える。そして、こうした家族の在り方は、近代社会の発展、とりわけ産業化の進展、資本主義経済の発展と並行してあらゆる階層に広まってきたというのである。

2 日本における近代家族の出現と展開

わが国の場合、欧米の社会史家が指摘してきたような近代家族がいつ出現したかについては、必ずしも結論が出ているとは言えないが、上野（一九九四）等も指摘するように、近代家族への旅立ちは、明治期の制度改革、とくに戸籍法や民法の制定等を基盤にして、近代国家の発展と産業化・都市化の進展を駆動車の両輪として始まったと考えられる（Fujita, 1985）。

一八七二（明治五）年には全国で統一的な戸籍法が実施され（壬申戸籍）、徴税・徴兵や救恤（貧困者救済）や治安警察に利用されたが、一八八六年（明治一九）年の改正戸籍法では、家族の身分異動の届出を戸主に義務付け、また、家族の婚姻・養子縁組に戸主の同意を要することとした、つまり、この段階ですでに、部分的にではあるが、いわゆる戸主権が規定されたのである。さらに一八九〇（明治二三）年には、戸主権を盛り込んだ旧民法が公布されたが、日本古来の家長制の伝統・醇風が十分に保障されていないとして、いわゆる民法典論争が起こり、施行は無期限に延期されることとなるが、一八九八（明治三一）年には、それに代って明治民法が制定・施行されることになった。この明治民法では、戸主権の主要な内容として、①家族の入籍・離婚に対する同意権、②家族の婚姻・養子縁組に対する同意権、③家族の居所に対する指定権、④家族の禁治産・準禁治産の宣告・取消しの請求権などが規定されたことは、周知のところである。

またもう一方で一八九〇年には、『教育勅語』が公布され、儒教的な家父長制倫理と家族国家観が鼓吹され、その浸透が図られたことも、周知のところである。

こうした戸籍法・民法の諸規定や『教育勅語』の倫理思想は、戸主権を確立し、戦前期の因習に満ちた封建的な〈家〉制度や家父長制の基盤となり、もう一方で、いわゆる家族国家観を定着させてきたとして、戦後、民法改正等を通じて、その遺制と因習の打破と、民主的な家族の実現が志向されてきたことは、周知のところである。

戦前期の家族制度や家族関係の基本的特徴が封建遺制的で非民主的なものであったことは事実であるにしても、問題は、それが欧米の社会史的研究が提起してきた〈近代家族〉の特徴を宿していたかどうかである。近年の社会史的・社会学的な家族研究は、明治中期以降〈近代家族〉が都市中間層を中心に出現してきたと見る傾向にあるが、筆者も、その見方に与するものである。その主な理由は、二つある。

一つは、集団としての家族の在り方に関するものである。〈近代家族〉を前述のような集団としての境界性と私的遮蔽性によって特徴づけられるものと見るなら、そうした〈近代家族〉的な集団の在り方とそれを志向する心性の広がりを根底において用意したものこそ、前述の戸籍法・明治民法に基づく国家の家族管理であり、そして、それを実態レベルで避けがたいものにしていったものこそ、産業化と都市化の進行にともなう生活様式の変化であった。

明治民法の、戸主権はもちろん、婚姻、氏姓、財産管理、納税義務、扶養義務、相続などに関する諸規定は、集団としての家族の境界を明確化し、閉じた集団としての家族の観念と慣行の普及を一般化する基盤になった。また、とくに一九二〇年代（大正期）以降、産業化と都市化の進行が顕著になり、サラリーマン層が増加し、職住分離が進むが、サラリーマンという地位そのものや、家の外で仕事をし、家は家族生活の場に限定されるようになるということは、集団としての境界性と私的遮蔽性によって枠付けられた家族生活の諸慣行と観念を育み、そうした家族の在り方を規範化する基盤になったと考えられる（Fujita, 1985）。

第二に、こうした〈近代家族〉的な観念の出現と規範化は、〈家庭〉という概念の出現と普及に象徴的に表れている。家庭という言葉自体は、「家と庭のある所」という意味の漢語として江戸時代にすでにもちいられていたが、一八九〇年代以降、それまでの「家」や「家内」という暗い因習的なイメージの対極に位置する家族生活の在り方を合意する言葉として用いられるようになった。そのことは、明治期に相次いで創刊された婦人雑誌のなかで「家庭」「一家団欒」「家庭教育」といった概念が提起されていることにも表れている。たとえば『家庭雑誌』(明治二五年創刊)の創刊号には「家庭教育の事」という文章が巻頭に「社説」として掲載されており、また、「夜の家庭」と題する論説には、「何をか夜の家庭に於ける天国と云ふ。善良にして清潔無垢なる一家団欒の時を指す也」と書かれている(牟田・一九九〇、藤田・一九九一b)。

このように、〈近代家族〉的な概念の出現は明治期すでに確認される。しかし、〈近代家族〉的な家族関係と生活様式が都市部を中心にかなりの広がりを見せ始めるのは、産業化と都市化が進む一九二〇年代以降のことと考えられる。それは、サラリーマン層の増加と職住分離が都市部で進むことにより、家族関係と生活様式も〈近代家族〉的なものへと構造的に再編されることにならざるをえなかったからであるが、もう一方で、そうした家族の在り方を規範化する新たな動きが顕在化したことにも表れている。その新たな動きとは、一九二〇年代以降とくに顕著になる社会問題への公的関心の高まりと、その対応策としての社会事業の展開であり、また、一九二〇年に実施された第一回の国勢調査であり、そこでの世帯を単位とした家族・国民人口の把握である。

第一次世界大戦を契機とした資本主義経済の発展とその後の不況による失業や都市貧困層の増大、関東大震災による治安・世情の混乱などを背景にして、貧困・犯罪・疫病などが公的な関心と政策の対象として注目されるようになり、民間の慈善活動に委ねるのではなく、国家がそうした社会問題に積極的に関与し、その制御を目指すようになる。一九二〇年代には方面委員や巡回看護婦による家庭訪問が始まり、一九三〇年代には、救護法（一九三二年）、少年救護法（一九三三年）、母子保護法（一九三七年）などが相次いで制定され、国家によって社会事業が推進されることになるが、それは、J・ドンズロが指摘したような、国家による〈家族・家庭〉への介入のプロセスでもあった（Donzelot, 1977）。ともあれ、ここで重要な点は、この一連の法律や施策が前提にしていたのは、境界性と私的遮蔽性によって特徴付けられる〈閉じた集団としての家族〉、生活単位・責任主体としての境界性を備えた〈家族〉だったということである。

国勢調査も、同様の〈閉じた集団としての家族〉を前提にし、またもう一方で、その普及を促進する機能を果たした。国民を〈家族〉を単位として管理するという考え方と方法は、戸籍法や明治民法においてすでに制度化していたが、国勢調査は、それを〈世帯〉として把握することにより、家族を同居集団・同一生計集団としての境界性によって特徴付けられるものとして観念され規範化されるという、当時進行しつつあったプロセスを促進し、また、それを反映していたと考えられる。事実、第一回国勢調査によれば、一九二〇年時点ですでに、全人口の約六割はいわゆる核家族世帯に属していたが、そのことは、家族の実態が少なくとも形態面では、すでに〈近代家族〉としての特徴を備えていたことを示している（河合・一九九二）。

しかし、〈家庭〉を中心に家族生活を積極的に組織しようとする〈近代家族〉的な関心と志向が一般化し、生活慣行と生活意識の両面で全国的な規模で変化が起こるのは、戦後、とくに一九五〇年代以降のことと考えられる。民法改正、農地改革、さらには、高度経済成長と都市化の進行を背景にして、いわゆる「一人っ子革命」が起こり（落合・一九九四）、小家族化が進行し、意識面でも慣行面でも〈近代家族〉を志向する傾向が顕著になってきた。そのことは、たとえば『婦人公論』という雑誌の内容の変遷にも表れている。そこに掲載されている記事や論文を見ると、一九五〇年代前半までは、伝統的な〈家〉制度からの脱出が重要課題とされていたが、五〇年代後半以降は、主婦としての女性の生き方や子どもに対する親の責任が論じられるようになり、さらに六〇年代後半には、マイホーム主義がしきりと喧伝されるようになる（藤田・一九八九&一九九一b）。

以上の概観からも示唆されるように、日本における近代家族の成立をいつ頃と見るか、その判断は、制度的基盤の変化を重視するのか、家族形態や家族観念の変化（たとえば集団としての境界性や〈家庭〉の規範化）に注目するのか、それとも、そうした諸変化の全国的な広がりを重視するのかによって、分かれると考えられる。また、明治民法の下で形成され維持された〈家〉制度をどう見るかによっても、判断は分かれると考えられる。戦前期の〈家〉制度や家父長制を封建遺制的な家族と見るか、封建性と近代性を合わせ持った家族と見るかによって、判断は分かれると思われるが、筆者は、すでに述べたように、その生活集団としての境界性と私的遮蔽性という点で、また、制度的にその基盤が成立していたという点で、〈近代家族〉への旅立ちがすでに明治期から始まっていたとする見方をとっている。すなわち、明治民法によって基礎づけられた〈家〉制度は、戸主権と家督相続の制度を核にして、そのまわりに家族内の人間関係についてさまざまの封建遺制的・因習的な規範をつくりあげていたことは確かであるが、家族の形態や戸主による家族統制の在り方などの点で、すでに〈近代家族〉への移行が始まっていたということである。

L・ストーン（一九七七）は、イギリスにおける近代家族の成立過程を、「開放的な系譜家族」、「制限的な家父長制家族」、「情愛的な核家族」という三つの段階に分けて詳細に検討し、近代家族の成立過程において「制限的な家父長制家族」がその過渡的段階として重要であることを指摘したが、その段階区分は、日本の場合にも概ね当てはまると考えられる。すなわち、明治中期以降から戦前期までの家父長制的な家族の段階は、ストーンの「制限的な家父長制家族」の段階に対応し、明治後期から大正期にかけて雑誌等で喧伝され、都市中間層を中心に部分的に浸透した家族像や、戦後、とくに六〇年代以降に汎化する「マイホーム」家族の段階は、ストーンの「情愛的な核家族」の段階（萌芽期と展開期）に対応すると言える。

以上の諸点を踏まえて、本稿では近代家族を二段階に分け、戦前の〈家〉制度を基本的特徴とした家族を日本における近代家族の第一段階、戦後の新民法によって基礎付けられ、産業化と都市化の進行に伴って広まり、規範化してきた家族のありようを近代家族の第二段階と考え、前者を〈家父長的な制度家族〉の段階、後者を〈情愛的な核家族〉の段階と呼ぶことにする。

3　産業化・都市化と家族の孤立化（〜一九七〇年代まで）

以上のように、家族の性格という点で、すなわち、その制度的基盤、集団としての境界性と閉鎖性、〈家庭〉の形成を家族の形成と同一視する意識などの点で、近代家族への旅立ちは明治期にすでに始まったと見ることができるのだが、家族の実態、とくに家族内の人間関係や生活様式が大衆的な広がりをもって大きく変化するのは、戦後のことである。そこで次に、戦後の変化について概観しよう。

周知のように、戦後、とくに一九五〇年代から七〇年代前半にかけて、家族のありようは大きく変化した。この時期の変化については、すでに多くの論者によって指摘され、ほとんど教科書的な知識になっているので、ここでは、その要点を確認するにとどめよう。

第一に、産業化の進展に伴って、職場の外部化と女性の主婦化が進み、夫と妻の生活空間が明瞭に隔てられるようになった。むろん、この変化は都市部を中心に一九二〇年代からすでに始まってはいたが、全国的に普遍化するのは戦後である。一九五〇年には、まだ就業人口の約半数は農業を中心とする第一次産業に従事していた。しかし、高度経済成長期を通じてその割合は減少し続け、逆に、第二次産業、第三次産業従事者の割合が急増し、それに伴って、職場の外部化が進み、サラリーマン家庭が増大し、家事・育児のシャドー・ワーク化、女性の主婦化が進んだ。

第二に、都市化が進展し、夫婦家族志向、マイホーム志向が強まるにつれて、家族の孤立化が進んだ。家族の生活は近隣社会や親族集団の共同体的干渉から遮蔽される傾向を強め、社会生活の基本単位として核家族のウェートが増大してきた。郊外に広がる住宅地、新興の巨大団地、都市部のアパートやマンションが、そうした志向と慣行を具体化する舞台装置となったことは、言うまでもない。

第三に、この時期はまた、一方で、いわゆる日本型企業社会が発展し、もう一方で学校教育が急速に拡大した時期でもあった。一九五〇年には約五〇％だった高校進学率が一九七五年には九〇％に達し、大学進学率もその間に、約一〇％から約三〇％へと上昇した。この二つの変化、日本型企業社会の発展と学校教育の拡大が並行して進む過程で、日本的な学歴主義が形成され、学歴社会意識が汎化し、受験競争が激化することになった。

第四に、この時期はまた、出生率が急速に低下し、少子化・小家族化が進んだ時期でもある。周知のように、一九八九年には「一・五七ショック」と言われ、以来「少子化」が注目されることになるが、出生率の低下、子ども数の減少という点では、五〇年代、六〇年代のほうが急激であった。子ども数二~三人という家庭が七割を占めるようになり、そうしたなかで、子どもに対する親の配分資源が確実に増大してきた。親の時間、お金、関心・配慮の多くが優先的に子どもに振り向けられるようになった。

いわゆる「教育ママ」現象は、こうした変化が重なり合うなかで、起こるべくして起こったと考えられる。家族の孤立化と女性の主婦化が進むなかで、もう一方で、日本的な企業社会の発展と学歴社会意識の汎化が進むなかで、「教育ママ」は出現したと言える。「教育ママ」という表現は、一九六〇年代後半に、大学入試会場にまで付き添ってきて子どもの世話を焼こうとする母親を揶揄して使われ始め、やがて、私立の幼稚園入試や小学校入試に熱心な母親にも使われるようになり、さらに近年は、子どもの教育に熱心な母親一般にまで拡張して使われるようになっているが、ここでは、それらすべてを含めて、「教育ママ」現象として捉えることにしよう。

4 〈近代家族〉の揺らぎと家族の個人化(一九八〇年代~)

以上のように、戦後、とくに一九五〇年代から六〇年代にかけて、制度面ではもちろん、家族の形態、慣行、意識の面でも、〈近代家族〉的なものが広まり、こんにち自明視されているような家族生活の基本型が一般化してきたと考えられる。

しかし一九七〇年代半ば頃から、新たな局面が展開し始めたようである。それは、目黒（一九八七）も指摘しているように、〈近代家族〉の揺らぎと家族の個人化という傾向である。この変化を促進している重要な要因として、次の四つをあげることができよう。

第一は、経済発展とそれに伴う消費生活の高度化や情報化社会の進展といった生活環境の変化である。そして第二は、この基本的な変化を背景にして、女性の職場進出が増大してきたことである。女性のフルタイム就業が増大し、パートタイム労働も企業と家族の両方で自明の要素として定着してきた。その結果、不十分とはいえ女性の経済的自立の可能性も高まってきた。

第三は、とくに八〇年代以降、運動・実践面だけでなく、研究・言説面でも、また政策レベルでも、フェミニズム化の動きが盛んになってきたことである。伝統的な性別分業規範の問い直しがなされ、女性差別撤廃に向けての活動が広まり、近年は夫婦別姓や相続の問題をはじめ、婚姻制度等に関する民法の改正が検討され、さらに男女共同参画社会に向けての施策が検討・推進されている。

第四は、個人主義的・自己実現的志向が拡大し、個人主義的な生活形態・慣行が広まってきたことである。近代家族の出現・拡大の過程では、個人主義的志向が共同体的干渉から家族の隔離を促進したとすれば、近年は、その同じ志向が、今度は家族の規制から若者や女性を解放するという傾向を持ち始めている。

かくして、各種の意識調査や家族生活に関する調査が示しているように、離婚率や未婚率が上昇し、単身世帯が増加し、必ずしも〈家庭〉を家族生活の中核的要素として位置付けない夫婦関係が目立つようになり、結婚・家族に関する観念と生活形態の多様化が進んできた。こうした近年の家族の多様なありようを、〈ポストモダン家族〉と呼ぶことにする。

2　家族関係の変容と家庭教育の課題

一節では、〈近代家族〉の特徴を確認し、そのうえで、明治以降の日本における家族の変容を〈近代家族〉の出現と変容の過程として概観した。そこで本節では、〈近代家族〉の揺らぎと言われる近年の状況を踏まえ、家族が抱えている矛盾と家庭教育の課題について考えることにする。

1　家族の構造

家族という枠組み自体の揺らぎが言われている。家族の個人化が事実として進行するなかで、政策、制度、実態、概念の各レベルで、家族とはなにかが改めて問われている。社会政策の標準を個人とするのか家族とするのか、なにをもって家族とするのかが、政策上の重大な選択課題となっている。夫婦関係・親子関係を家族の基本と考えるか、共住集団・生計単位（世帯）を家族と考えるのか、それとも〈家庭〉に象徴される人間関係と生活空間のありようを重視するのかによって、社会政策の標準と在り方も異なることになる可能性がある。つまり、政策レベルでも、家族の枠組み自体が問い直されているということである。その意味で、今後、家族の在り方がどのように変化していくかは定かではないが、いずれにしても、家族が基本的な生活集団として存在し続けるであろうことは確かなことと考えられる。

　この基本的集団としての家族という側面は、家族の在り方をめぐる言説や家族の実態における多様性に注目するとき、とかく軽視されがちであるが、家族の問題を考えるうえで重要な側面である。それは、たとえば経済企画庁国民生活局が一九九〇年と九三年に行った調査でも、六割以上の人が、日常生活で最も大事な自分の役割は「家族の一員としての自分」と答えていることにも表れている（九〇年調査：七五・六％、九三年調査：六三％）。

　家族が基本的で多機能的な生活集団であり続けるかぎりにおいて、家族関係がどのように構造化しているかは、家族の問題を社会学的に考えるうえで重要な問題である。筆者の考えでは、家族関係の構造については、集団性と構造性の二つの軸によって類型化して捉えることが妥当である。

　ここに集団性とは、集団としての境界性と統合性をその主要な要素として含んでいる。一節でも見たように、近代家族は、家族としての境界性を強め、家族集団と地縁集団・血縁集団との間に明確な一線を画することで出現してきた。そして、その境界性の強化は、同時に、隔離された家族集団の内部において、成員の凝集性・統合性を強め、個々の成員に対する配慮と統制を強化してきた。つまり、近代家族は、集団としての境界性と統合性が極めて強い集団として発展してきたということである。社会心理学が重要な概念として用いてきた帰属感もこの集団性に関わるものであり、その重要な要素である。また、近代家族の心性面の特徴とされる〈家族愛〉や、その象徴である〈家庭〉や〈一家団欒〉も、この集団性の要素であり、その表出形態である。

他方、構造性は、ここでは、家族内における地位・役割関係と権威・統制関係を含むものとして用いる。家族が多機能的な生活集団であるかぎり、そこにはさまざまな役割がある。その多様な役割をどのように家族成員に配分して遂行しているかという側面が、地位・役割関係面での構造性である。他方、権威・統制関係というのは、家族成員の行動や意識がどのような権威関係のなかで展開しているか、どのような統制関係にあるかという側面である。この側面を、構造性の権威・統制面と呼ぶことにしよう。

周知のように、T・パーソンズが核家族の構造と社会化について考える枠組みとして提起したモデルは、ここでいう構造性に注目したものであった。こんにち家族社会学では、パーソンズのモデルは、近代家族を自明視し、それを前提にしているとして批判的・否定的に評価される傾向にあるが、筆者の理解では、家族の社会化について考えるためのモデルとしては、依然としてきわめて有効かつ適切なモデルである。ただし、その際、男女の役割関係を固定的なものと見るのではなく、むしろ、その在り方をめぐって社会的に揺らぎがあること、個々の家族内でも対立・葛藤があり、調整・変更が行われているということを、社会化モデルに組み込む必要があることは、言うまでもない（渡辺・一九八九）。

2　家族類型とその変容

図1は、前に述べた集団性と構造性（地位・役割関係の側面）を軸にした、家族類型の分類枠組みである。個々の家族、および、家族について人びとが抱いているイメージは、この枠組みによって、すなわち、構造性が強いかどうかと、集団性が強いかどうかによって、四つのタイプに分けることができる。タイプ

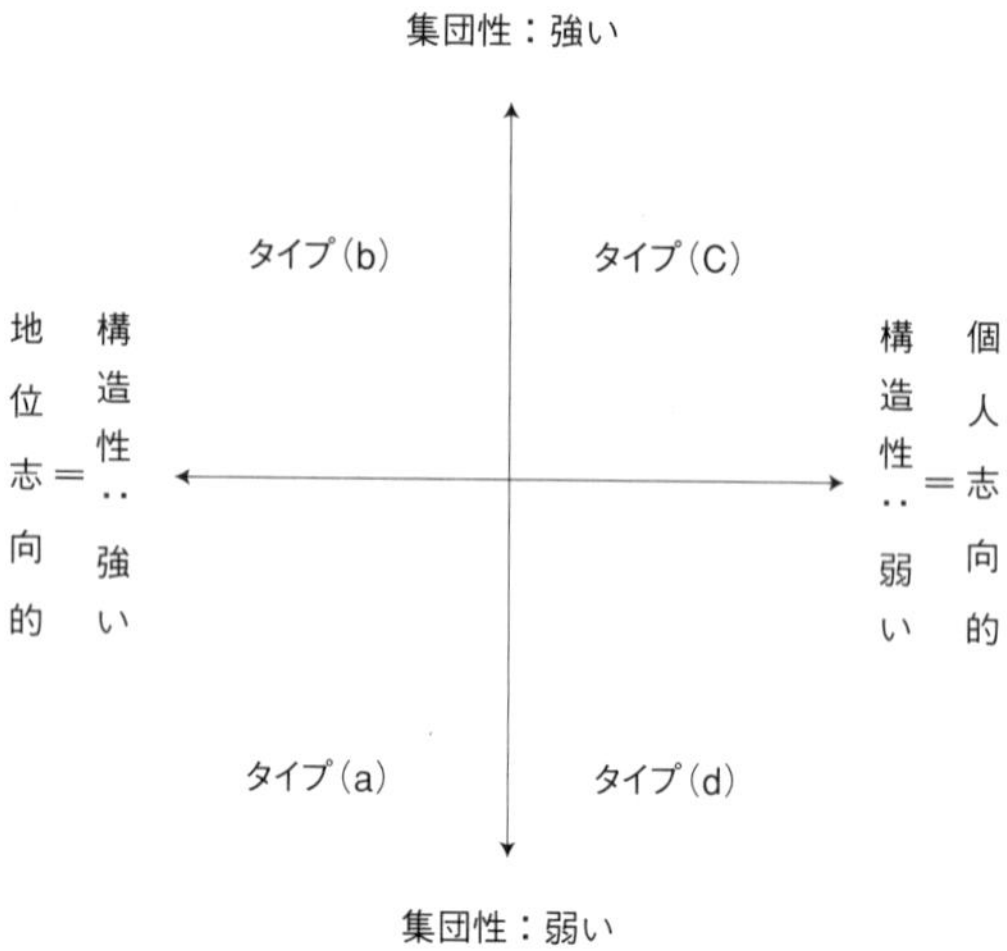

図1　家族類型の分類枠組み

(a)は、構造性は強いが、集団性は弱く、タイプ(b)は、集団性も構造性も強い、といった具合である。むろん、現実の家族について考える場合、個々の家族や家族のイメージをすべてこの四タイプのどれかに截然と分けることができるというのではなく、むしろ、さまざまの中間的なありようがあると考えるべきである。図1を座標形式で示したのは、そうした多様な家族をプロットできるようにという合意があってのことである。すなわち、個々の家族や家族イメージは、それぞれの強さの程度に応じて、図中のどこかにプロットされるということである。

　なお図1は、構造性については、地位・役割関係の側面だけを考慮しているが、それは、一つには、モデル（分類枠組み）のわかりやすさを考慮してのことであるが、いま一つには、地位・役割関係と権威・統制関係は、その程度はともかく、質的には重なり合う傾向にあると考えられるからである。

　さて、役割は家族内で個々の成員に配分され遂行されているが、その役割の配分が地位に固定的に配分

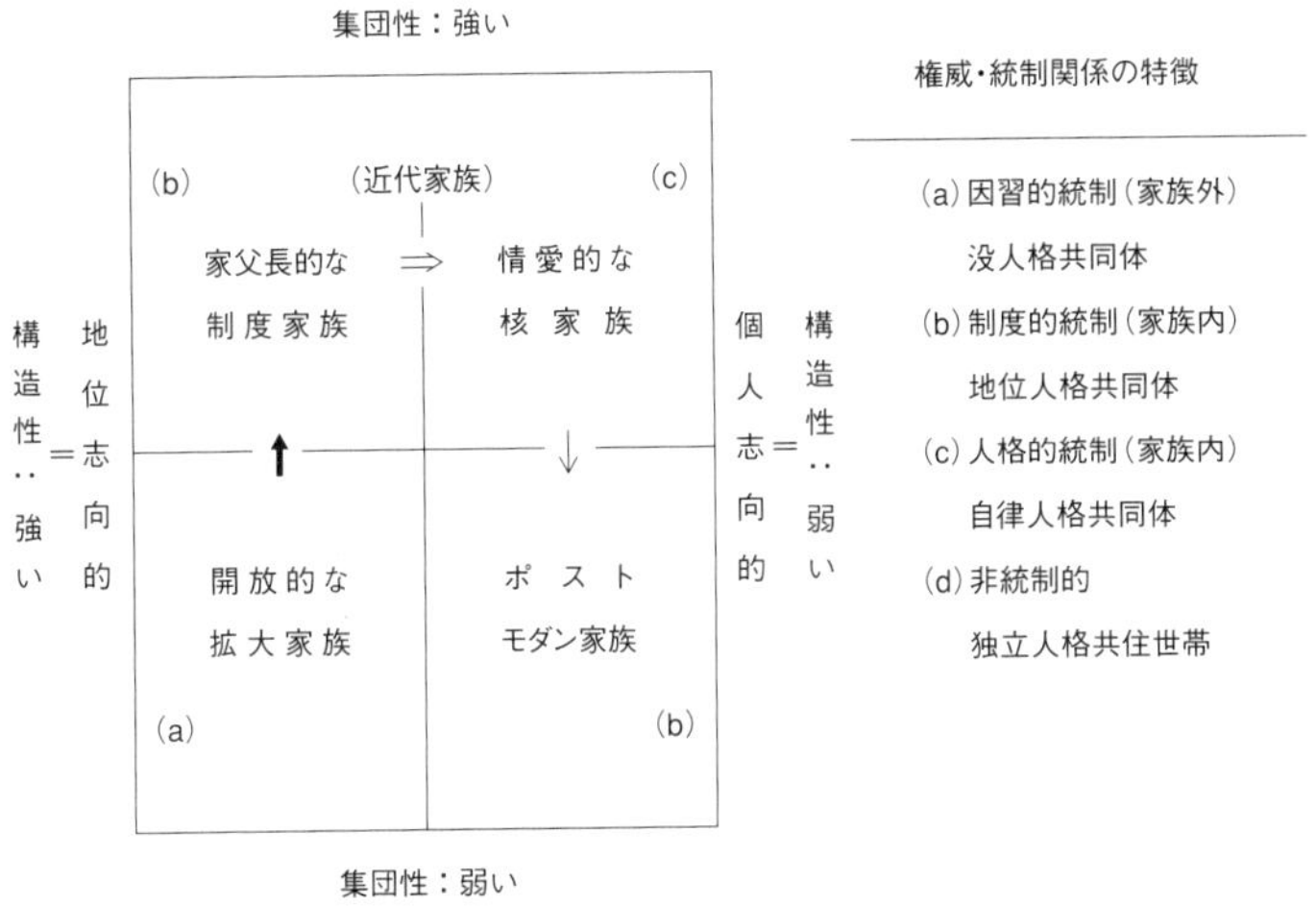

図2　家族構成の変容（試論的概念図）

されている場合、構造性は強いということになる。それをここでは地位志向的（status-oriented）と呼ぶことにする。それに対して、多様な役割が家庭内で了解的に分担されている場合、あるいは、分担が状況に応じて適宜変化する場合、構造性は弱いということになる。この場合を、個人志向的（person-oriented）と呼ぶ。この地位志向的と個人志向的という区別は、B・バーンスティンの区別に準じたものである（Bernstein, 1973）。

図2は、図1の分類枠組みに一節で概観した家族の変容を当てはめたものである。一節でも概説したように、日本の家族は、明治民法の制定とそれに基づく家族制度の再編により、それまでの〈開放的な拡大家族〉から、〈家父長的な制度家族〉へと移行し、戦前期を通じて、それが家族の範型となった。しかし戦後、民法改正や農地改革をはじめとする民主的改革が行われ、アメリカ的家族の在り方と生活様式が喧伝されるなかで、さらには、高度経済成長や都市化・学校化が進む

につれて、〈情愛的な核家族〉が範型として志向されるようになった。しかし一九八〇年代には、それまでの性別役割規範が問い直され、〈近代家族〉の歴史的相対性が指摘され、フェミニズム化の動きが活発化し、もう一方で、家族形態・生活様式の多様化や離婚率・非婚率の上昇が進むなかで、〈ポストモダン家族〉なるものの出現が言われるようになった。

一節でも述べたように、戦前期の〈家父長的な制度家族〉を前近代的な家族と見るか近代的な特徴を備えた家族と見るかは議論の分かれるところだが、図2では、〈家父長的な制度家族〉と〈情愛的な核家族〉の両方を近代家族と見なしている。戦前期の家族は、〈家〉の存続を重視し、本家の長を頂点にハイアラーキカルなシステムをつくりあげていた点、結婚の決定権が家長にあり、かつ家本位の決定が一般的であった点、個人が固有の人格的存在と見なされてはいなかった点、家族の生活が因習的な規範に絡めとられていた点などに注目するなら、前近代的だということになろう。しかし、家族が法制的に独立した単位になったという点、すべての国民がその家族を基盤にして把握され統制されるようになった点、生活集団および経済単位としての家族の境界が明瞭化してきた点、家族間の競争意識や身内意識が広く見られた点などに注目するなら、近代的な特徴を備え始めたと見ることができる。ここでは、後者の見方に立ち、〈家父長的な制度家族〉を近代家族の第一段階と捉えることにする。

しかし冒頭でも指摘したように、社会現象は重層的に構造化し展開しているから、家族の実態をこの段階区分によって截然と分けられるというものではない。図中、三通りの矢印（➡、⇩、↓）を用いて、歴史的な変化の様子を示したのは、そのためである。

(a)〈開放的な拡大家族〉から(b)〈家父長的な制度家族〉への移行は、明治期を通じて、ほぼ全面的に起こったと考えられる。矢印⬇は、移行が全面的に起こったことを示している。それに対して、(b)〈家父長的な制度家族〉から(c)〈情愛的な核家族〉への移行は、都市部を中心にして、大正期から徐々に始まったと考えられるが、それが大規模に全国的な広がりをもって展開するのは、戦後、とくに一九六〇年代以降のことである。しかし、その移行は、(a)から(b)への移行のように、ほぼ完了したというのではなく、むしろ現在も進行中のことである。矢印⇩は、そうした変化の様子を示している。

他方、矢印↓は、限られた範囲で新しいタイプが出現し始めていることを示している。しかし、なにをもって〈ポストモダン家族〉と考えるかは、議論の分かれるところであり、その変化の方向を含めて実態は必ずしも定かではない。形態面で言えば、事実婚や同性世帯は〈ポストモダン家族〉ということになるであろうが、むしろ、数のうえで増えているのは単身世帯である。しかし単身世帯を家族という範疇に含めることは適切でないとすれば、ここで重要なのは、むしろ家族内の人間関係であり、人びとの〈家族〉に対する構えである。一節でも指摘したように、〈家庭〉を築いていこうとする心性と構えが〈近代家族〉の中核的な要素の一つであるとするなら、その心性や構えに変化が起こり始めているというのが近年の傾向であり、それが、〈ポストモダン家族〉という表現を産み出した重要な背景の一つなのであろう。そうであるなら、この変化は、制度の変化や形態とは違って、その識別基準を設定することは容易なことではないうえに、その実態も、階層や地域などによって多様であろうし、個人内でもさまざまな矛盾と葛藤があると見るべきであろう。矢印↓は、そうした変化の実情を仮説として示すものである。

さて、近代家族のもっとも重要な特徴は、集団としての境界性と統合性が強いという点、つまり、集団性が強いという点にあるというのが、本論文の基本的な見方であるから、それとの対比で、〈ポストモダン家族〉の基本的特徴は、前述の〈家庭〉を重視し志向する心性の後退を含めて、集団性が弱い点にあるということになる。言い換えれば、集団性を嫌う意識、集団の規制や干渉を嫌う意識・態度・行動様式が優勢化した家族ということになる。日常的な言い方をすれば、家族の生活がバラバラで、かつ、それを当たり前と考える家族ということになる。この意味では、〈ポストモダン家族〉的な傾向は、若年層と女性を中心にすでにかなり広まっていると見ることもできよう。

このように考えると、こんにち日本の家族は、タイプ(c)が範型としてもっとも優勢な段階にあるとはいえ、タイプ(b)も依然としてかなり広範に見られ、さらに、部分的にタイプ(d)が広まり始めているという状況にあると考えられる。つまり三つのタイプが並存しているというのが、家族の現況であると考えられる。そしてこの並存しているという状況のなかに、さらには、それぞれのタイプと社会生活の構造的特徴との間に潜在している矛盾や緊張のなかに、家族をめぐるさまざまの対立と葛藤の重要な源泉があると考えられる。そこで次に、そうした矛盾や緊張、対立や葛藤がどのような性質のものであるかを検討しよう。

それに先立って、図2の家族タイプについて、もう一点、補足しておくべきであろう、図1の各タイプは、家族の歴史的変化を踏まえつつ、その基本的な様式を捉えるために概念的に設定されたものであるが、もう一方で、それは人びとの意識と実践を枠づけるモデル（範型、望ましい家族像）として規範化し、機能しているものでもある。そこで、以下では、これをモデルと呼ぶことにする。

3 家族をめぐる諸変化の構造的意味

一節でも概観したように、日本の家族を取り巻く環境は、一九七〇年代半ばを境にして新たな段階に入ったと考えられる。その新たな段階を特徴づける要因として重要なのは、女性の職場進出、個人主義的志向の増大、結婚・家族に関する意識・観念の多様化などであるが、それらの変化は、家族生活におけるさまざまの矛盾や葛藤の源泉となり、家族モデルの混乱と対立の背景となっていると考えられる。

まず、女性の職場進出や従前の性別分業体制の問い直しに伴う問題は、モデル(b)とモデル(c)の対立・矛盾として表れ、とくに女性の間に役割間葛藤をもたらすことになる。先に、タイプ(b)からタイプ(c)への移行は進行中だと述べたが、それは、地域や階層によって違いがあるというだけでなく、理想・制度・組織・意識といったレベル間にズレや矛盾があるということでもある。理想の家族としては、(c)が志向されていても、制度や組織の面では、そうはなっていないという現実がある。たとえば育児休業制度や介護休業制度の問題は、制度面で未だタイプ(c)の条件が整っていないということを示している。また、育児施設が近くにないとか、夜間保育施設が限られているといった問題は、組織・施設面でタイプ(c)の条件が整っていないことを示している。育児休業制度があっても、それを利用しにくいとか、仕事で帰宅が遅くなると夫がなんとなく不機嫌になるというのは、意識・規範の面でタイプ(c)の条件が満たされていないからである。さらに、仕事と家庭を一応両立させながらも、子育ての面で十分なことをしていないという思いに駆られ悩むというのは、働く女性の役割間葛藤の典型例である。

他方、個人主義的志向の増大に伴う問題は、タイプ(b)、(c)、(d)の間の矛盾・対立として表れる。また、家族観や家族形態の多様化に伴う問題は、家族モデルの混乱として表れる。しかし、女性の職場進出や家庭内分業の見直しとは違って、こうしたどちらかというと意識・観念レベルの問題は、社会一般の意識や規範が変われば、個人レベルでもそれほど問題として意識されなくなるということも確かである。それだからこそ、意識変革に向けての啓蒙活動や制度改革が重要だということにもなるのだが、もう一方で、現にいま個々の家族や家族成員が抱えている問題は、それでは解決にならないということも確かである。

ところで、家族モデルの混乱・対立に関わる問題の多くは、家族成員の構造的位置（立場）によって異なっている。一般に夫は、タイプ(b)を志向し、女性を家庭の保守責任者と見なす傾向にある。妻が家事・育児をするのは当然のことと考え、自分が仕事を終えて帰宅すれば、家に食事は用意されていて当たり前と考える傾向にある。そのような意味で、夫は一般に、地位志向的な家族、制度的な役割関係を志向する傾向にあると言える。

それに対して妻は、一般にタイプ(c)〈情愛的な核家族〉を志向する傾向にある。個人志向的な役割関係、人格的な家族関係を志向する傾向にある。全面的に対等でなければならないとか、分担は平等でなければならないとまでは言わないにしても、「少しくらいは分担してくれればいいのに……」、「せめて自分が疲れているときや具合の悪いときくらいは手伝ってくれたら……」、「せめてねぎらいの言葉の一つをかけてくれたら……」と思う場合が少なくない。つまり程度の差はあれ、個人志向的で人格的な家庭関係を志向する傾向にあると考えられる。

このように、夫婦間で見られる家族モデルの対立はモデル(b)とモデル(c)の対立である場合が多いと考えられる。そして、この対立が深刻化すると、夫婦間は危機に直面することになる。家族モデルをめぐる夫婦間の落差が大きいとき、特に外で仕事を持とうとする女性は、役割遂行だけでなく、心理的側面でもさまざまの葛藤を抱え込むことになる。それに対して夫のほうは、〈とまどい・逃避〉という対応をとる場合が少なくないようである。

親子間で見られる対立はさらに微妙で複雑である。子どもは一般に、〈家庭〉の安定性や親子間の地位志向的な役割関係を自明視する傾向にある。とくに父親が生計の基盤を整え、母親が自分の世話をしてくれることは当然であると思っている。また、家族がみんな一緒に仲よく暮らしていることを家族の基本条件として願う傾向にある。つまり、親子間の役割関係についてはモデル(b)を自明視し、夫婦関係についてはモデル(c)を期待する傾向にあるが、いずれにしても、〈近代家族〉的な構造と雰囲気を自明視し、志向する傾向にあると言える。それに対して母親の多くは、役割関係の側面では、夫に対する場合とは違って、親が子どもの世話をするのは当然のことと考える傾向にある。その点では、親と子どもの間に家族モデルに関して基本的な違いはないと考えられる。しかし、そうは言っても、〈ポストモダン家族〉を志向する親も増えているとすれば、親と子が抱いている家族モデルが違うということもありうるわけで、その場合、力の弱い子どものほうが、不安や逃避という対応をすることになると考えられる。

しかし、こんにち実際の家族において、こうした家族に対する構えや期待という点で問題があるとすれば、その多くはむしろ、世話の範囲と程度をめぐって親子間に認識や期待のズレがある場合であろう。そして、このような場合、基本的なモデルに違いがある場合とは違って、子どもはむしろ反抗・嫌悪・無視といった対応をとることになると考えられる。

青年期になると、この家族モデルをめぐる対立やズレの問題は、児童期の場合よりもはるかに顕在化しがちで、かつ、複雑になると考えられる。青年期の子どもは、理念レベルでは、モデル(c)を当為像として描く傾向にある。夫婦は仲よく、助け合い、共に高め合うような関係でなければならないというように、家族の理想像を思い描く場合が少なくない。ところが役割遂行のレベルでは、多くの子どもは母親にモデル(b)を当然のこととして期待する傾向にある。つまり、母親には家庭の保守責任者としての役割遂行を期待するということである。しかも、それでいて、自分の行動についてはモデル(d)を当然のことと考える傾向にある。とくに大学生になるとその傾向は顕著になるようで、たとえば朝はいつまでも寝ていて、好きな時間に出掛けていき、好きな時間に帰るといった具合である。自宅で親と同居していても、親から見れば下宿人と代わりないような生活態度で、しかも、それを当然のことと考える傾向にある。つまり青年期の子どもの場合、家族についての理想と、親に対する役割期待と、自分の行動や態度との間には、しばしば矛盾やズレがあるということであり、その矛盾やズレが親子間の葛藤や軋轢の原因になるということである。そして、そうした事態に対して、青年は反発ないし逃避という反応をとる傾向にあると考えられる。親の怠慢や無責任に批判的・反抗的になるか、もしくは、家の外に居場所を求めるということが多いと考えられる。

いずれにしても、こうした主に役割関係面での期待やイメージの矛盾ないしズレが問題化するのは、そうしたズレそのもののせいであることは言うまでもないが、もう一方で、集団としての統合性が強いことにも起因している。つまり、家族モデルをめぐる家族成員間の対立や心的葛藤の背後には、強い集団性があるということである。家族集団の統合性・凝集性が前提になっているからこそ、役割分担・役割遂行面での期待のズレの違いが深刻な問題になるということである。

以上のように、日本の家族の現況が〈近代家族〉をめぐる問題として語られる一つの背景は、こうした日本の家族の集団性の強さと、構造性レベルでのモデルの並存状況にあると考えられるのである。

3 人間形成空間としての家族・家庭

二節で述べたように、家族モデルをめぐる対立と混乱は、一九八〇年代以降の変化のなかで新たな局面を迎えていると考えられる。しかし、親子関係、とくに家庭教育の側面では、むしろ一九七〇年代までに起こった諸変化が重要だと考えられる。八〇年代以降の変化が家庭教育に及ぼす影響、すなわち、女性の職場進出の増大、性別分業規範の見直し、男女共生・共同参画社会に向けての動きなどの影響は、どちらかというと、〈近代家族〉観の揺らぎや、家族モデルの対立・混乱を媒介にした間接的なものと考えられる。言い換えれば、人間形成空間としての家族・家庭がこんにち直面している問題状況は、七〇年代までの諸変化のなかで一般化した構造的文脈のうえに、八〇年代以降の変化として顕在化してきた家族モデルの混乱・対立という新たな課題が付け加わったものと見ることができる。そして、その新たな要素については、二節の2で見たとおりである。そこで本節では、主に七十年代までに一般化した構造的文脈が家庭教育にどのような影響を及ぼしているかを考えることにする。

1 子どもに対する親の配分資源の増大

まず、家族を取り巻く構造的文脈の変化について、要点を確認しておこう（藤田・一九九一a、一九九四）。第一は経済社会の変化と学校教育の拡大である。産業化の進展、企業社会の発展と、高学歴化の進行および学歴社会意識の汎化に伴って、学歴取得競争・受験競争が激化し、いわゆる〈教育ママ〉現象が広まってきたことは、一節でも述べた通りである。

第二に、家族の孤立化、女性の主婦化が定着するなかで、一方で、母親の役割が家庭の保守と子育てに専門特化する傾向を強め、もう一方で、家族関係のなかで母子関係の占めるウェートが著しく増大してきた。家庭という遮蔽された空間のなかで、女性は家庭の保守責任者、子育て責任者という役割に封じ込められ、その役割をよく果たすことが〈良い妻・良い母親〉の条件であると見られる傾向を強めてきた。むろん戦前期においても、いわゆる良妻賢母主義が言われたことは周知のところだが、戦前期にあっては、多くの女性は、家事・育児だけでなく、生産労働や地域共同体の活動にも深くコミットしていた。役割が専門特化するということは、それだけ自己実現・自己表出の地平が限定されることを意味する。〈良い妻・良い母親〉であろうとすればするほど、子育てに熱心にならざるをえないという状況に置かれるということである。

表1　〈子どもへの関心〉の諸次元とその病理態

〈子どもへの関心〉の諸次元	関心・配慮の病理態		
	過　剰	←・・・→	過　小
①保護対象として（in 役割関係）	過保護	←・・・→	無責任・放任
②手段対象として（in 階層社会）	過剰期待	←・・・→	無責任・放任
③表出対象として（in 意味志向的社会）	溺愛	←・・・→	無責任・放任
④統制対象として（in 権威関係）	過剰統制	←・・・→	気紛れ・放任

第三に、小家族化・少子化の進行をあげることができる。これによって、家庭で親が子ども一人当りに配分できる資源は格段に増加することになった。この配分資源には、時間、資金、関心・配慮・期待のすべてが含まれる。少数の子どもを〈時間をかけ金をかけ、細心の注意を払って大事に育てる〉というのは、その典型的な在り方である。もちろん、〈お金だけかけて、あとはほったらかし〉という放任型、何から何まで子どもの生活のすべてにわたって世話を焼こうとする過保護型など、さまざまなタイプがありうるが、それは、子どもに対する関心のありようと連動している。そこで次に、その関心のありようについて考えることにしよう。

2　子どもへの関心の諸次元とその病理態

表1は、子どもへの関心の主要な次元を整理したものである（藤田・一九九四）。

第一に、子どもは親にとって、保護・養育すべき対象として存在している。人間の子ども、とくに年少の子どもは、誰か年長者の保護と養育なしに生存し成長していくことはできないが、少なくとも近代以降の社会では、子どもを保護し養育する主たる責任は家族に集中してきた。近代家族は、この役割を中心的に担うようになったわけだが、その役割が実際のところどのように遂行されるかは、保護対象としての子どもへの関心のありように左右される。たとえば、子どもの健康に強い関心があるなら、食生活に気をつかい、病気にならないように種々の配慮をすることになるであろうし、非行に走らないようにといった点に関心があるなら、普段の行動や友人関係などに注意することになるということである。

第二は、手段対象としての子どもという次元である。近代社会は構造的に階層社会として存在しているが、そうした社会空間のなかで、人びとは豊かになりたい、人びとの賞賛を得たい、社会的な影響力を行使できる地位につきたい、といった願望・志向をもって生活している。そうした志向・願望を満たすための手段として、子どもの成長と成功に期待するというのが、ここでいう手段対象としての子どもという次元である。むろんそこには、自分や夫が獲得できなかった富や地位や名誉を子どもに期待するという場合も含まれる。

第三は、表出対象としての子どもという次元である。これは、子どもをたんに保護し養育するというのではなく、その保護・養育の活動のなかに親自身の生きがいや喜びを見出すという側面である。自分が獲得できなかった地位や名誉を子どもに期待するという側面ではなく、子どもの成長そのものに喜びを見出すという側面である。アリエスのいう「可愛がり」の感情もこれに含まれる。子どもの何気ない仕草や活動に微笑ましさを感じ、可愛いと感じ、そのことによって自分自身も充足するという次元である。

第四は、統制対象としての子どもという次元である。家族が制度化された集団である以上、その構成員の間にはなんらかの権威関係が成立している。家族の場合この権威関係は、T・パーソンズとF・ベールズが指摘したように、親が上位者、子どもが下位者という関係が基本となっている。むろん、そうはいっても、この上下関係が実際にどのような様相を呈することになるかは個々の家族によって多様である。また、近年は、友達のような関係を理想視する傾向が以前より広まっていることも確かである。しかし、たとえそうであっても、子どもは基本的に保護され養育される立場にあるから、その構造的な帰結として、統制される立場に置かれることになる。

親子関係のありようや、家庭における子どもの生活経験は、この統制対象という点で、親や年長者が子どもをどのように見るか、子どもにどのような態度や行動を期待するかによって違いが生じることになる。一般に地位志向的な家庭では、上下の権威関係が明瞭で、かつ、その関係は種々の日常的儀礼のなかに組み込まれている。たとえば、食卓での席の配置や、食卓での会話や、各種の儀式的活動や、子どもの活動の報告の仕方などに、そうした関係が自明のものとして組み込まれている。他方、個人志向的な家族の場合、子どもの自覚と自律性が尊重され、対等な関係が奨励される傾向にある。言い換えれば、前者の場合、統制関係は顕在化する傾向にあるのに対し、後者の場合、潜在化する傾向にある。しかし、いずれにしても、親の権威や威厳を確保するという関心からか、秩序維持的な関心からか、それとも、教育的な配慮からかはともかく、子どもの反抗的な態度や不適切な言動に対して、親は注意をしたり、罰を与えたり、自由な行動を制約したりというかたちで、種々の統制を加えることになる。そうした親子間の日常的な相互作用に組み込まれている関係が、ここでいう統制関係・権威関係である。

少なくともこれら四つの次元のそれぞれで、親の子どもに対する関与の仕方は多様である。その詳細をここで検討するゆとりはないが、表1の右側には、それらの各次元で予想される一般的な病理態を示してある。ただし、ここでいう病理態は、子どもに向けられる関心・配慮が過剰ないし過少な場合のことであり、それが実際にどのような問題を引き起こすかは個々のケースによって異なる。その意味で、病理態といっても、それはあくまでも相対的なものである。

まず、保護対象の次元では、関心・配慮が過剰な場合、言い換えれば、親の資源が過剰に配分される場合、いわゆる過保護と言われる事態が出現することになる。病理態としての過保護は子どもの自立の契機を奪い、自信や誇りの形成に歪みをもたらす可能性がある。他方、この次元での配分資源が過度に乏しい場合、無責任・放任ということになる。病理態としての無責任・放任は、たとえば食事が偏り、カルシュウム不足になるなど、子どもの発育に歪みが生じるとか、危険な場所に行って事故に遭うというように、種々の発育・発達上の障害や生活上の問題を抱える可能性が高くなるということである。

手段対象の次元では、過剰な資源が配分される場合、過剰期待ということになる。この場合、たとえば名門大学に入学しなければならないという強迫観念に囚われるというように、親の期待に応えねばならないという負担感や圧迫感に駆られ、ゆとりのない生活を強いられることになる。逆に、この次元での配分資源が過少な場合、病理態としては無関心ということになる。この場合、自分は親になにも期待されていないということで、自尊心や意欲を育む契機が奪われることになる。

表出対象の次元では、配分資源が過剰な場合の病理態は、溺愛ということになる。この場合、子どもは甘やかされ、ちやほやされることになるから、わがままで自己中心的になる可能性が高くなる。逆に、配分資源が過少な場合、自分は可愛がられていないということで、自分の良さを発見する契機を奪われ、自己否定的になったり、ひがみっぽくなったり、あるいは、親の関心を引こうとして、秩序を攪乱する行動や逸脱的行動を試みるという可能性が高まる。

統制対象の次元では、配分資源が過剰な場合、病理態は過剰統制ということになる。この場合、子どもは自律性や責任感を育む契機が奪われることになる。あるいはまた、過度に自己抑圧的になり、卑屈になるか、逆に反抗的になる可能性が高まる。他方、配分資源が過少な場合、病理態は気紛れないし放任ということになる。むろん、まったく統制が欠如している場合でも、子どもが自由で自律的なパーソナリティを育むという場合も少なくないであろうが、傾向としては、気ままで傍若無人になる確率が高まると考えられる。また、まったくの放任というのではなく、ある時は激しく怒り、別のときにはまったく無視というように気紛れな統制をするという場合も少なくないようだが、この場合は、子どものなかに反感と反抗的な態度を育むことになる可能性が高まると考えられる。

以上のことは、種々の調査・研究の成果を踏まえてはいるものの、基本的には、論理的に予想される傾向であり、必ずそうなるとか、たいていそうなるということでもない。いまさら言うまでもないことだが、人間の成長過程は非常に複雑なものであり、子どもは自ら伸びようとする力をもっているから、特定の環境要因の歪みが成長過程を歪めると単純に考えるべきではない。しかし、特定の環境要因の歪み（父親不在や母子密着をはじめ前述の病理態）は家庭の生活空間・意味空間に相応の歪みをもたらすから、子どもは日常的に、その歪んだ生活空間のなかで活動し、歪んだ意味空間のなかで感じ考えるということになる。その日常的な繰り返しのなかで、特定の行動様式や考え方、感じ方が形成され身体化されることになる。

ただし、ここで注意しておきたい点は、そのように身体化された行動様式や感じ方・考え方が必ずしも異常であるとか病的であるということではないということである。それは、多くの場合、各人各様の個性とか性格とか癖とか言われるようなものである。

3　家族関係の変質と人間形成空間の歪み

これまで繰り返し述べてきたように、戦後、日本の家族はさまざまの側面で重要な変化を経験してきた。そこで、それらの変化は、いま述べた子どもへの関心の諸次元およびその病理態とどのように関連しているかについて、次に検討しよう。

近代家族の揺らぎが言われているが、その焦点の一つは、夫婦関係の変化にある。家庭内における伝統的な性別役割が問い直されているわけだが、家庭内の役割分担をめぐる夫婦間の対立・葛藤が険悪な様相を呈する場合、子どもは、そうした夫婦間の関係そのものに対してはもちろん、家族基盤に対しても不安と悩みを抱えることになる。

職場の外部化、父親不在、女性の職場進出が進んできたことも、家族変化の重要な側面の一つであるが、これらの変化は、どの次元でも、どちらかというと子どもに対する親の配分資源の種類を限定し、諸資源間のバランスを変える傾向を持っている。たとえば、いわゆる共働き家庭では、お金を与えて、好きなものを自分で買って食べるようにさせているケースが少なくないが、この場合、手間をかけるとか食事やおやつを一緒に食べるということをしないことになるから、時間や労力という配分資源を減らし、お金という配分資源でそれをカバーしていることになる。この場合、保護対象の次元で放任、無責任という病理態に陥る可能性が相対的に高まることになる。他方、親の側がそのことに負い目を感じている場合、表出対象の次元では、普段は無関心・放任になりがちだが、間歇的に示される態度・行動のレベルでは、溺愛の傾向を帯びることが少なくないようである。

男女平等の徹底を主張するフェミニズムの考え方は近年ますます盛んになり、家族関係にもさまざまなかたちで浸透してきているが、それは、すでに述べたように、役割関係や権威関係の側面で家族モデルの混乱・対立の重要な背景になっている。むろん男女平等化の努力と動向は肯定的に見るべきものであるが、家族生活における役割関係・権威関係の混乱は、前述したように過剰統制ないし恣意的統制（気まぐれな統制）をもたらしがちだということも確かであり、家庭教育の在り方を考えるうえで無視できない側面でもある。

他方、女性の主婦化が進んできたことも、戦後の家族変化の重要な特徴であるが、それに伴って、母子関係の親密化が目立つようになり、もう一方で、母親の側の過保護、過剰期待、溺愛の傾向が目立つようになってきた。

子どもの数の減少にともなって、一方できょうだい間の序列的・権威的な関係が希薄になり、もう一方で親の配分資源をめぐって張り合う競争的関係が目立つようになってきたことも、しばしば指摘されてきたところである。また、きょうだい同士でかばい合うという関係も希薄になってきたことも、注目すべき点であろう。

以上、家族関係の変質に伴う人間形成空間の変化について、どちらかというと否定的側面を列挙してきたが、むろん、家族の変化を含めて戦後の社会変化には積極的側面が多かったことは言うまでもない。たとえば、親の配分資源が増大したことは、一般的には豊かさの一面であり、そのこと自体は肯定的に評価すべきことである。生活が豊かになり、多様な経験をする機会が増えたこと、子どもの個性や興味が尊重されるようになったこと、幼稚園・保育園から大学にいたるまで、教育・学習の場が整備されたことなど、あげれば切りがない。しかし、それらはすべて一般的な環境が整備されてきたということではあっても、必ずしも個々の子どもの経験世界が望ましいもの、豊かなものになったということではない。個々の子どもの経験世界・意味世界は、そうした環境のなかで展開する親やきょうだいや教師や友人たちとの相互作用の在り方に左右されている。その相互作用はそれぞれに固有の生活空間・意味空間をつくりだしている。しかも、そこで一人ひとりの子どもが経験する意味は、けっして一様でもなければ所与のものでもない。その相互作用が展開する文脈のなかでその都度実現されるものである。それだけに、その相互作用の構造的特徴、そこに含まれている否定的傾向を明らかにしておくことは、重要なことである。これまでに指摘したことは、そうした構造的特徴であり、その否定的機能と考えられるものである。

結び——家族の機能と課題について

周知のように、パーソンズとベールズの著書『家族』（一九五六）は、第二次大戦後の家族研究と家族規範に絶大な影響を及ぼしてきたが、そのなかで彼らは、家族のありようが変化しても家族の基本的機能として最後まで残るのは、子どもの社会化機能と成人のパーソナリティの安定化機能であると述べた。とくに一九七〇年代以降、彼らの家族論は研究面でも実践面でも核家族を規範化してきたとして批判されてきたが、筆者の考えでは、この指摘は、こんにちもなお家族の問題を考えるうえで非常に重要な点である。ただし、社会化機能については、その役割構造を固定的・普遍的なものと見るべきでないし、また、パーソナリティの安定化については、いわゆる〈近代家族〉イデオロギーとして喧伝され推奨されてきた〈憩いの場、癒しの場〉という積極的な側面だけでなく、帰属感や自己定義の基盤になっているという潜在的な側面も含めて考える必要がある。

ともあれ時代の変化のなかで家族の新しい在り方について考えるとき、この二つの機能のゆえに、われわれは原理的な矛盾と構造的なジレンマに直面することになる。子どもの社会化機能の側面は、家族成員の活動として見れば、ケア的活動である。一方に、子どもや高齢者という活動の対象がいて、自分の時間・関心・労力をその対象に振り向けるという性質の活動である。それに対してパーソナリティの安定化のほうは、必ずしも活動の対象が特定されてはいない。むろん、子どもが生きがいというように、子どもがその種の活動の対象になることもあるが、女性の職場進出が増大し、関心や生活様式が多様化したこんにち、パーソナリティの安定化を保障する活動の多くは、むしろ家庭の外に向く傾向にある。存在論的には、帰属感や憩いの場という側面が重要ではあるが、活動レベルでは、家族は家庭の外での活動を容認し支えてくれる空間・集団であることが期待されているとは考えられる。

つまり、子どもの社会化機能と成人パーソナリティの安定化機能とは、活動レベルではそのベクトルを異にしているということである。一方は、家庭の内側に向かっているのに対し、もう一方は、家庭の外に向く傾向が目立つようになっているということである。

近代家族は、この二つの役割を女性のみに割り当て、家庭の保守と子育てこそが女性の役割であり生きがいであるというイデオロギーを内在させてきたということで、こんにち批判の俎上に載せられていることは周知のところである。また、もう一方で、夫婦が共に家庭の外に主たる活動と生きがいの場を求めるか、そうでなければ、夫婦共に家庭の内側を向き、家庭第一主義の行き方をするのでなければ、許容できないというスタンスが目立つようになっている。その是非はともかく、そこには、さまざまのジレンマと葛藤の契機が含まれている。夫婦間で、夫婦と子どもの間で、あるいは、夫婦とその親との間で、さらには、家族と世間の常識や会社の組織的要請との間で、どちらを選択するかのジレンマに直面し、あるいは、心理的葛藤を抱えるという場合が少なくない。

こうしたジレンマや葛藤の基盤、および、それが問題化するメカニズムについて考察することは、重要な研究課題であると考えられるが、同時に、そうしたジレンマや葛藤が問題化する可能性を縮小するためにも、制度面・組織的での改善と意識面での啓蒙が重要だと言えよう。

●参考文献

Ariès, P. 1960 = 杉山光信・杉山恵美子訳『〈子供〉の誕生――アンシャン・レジーム期の子供と家庭生活』みすず書房、一九八〇年。

Bernstein, B. 1973. = 佐藤智美訳「社会階級・言語・社会化」、J・カラベル／A・H・ハルゼー編（1977）潮木守一・天野郁夫・藤田英典編訳『教育と社会変動』（下）東京大学出版会、一九八〇年、所収。

Burgess, E.W. & Locke, H.J. 1945, *The Family:From Institution to Companionship*. AmericanBook Company.

Donzelot, J. 1977. = 宇波彰訳『家族に介入する社会』新曜社、一九九一年。

Fujita, H. 1985, "A Crisis of Legitimacy in Japanese Education : Meritocracy and Cohesiveness."『名古屋大学教育学部紀要—教育学科—』第32巻、一一七—一三三頁。（J. J. Shields, Jr. ed., 1989, *Japanese Schooling : Patterns of Socialization, Equality, and Political Control*, Pennsylvania State University Press, pp.124-138. に部分再録）

藤田英典　一九八九「教育政策と家族（Ⅰ）：近代家族の展開と教育——戦後マイホーム主義を中心として——」総合研究開発機構『わが国の家族と制度・政策に関する研究』（ＮＩＲＡ研究叢書No.880028）五—一四頁。

一九九一ａ「学校化・情報化と人間形成空間の変容——分節型社縁社会からクロスオーバー型趣味縁社会へ——」北海道社会学『現代社会学研究』四、一—三三頁。

一九九一ｂ『子ども・学校・社会：「豊かさ」のアイロニーのなかで』東京大学出版会。

一九九四「社会・家族の変化と幼児」『講座　幼児の生活と教育　５　幼児教育の現在と未来』岩波書店、三—三〇頁。

Katz, M.B. 1975, *The People of Hamilton, Canada Wast : Family and Class in a Mid-Nineteenth-Century* city, Harvard Univercity press.

河合隆男　一九九一「国勢調査の開始：民勢調査から国勢調査へ」河合隆男編『近代日本社会調査史（Ⅱ）』慶応通信、一〇五—一四二頁。

小山静子　一九九一『良妻賢母という規範』勁草書房。
Laslett, P. 1972, *Household and Family in Past Time*, Cambridge. ＝ 酒田利夫・奥田伸子訳『ヨーロッパの伝統的家族と世帯』リブロポート、一九九二年。
目黒依子　一九八七『個人化する家族』勁草書房。
牟田和恵　一九九〇「明治期総合雑誌にみる家族像――『家庭』の登場とそのパラドックス」『社会学評論』。
NHK世論調査部編　一九八五『現代の家族像：家族は最後のよりどころか』日本放送出版協会。
落合恵美子　一九九四『21世紀家族へ』有斐閣。
Parsons, T. & Bales, R.F. 1956. ＝ 橋爪貞雄・溝口健三・高木正太郎・武藤孝典・山村賢明訳『核家族と子どもの社会化』黎明書房、一九七〇年（『家族』一九八一年再版）。
Shorter, E. 1975. ＝ 田中俊宏・岩崎誠一・見崎恵子・作道潤訳『近代家族の形成』昭和堂、一九八七年。
Stone, L. 1977. ＝ 北本正章訳『家族・性・結婚の社会史：一五〇〇―一八〇〇年のイギリス』勁草書房、一九九一年。
上野千鶴子　一九九四『近代家族の成立と終焉』岩波書店。
渡辺秀樹　一九八九「家族の変容と社会化論再考」『教育社会学研究』第44集、二一八―四九頁。

3 近代家族の展開と教育——戦後マイホーム主義を中心として

「家族が病んでいる」とか「家族の解体」と言われ、他方では、「教育の荒廃」とか「学校が病んでいる」とか言われる昨今である。離婚の増大、単身赴任や老親扶養をめぐる問題、晩婚化ないし未婚単身者の増加、家庭内暴力、登校拒否、校内暴力、いじめなど、さまざまの出来事・傾向が家族・教育の危機を示すものとして、絶えずマスコミで報じられ、論じられている。そうした出来事なり傾向なりを見ていると、確かにいま日本社会は、家族と教育に関して新たな転換点を迎えているように思われる。

この印象がなにがしかの妥当性を有するとして、いったい、その危機の本質はどのようなものであり、われわれはいま、どのような選択を迫られているのであろうか。この点について考えるためには、戦後日本の家族と教育がどのようなものとして展開してきたか、そこにどのような構造的問題が潜んでいたのかを知ることが不可欠のように思われる。

1　〈家族〉の基本的関係

一般に〈家族〉を構成する基本的関係は、夫婦関係と親子関係である。それは、核家族であろうと直系家族であろうと、あるいは拡大家族や複婚家族であろうと、同じである。もちろん、〈家族〉を構成するのは、それら二種類の関係だけとはかぎらない。同居し生活を共にしている使用人や近親者なども含めて〈家族〉と呼んだ社会も少なくない。また、直系家族や拡大家族や複婚家族であれば、必然的にさまざまの親族関係が家族生活のなかに入り込んでくる。しかし、それでも夫婦関係と親子関係が〈家族〉の基本的関係であるというのは、その二つの関係を抜きにして〈家族〉という関係も〈親族〉という体系も成立し得ないからである。社会学や人類学で、夫婦とその子どもを〈家族核〉とか〈親族核〉と呼んで、家族なり親族なりの基本的な構成単位と考えてきたのは、そのためである。

〈家族〉が、夫婦関係と親子関係を基本とするものであるとすれば、〈家族〉の危機が言われる場合、それは、その基本的な関係の在り様に重大な変化が生じているからにちがいない。実際、イスラエルのキブツが、しばしば〈家族〉に関わる重大な実験と言われてきたのも、それが親子関係の在り様に関する根本的な改変を志向するものと考えられたからであろう。また、今日、家族の解体とか崩壊が言われるのは、主として、夫婦関係の在り様に重大な変化が生じていると感じられるからであろう。たとえば離婚の増大、無登録婚（事実婚）の増加、非嫡出児出産の増加、未婚単身者の増大などはいずれも、夫婦関係における重大な変化を象徴するものである。もちろん、これら夫婦関係に関わる諸傾向が顕著に見られるのは、アメリカやスウェーデンなどの欧米諸国であるが、わが国でも、たとえば、長年人口一〇〇〇人当たり一以下であった離婚率が一九七〇年代以降急増し、一九八三年には約一・五に達している。また、未婚単身者も急増しており、三〇歳代の未婚者は約一〇%に達している。マードック（G.P.Murdock）の古典的研究にも示されているように(1)、わが国は、西欧諸国とならんで、一夫一婦婚を原則とし、形態的には核家族ないし直系家族が支配的な社会である。しかも、その後の世界の歴史と研究が示しているように、産業化・都市化・民主化が進むにつれて、核家族が多くの社会で支配的な家族形態になってきており、わが国でも、戦後一貫して核家族の割合が増加しており、今では、普通世帯の約三分の二、親族世帯の約四分の三が核家族世帯になっている(2)。従って、欧米諸国に見られる〈家族〉の危機的諸傾向とその問題性についての認識は、わが国の家族の現状と将来について考えるうえで、大いに参考になるであろう。

2　〈近代家族〉の特徴

家族の形態が社会によっても時代によっても異なることは、今日では周知のことであるが、近年欧米を中心にして盛んになってきた家族の社会史的研究によれば、近代的な家族は、〈家族の意識〉と〈プライベートな空間〉を備えることによって出現した。たとえばフランスの社会史家アリエス（P.Ariès）は、その先駆的研究『アンシャン・レジーム期の子どもと家族生活』（一九六〇年）のなかで、近代家族の出現について次のように述べている。「昔の生活は、一七世紀までは、公衆の面前で行われていたのであり、……夫婦のプライバシーにまで社会が介入する権利を持っていた」。「社会的に稠密であったために、家族の占める場所がなかった」のであり、「家族は意識や価値としては存在していなかったのである」。しかし、「私たちは、一五世紀から一八世紀にかけて、家族意識が発生し、発達していくのを見てきた」が、「一八世紀以降、この意識はあらゆる身分に拡まり、意識のなかで専制的にふるまうものとして根をはっていった(3)。その結果、「一八世紀以降、家族は社会とのあいだに距離をもち始め、絶え間なく拡大していく個人生活の枠外に社会を押し出すように」なり、それに伴って「一家団欒、プライバシー、孤立も生じたのであり」、かくして家族は住み心地の良い場になったのである(4)。つまり、アリエスによれば、一五世紀以降に発生した〈家族〉という意識・観念があらゆる身分・階層に広まるのは一八世紀以降のことであり、それに伴って家族は、社会のなかで〈プライベートな空間〉としての自己を主張し、社会との間に壁を設けるようになったのである。「新しいのは家族の概念であって、家族ではないのである」(5)。

ところで、アリエスが扱ったのは家族意識の変化だけではない。彼が扱ったもう一つのテーマは、〈子ども〉というカテゴリーの発生と発展であった。アリエスは言う。「子供期の発見は疑いなく一三世紀に始まる。そして一五世紀と一六世紀の芸術と図像記述の歴史に、その進化の里程標をたどることができる。だが、その進化を証言するものがとくに多数となり重要となるのは、一六世紀の末から一七世紀にかけてである」(6)。「可愛がりという子供期に関して第一に見られる意識は、家庭環境の中や、幼児たちを相手にする際に出現したのだった。他方、第二に見られる意識は、家庭の外部、すなわち一六世紀まではその数もわずかな教会ないし法服貴族たち、また一七世紀にははるかに数を増した文明的で理性的な習俗を待ち望むモラリストたちに、源を発していた……。一八世紀になると、こうした旧来の二つの要素が、衛生と身体的健康への配慮という新たな要素と結びつけられて、家庭の中に認められる」ようになった。つまり、アリエスは、子どもに対する関心が家族の内外で高まったが、その子どもに対する配慮が家庭のなかで大きな位置を占めるようになるにつれて、家族と子どもと学校に関する「意識風土」は「一変して今日のものに近づ」いた、というのである(7)。

他方、家族史研究者ストーン（L.Stone）は、大著『イギリスにおける家族、性、および結婚の歴史：一五〇〇～一八〇〇年』（一九七七年）において、近代における家族関係の変遷をイギリスの場合について詳細に検証した。彼によれば、イギリス（イングランド）の家族形態は、「開放的な系譜家族 **open lineage family**」から「制限的な家父長制的核家族 **restricted patriarchal nuclear family**」を経て、「閉鎖的な家庭的核家族 **closed domesticated nuclear family**」の時代へと変化してきたが、今日われわれが近代家族として理解しているのは、この第三の形態である。この「閉鎖的な家庭的核家族」は、一七世紀後半以降に出現し、一八世紀に次第に拡大していったのだが、〈プライベートな空間としての家庭〉、〈情愛的個人主義を基盤にした夫婦の結合〉、および、〈子ども・教育に対する濃密な関心・関与〉を特徴とするものであった(8)。それは、夫婦と未婚の子どもとの関係を基本とするものであるが、その核的関係が地域や親族の干渉から隔てられ、私的な空間としての〈家庭〉のなかに閉じ込められるようになった点に特徴がある。しかも、夫婦を結びつけるのは、伝統的な〈家〉でもなければ、経済的な扶助関係でもなく、自律的な個人間の情愛的な絆である。そこでは、性愛と生殖とが分離し、しかも、性愛的関係が夫婦を結びつける基盤とされるようになる。ストーンによれば、情愛的個人主義とは、〈情愛 affect〉志向と〈個人主義 individualism〉志向とが結合したもので、自意識、自律性志向、プライヴァシー志向を特徴とするパーソナリティを基盤にしており、すぐれて近代的なものである(9)。従って、ストーンの場合、近代的な家族は、この情愛的個人主義の発現形態なのであり、家族の関係は、その情愛的個人主義の内実と浸透度に応じて多様でありうるものとして捉えられている。

アリエスと同様、ストーンもまた、子どもに対する関心が家庭生活のなかで大きな位置を占めるようになり、教育に多大の関心が払われるようになったことを、近代家族の出現の背景として重視する。すなわち、伝統的なキリスト教やカルヴィニズムの影響下で、子どもは原罪を持つものであり、従って、幼小時より、その意志を挫き、権威に従順な存在にすることが親の責任であると考えられるようになった。また、ロックの『教育に関する一考察』に見られるように、子どもは「白紙的存在 tabula rasa」として生まれ、その知性と気質は経験によって形成されるのだから、子どもにどのような教育を与えるかはきわめて重要なことであり、そして、その責任はひとえに親にあるという考え方がジェントリ層を中心に広まった。情愛的個人主義の基盤をなす「パーソナリティの変化の原因」は、そうした「子育てにおける一連の変化と関係があるようだ」というのである(10)。さらに興味深い点として、ストーンは、子どもが家庭生活のなかで大きな位置を占めるようになるにつれて、甘やかしと許容的養育態度が見られるようになり、一八世紀後半には子どもに対する過度の甘やかしが見られたことを指摘している(11)。つまり、近代家族は、親たちが子どもに対する特異な視線を獲得することによって出現したとも考えられるのであり、そして、その視線は早くから、〈過度の甘やかし・溺愛〉として現れうる性質のものだったのである。

類似の近代家族論を、カナダの社会史家ショーターは、もっと単純に論争的に展開した。その著『近代家族の形成』（一九七五年）においてショーターは、伝統的家族が近代家族へと変化したのは、市場資本主義の発展とその市場を基盤にして形成された自己中心主義の発達を背景にして、次の三つの分野で感情の革命が生じたからだと言う。すなわち、第一に、男女関係において「ロマンティック・ラブが、かつて男女を結びつけていた実利的な考えにとってかわ」り、配偶者選択の基準として「個人の幸福や自己陶治が財産やリネージに優先するように」なったこと。第二は母子関係における変化で、母親の価値序列において幼児・子どもの占める位置がもっとも重要なものになったこと。そして第三は「家族と周囲の共同体との間の境界線」の変化である。すなわち、「伝統社会の家族は情緒的に結びついた単位というよりも、まず生産および再生産の単位」であり、「財産や地位を代々子孫に伝える機構であった」が、その優先順位が逆転し、「家族を互いに結びつける絆が強められ」、「外部からの侵入に対して家族の団欒を守るためにプライヴァシーという盾がもうけられ」るようになり、そして「この家庭愛のシェルターの中で、近代家族が誕生」したというのである(12)。つまり、「第一の波、ロマンティック・ラブは、性関係に対する共同体の監視からカップルを解き放ち、愛情の世界へとかれらをみちびいた。第二の波である母性愛は、近代家族にくつろぎを与える安息所を築きあげ、共同体の生活との関わりから多くの女性を解放した。そして最後に家庭愛が、家族を周囲の伝統社会との相互関係から切り離した。家族の構成員は、かつてさまざまな年齢集団や同性の仲間集団とわかちあってきた団結意識よりさらに強い一体感を家族の間でいだくようになった」のであり(13)、そして、この最後に現れた家庭愛は「家々の暖炉に心地よい火を燃やし、ついにはこの炎で周囲の共同体を焼きつくし」たというのである(14)。

以上のように、これら社会史家の議論によれば、近代的な家族は、〈プライベートな空間としての家庭〉〈情愛的個人主義による夫婦関係〉および〈子ども・教育への関心〉を基本的な特徴として、一七世紀後半から一八世紀以降に出現したものであり、しかも、それは〈愛の巣、憩いの場、子どもの健全育成の場としての家庭〉という観念を伴うものであった。しかも、アリエスが論じているように、子どもへの関心・配慮は、子どもを学校に送り込むことによって、子どもたちを共同体・大人の世界から切り離したのであり、他方では、ストーンが指摘しているように溺愛とか過保護という形で現れうるものであった。さらに、ショーターが論じているように、家庭愛は、家族の境界を鮮明にし、家族を共同体から切り離したのであった。近代家族の特徴がこれらの諸点にあるとしたら、その危機もまた、その特徴のなかに潜んでいる可能性がある。その点について考える前に、日本の家族が以上のような〈近代家族〉にどの程度近似しているかを検討しよう。

3 マイホーム・イメージの汎化

戦後の日本は、民法の改正、農地改革、高度経済成長などを背景にして、近代的な家族イメージを醸成し、そのイメージの実現に向けて人びとを駆り立ててきた。敗戦の混乱と疲弊のなかから、暖かく幸せな家庭、平和で豊かな生活を志向して、人びとは働き、家庭を築き、子どもを熱心に育ててきた。

このような人びとの生活様式と志向を識者は「マイホーム主義」と呼んできたが、それは戦後の日本社会の発展と秩序を支えたイデオロギー的基盤であった。たとえば昭和三〇年代のNHK連続ラジオドラマ「一丁目一番地」（昭和三二年四月一日〜昭和四〇年四月二日）やテレビの連続ドラマ「バス通り裏」（昭和三三年四月二日〜昭和三八年三月三〇日）といったホームドラマが、毎夕、父親たちの帰宅する頃に放送され、さまざまの仔細な出来事に溢れた日常生活の泣き笑いをユーモラスに描き、明るく和やかな家庭のイメージを人びとの心に染み込ませていった。あるいはまた、中学校の英語の教科書には、アメリカの郊外における中流家庭の生活が愛情と活気に満ちたバラ色のものとして描かれていた。芝生の美しい庭、電化された明るい台所、夫婦子供が和やかにくつろぐ居間、時折訪ねてくる元気で屈託のない祖父母など。そこには、古い因習とさまざまの干渉に束縛された日本の伝統的な「家」とも、また、貧困と葛藤に満ちた家庭の現実とも異質なイメージがあった。人びとはそうしたマイホームのイメージにあこがれ、仕事と子育てに励んできた。

このマイホーム・イメージが汎化するまでを、月刊誌『婦人公論』の記事から辿ってみると、次のようになる(15)。たとえば昭和二九年三月号では「女性の一生」という特集を組んで、新しい時代における女性としての生き方を問題にしている。また同年六月号では、「家族制度の復活を防ごう」と題して、「『家』の復活を唱える岸信介氏」という編集部のインタヴュー記事や戦後家族の民主化を主張した代表的法学者川島武宜らの論文を載せている。つまり、これらの特集に見られる視線は、新憲法・新民法のもとで男女同権が法的に保障され、新しい生き方を志向できるようになったはずなのに、必ずしもそのようになってはいない実態に対して向けられたものであり、その実態は未だ「家」の拘束から抜け出てはいなかった、と考えられるのである。

ところが翌三〇年になると、家族の在り方が主婦、子ども、家族計画といった視点から問われるようになる。たとえば三〇年四月号では、「主婦に捧げる特集」を組んで、「主婦の時代は始まった」、「主婦第二職業論の盲点」、「主婦の愛情と犠牲」など十数篇の論文やエッセーを載せ、主婦という地位と女性の生き方を問題にしている。また同年五月号から四回にわたって川島武宜の「夫婦関係の四つの型」が連載されたが、その連載で川島は、夫に対する妻のふるまい方として、召使型、母親型、人形型、仲間型の四つを区別し、そして、仲間型は、「夫と妻の相互の理解や信頼に基礎をおいた愛情」が不可欠であるだけに、多くの努力が必要だと述べている。さらに同年六月号では、「母と子に捧げる特集」を組んで、「家事労働は主婦の天職ではない」、「わが家の家族会議」、「子供のしつけと母の愛」といった論稿やグラビア「母と子」などを載せている。また同号には、「受胎調節と人口妊娠中絶の実際：家族計画の理念と方法」という特集も組まれている。さらに翌三一年は「もはや戦後ではない」という流行語を生み出した経済白書が刊行された年だが、その年の五月号では「愛と光りを持つ子供たち」という特集が組まれ、「空しき児童憲章」、「親子心中の背景」、「あなたは子どもを不幸にしている」などの論稿が載っている。

また同年七月号では、「日本の『家』はまだ暗い」という特集が組まれ、母子心中事件をめぐって「子は親のものか」、自殺を図った少女の手記「パパ・ママ私は温かい家庭がほしい」、あるいは座談会「家と闘う女性の系譜」などが載っている。このように、三〇年から三一年にかけての記事では、主婦としての女性の生き方が論じられ、家族計画が取り上げられ、さらに子どもに対する親の責任が問われているのだが、興味深いのは、それらの傾向はいずれも、前項で見た〈近代家族〉の特徴に関わるものだということである。すなわち、第一に、家族計画あるいは受胎調節は、夫婦関係における性愛と生殖の分離を示すものであり、第二に、制度としての家族よりも、家庭の在り様がむしろ問題になっているのであり、そして第三に、家庭における子どもの地位が拡大し始めているということである。

『婦人公論』で次に家族問題が集中的に取り上げられるのは、三三年から三四年にかけてである。この時期もその基本的傾向は前の時期と大差ないが、ますます夫婦・子供を中心にした家族への志向が強まっている。たとえば、三三年五月号で再び「正しい家族計画のために」という特集が組まれている。また同年四月号では、「夫の職業はその家庭生活や一生を大きく支配しますが、その内容は実に多種多様です。これはあなたの配偶者選択学のために集められた先輩家庭の実態報告です」という主旨で、「体験職業別結婚案内」というタイトルの特集を組み、サラリーマン、新聞記者、作家、農家、警官、医者など二二の職業についている人の妻の手記を載せている。そこには、「家」というより、むしろ夫個人の職業という視点、夫に対する妻という視点が強調されている。つまり、夫と妻の関係を中心とする家庭、そして、女性の一生と家庭生活とが夫の職業を基盤にしているという前提がみられるのである。

さらに同年一二月号では、「揺らぐ父の座」という特集が組まれている。その特集論文の一つ大熊信行の「核時代の父親の条件」は、マイホーム主義の奨めを説いている。すなわち、明治期の父親には「家族蔑視型」と「厳父型」という二つのタイプがあったが、核時代の今日、「人類が戦争による自滅から救われる」ためにも、男性・父親は女性化するよりほかはない。「男性が理想的な父であるための第一条は、……家庭における一家団欒を無上のものとする態度です。家庭について女性と信仰をともにし、家庭生活の永遠の価値を信じることです」というのである。このように大熊は、マイホーム主義の奨めを説いているのだが、他の諸論稿の視線は、むしろ、急速に変化している家族関係に向けられている。

たとえば、松本清張は「かなしき家の長たち」という一文を載せ、いまや父親は「職場では不快を忍び、屈辱に耐え、家に帰ってはその不平を洩らすでなく、一応、『吾をおきて人はあらじとほころえど』家人の誰もその権威を認めない。収入の多少が彼の人格を評価する。……かくて家の長は家庭の〈下宿人〉になり下がった」と、「経済的義務だけ残されて孤影悄然たる父の姿」を描いている。また、中村武志は「三重苦に悩むおやじ族」という文章で、「幼にしては父に従い、結婚しては妻に従い、子生まれては子に従う」という哀れな父親族を描いている。つまり、松本も中村も、戦後の急激な民主化と資本制的産業社会の発展の過程で、職場でも家庭でも、伝統的な人間関係・権威関係が急速に崩壊し、父親たちは、職場では敵対的人間関係のなかで働き、家庭では人権を認められ強くなった妻と、責任を自覚せず「裏側の自由だけを主張し、父に反抗する」子どもに対面しなければならなくなったこと、しかも、そうした変化が急速に展開していると論じたのである。さらに翌三四年の六月号では、梅棹忠夫の「妻無用論」が掲載され、また、「夫からみた働く妻のプラス・マイナス」という特集が組まれている。

つまり、弱くなった夫に対して、強くなった妻・働く妻の是非が論じられているのだが、そこでは、もはや伝統的な「家」ではなく、夫婦・子供が核となる「家庭」が前提されていると考えることができよう。その傾向は、同年一一月号の特集「男女交際・結婚・家族に関する共同研究」でさらに明瞭になる。座談会形式のその特集は、第一部で「純潔」の問題を扱い、第二部は「夫婦革命への道：妻無用時代の夫婦関係を力学的に考察す」と題し、そして第三部では「親の捨て方・捨てられ方：真の家庭建設のために家族関係を打壊せ」と題して、「親虎子虎の道」が説かれている。いずれにしても、そこで前提とされているのは、夫婦と子供からなる核家族であり、夫婦・親子の三者からなる家庭であった。また、問われているのは、新しい家族関係の抬頭にどう対応するかという問題であった。

ところが、『婦人公論』が次に家庭・家族の問題を大々的に扱う三〇年代末になると、視点と論調が〈明るいマイホーム〉像の喧伝へと急展開する。まず昭和三八年の一月号では「特集わが妻への賛歌」と題して、ライシャワーをはじめ日本女性と結婚した外国人の手記を載せている。さらに前年からグラビア・ページとして新しく始まった「Home Journal」というセクションでは、「人と住まい」というシリーズが始まり、毎月、約五頁にわたって写真入りで、著名人の住まいと家庭の様子を描いている。第一回は「家族本位の団十郎邸」と題して、市川団十郎邸の様子、それぞれに趣向のある各部屋や庭と家族が和やかにひとときを過ごす食堂の様子が示されている。以下、第二回は「鳩のくる羽仁さんのアパート」と題して、仲睦まじい様子の羽仁進・左幸子夫妻の住まい。第三回は、「アトリエのある住まい」と題して、洋画家の清川泰次の住まい。解説文は言う。「誰でも入れる楽しそうなアトリエといった感じです。事実、アトリエは開放されていて家族団らんの場になることもあります……」。そして第四回は、北杜夫の「どくとるマンボウ氏のお宅」といった具合で、一年間一二回にわたって続くのであるが、そこに描かれているのは、いずれも、広くて奇麗でそれぞれに趣のある住まいであり、家族が和やかにくつろぐ団欒の様子である。つまり、〈明るいマイホーム〉のイメージが強く印象づけられる連載なのである。

興味深い点はそれだけではない。その「人と住まい」のすぐ後には、「My Fair Baby」と題して、これも毎月、赤ん坊を抱いてあやす母親ないし父親の写真が載っている。第一回目は、中村メイコさんと二女の八月ちゃんで、テーマは「授乳のしかた」で、小児科医緒方安雄の授乳の仕方に関する簡単な解説が付記されている。形式は毎回同じで、二回目は、笹沢佐保氏と二男の明夫君で、テーマは「暖房について」である。そして第三回目は、杉葉子さんと長男ロバート君で、テーマは「おもちゃについて」といった具合である。つまり、子ども・赤ちゃんが、明るい家庭の象徴的存在として注目されているのである。そして、そのイメージは、広告にまで現れている。一月号の「My Fair Baby」の次の頁には補乳瓶の広告が載っており、そこには健やかな赤ん坊の写真があり、そして、その傍らに「愛情とビジョンで育つ健康児」と書かれている。また二月号の同じ箇所はピアノの広告だが、そこでも「ここにも可愛いピアニスト」というフレーズとともに、ピアノをひく男の子と横で見る小さな女の子の写真が載っている。さらに三月号の「人と住まい」の次の頁は保険の広告だが、そこでも幼児の顔写真が出て、その横に大きく「愛の生活設計」と書かれている。類似の例はほかにも多数見られるが、これらの例が示すように、〈明るいマイホーム〉のイメージが喧伝され、そのイメージの中心に子ども・赤ちゃんを位置づけ、子どもの健やかな成長は親の責任であり、そして、その責任を果たすことこそが明るい家庭を実現するための前提なのだという観念が、この時期、ここに検討した『婦人公論』をはじめさまざまの媒体を通じて、汎化させられていったと考えられるのである。さらに、「My Fair Baby」の連載が、小児科医の育児に関する助言という形式になっていることも注目すべき点であろう。つまりそれは、育児が、「家」に代々伝わる知恵と習慣の領域からはみ出し、専門家の助言を仰ぐべき営みに以降し始めていることを示唆しているからである。そして、これらの諸傾向は、後述するように、今日の家庭と子どもをとりまく問題状況について考えるうえできわめて重要なものと思われるのである。

4 マイホーム主義の基盤

前項では、マイホームのイメージが戦後の日本社会に急速に汎化してきたと思われる過程を、婦人公論という一雑誌の内容を検討することによって概観した。もちろん、そのようなマイホームのイメージだけが一人歩きしたわけではない。マイホームを夢見る基盤が、その質と程度はどのようなものであれ、用意されてきたことも事実である。たとえば松下圭一は、前述の〈明るいマイホーム〉という視点を強調した三八年の『婦人公論』の八月号に「『マイホーム』からの解放」という一文を書き、そのなかで、戦後日本の家庭は、(1)家族革命（サラリーマン単婚小家族の増大）、(2)消費革命（家事作業の社会化と機械化）、(3)性革命（避妊技術の発達に伴う生産=出産と消費=享受、性規範の変化）の三局面で著しく変化したと論じた。すなわち、戦後の農地改革、高度経済成長、若年者を中心とした都市への人口移動と雇用労働者の増大などによって、サラリーマン家庭が増大し、「職場と家庭が分離され、家族は生産単位ではなく消費単位となって」きた。その結果、「農民や職人、商人など零細自営業家族に」基盤を置いていた「家」制度が衰退し、「家庭は、愛情という名の心理的安定をともなった休養と性のための『愛の巣』となって」きた。第二に消費革命は、「生産力の発達と社会的分業の拡大」と相俟って、たとえば「教育は学校、水汲みは水道、薪割はガス、電気、石油の使用へ」と家事作業を「社会化」し、他方では、掃除、洗濯、炊事といった家庭内の家事作業を「機械化」し「軽減」してきた。その結果、「苛酷だった家事作業はへっていき、家事専業によって婦徳をたたえられていた主婦も、その労力や時間の負担から解放され」るようになった。さらに第三に、性革命は、「性の『恥』から『権利』への転化」「性における男女平等」「避妊技術の発達による性の遊戯化」を含むが、重要なことは、それが「健全な家庭」の内部でおきていることである。「その結果、女性自身が、『けがれた性』、『弱き性』という女性についての伝統的な観念から解放されつつある」。このように、戦後家庭に起きた変化は、「生産労働から解放され、家事労働を軽減されたホームをうみだし、また家長の権威主義をくずして夫婦の平等感覚をもたらし」、「暗い家」から「あかるいホーム」へという思想的変化をもたらした、というのである。

このような松下の観察が、前述の近代家族の諸特徴に非常に近いものであることについては、もはや説明の必要はないであろう。また、そこに指摘されている諸傾向、サラリーマン単婚小家族の増大、家事作業の社会化と機械化、性愛と生殖の分離などの諸傾向についても、概ね妥当な観察であろう。つまり、情愛的な夫婦関係・親子関係とプライベートな家庭を特徴とする〈近代家族〉の基盤が、戦後の諸改革と経済成長に伴って整ってきたと考えられるのである。

しかし、松下はさらに続けて、「マイ・ホームがバラ色に描かれて観念的に肥大していったにもかかわらず、ホームの生活基盤は減少していた」と言う。そして、「マイホームへのあこがれにとって致命的」なものとして、第一に、「経済的・公共的条件」のお粗末さ、とりわけ「住宅問題」をあげ、「ホームが休養の場としての比重を高めているのに、これでは個室もとれず休養どころでは」ないとして、「近代的な家庭生活をするに必要な生活環境の整備、そのための公共投資」の必要性を指摘している。そして第二に、「家族機能の変容のなかで生みだされて来た婦人のエネルギーと時間が、マイ・ホームの中で空転している」と述べ、子どもが自立し始めたとき、婦人に「第二の人生」の問題が生じるようになっており、従って婦人の自立的な生き方が問われていると指摘している。すなわち、「マイ・ホームの絶対視は……個性的教養と社会的訓練を欠如させる新しい原因」となり、家事作業の簡素化のなかで生じた余暇が十分に生かされず、他方で、「生活技術を身につけていない妻の弱みが、ホームへの幻想、そして夫ついで子供への過剰期待となり、その結果かえって心理的挫折感というかたちで妻自身にはねかえって」きているというのである。

この松下の指摘は、マイホームがバラ色に描かれていた当時としては卓見であったと言えよう。しかし、松下がこの一文を書いた昭和三八年から四半世紀がすぎた今日、家族をめぐる諸状況はさらに展開し、新たな問題が提起されているように思われる。

その新たな状況と問題について考える前に、松下が課題として指摘した点について検討しておこう。まず住宅問題・土地問題については、いまだに多くの人々にとって途方にくれるほかないような大きな問題である。しかし、この問題が「マイ・ホームへのあこがれにとって致命的」なものかどうかは疑問である。「近代的な家庭生活をするに必要な生活環境の整備」が重要なことは言うまでもない。しかし、家族をとりまく物的環境は、一方で土地問題・住宅問題を抱え、他方で公害と自然破壊という新たな問題を生み出しながらではあるが、多くの人にとって便利で豊かなものになってきた。そして、それにもかかわらず、あるいは、それだからこそ、家族と子どもをとりまく状況は危機を孕むものとして問題にされているのである。あるいはまた、たとえばアメリカのような、土地・住宅に関してははるかに恵まれた社会、戦後多くの論者によってマイホーム主義のモデルとして喧伝された社会において、今日、日本以上に家族の危機が言われている。つまり、今日問題となっているのは、マイホームの実現を保障しうる物的な生活基盤が整っているかどうかではなく、むしろマイホーム主義そのものであり、マイホームに対する人びとの構えなのである。

第二の「婦人の自立的な生き方」という点に関しては、十分とは言えないにしても、戦後の民法改正から雇用機会均等法の成立まで、女性が自立的生き方を志向し実現する機会は少なくとも法制的にはかなり整備されてきた。教育の機会をはじめさまざまな社会的生活機会が、ほとんど男女平等に保障されるようになってきた。核家族化・小家族化はますます進行し、伝統的な「家」の圧力は著しく小さくなってきた。さらに、マイホームを絶対視し、家庭に拘束されることに対して、疑問を持ち、自立を志向する女性も増えている。多大の余暇時間を手に入れた主婦が家の外で活動する機会と場も著しく拡大している。つまり、女性が自立する基盤は松下が前記の一文を書いた昭和三〇年代とは比較にならないほど整っていると考えられるのである。また他方では、子どもたちをとりまく環境も改善されてきたはずである。多くの子どもたちがなに不自由なく育てられるようになり、ほとんどの子どもが高校に行くようになり、さらにその約半分は大学、短大、あるいは専修学校で学ぶようになっている。原子論的な個人ベースで考えるかぎり、生活の環境と機会が非常に改善され豊かになってきたことは、いまさら言うまでもないことである。しかし、それにもかかわらず問題が生じており、しばしば悪化しているとさえ言われるのだが、それは何故であろうか。おそらくそれは、家族も子どもの成長も、〈関係〉を基盤に展開するものだからであり、そして、問題はその関係の在り様に関わっているからである。そこで最後に、現代社会で優勢な家族関係と教育環境の質がどのようなものかを考えてみよう。

5 高学歴化・情報化のなかでの家族と教育

これまで、近年の社会史的研究が明らかにしてきた〈近代家族〉の特徴について概説し、次いで、戦後日本の家族が〈近代家族〉的特徴をかなりの程度備えるようになったことを指摘した。すなわち、戦後日本の家族は、伝統的な「家」から脱却し、〈愛の巣、憩いの場、子どもの健全育成の場としての家庭〉という観念、〈明るく和やかなマイホーム〉というイメージを育んできた。周りの社会から遮断されたプライベートな空間のなかで、情愛的個人主義を基盤にする夫婦関係と子どもに対する絶大な関心とを育んできた。しかし、今日、そうした〈近代家族〉の概念そのものが揺らぎ始めているようである。

　この揺らぎの徴候として、前述のショーターは、若者の家族に対する帰属意識の喪失、夫婦生活の不安定化、および、やすらぎの場としての家族という観念の崩壊、の三つをあげている(16)。すなわち、第一の点については、一九六〇年代後半以降、若者たちは「家系の継承者としての自己のアイデンティティや両親の価値観に関心を示さなく」なり、大人の文化に無関心な独自の下位文化のなかで社会化される傾向を強めている、というのである。また第二の、夫婦関係が不安定になったという点については、その背後に、近代的な核家族の基盤にあった母親の子どもに対する愛情がエロティシズムに取って代られたこと、および、女性の経済的自立が進んだという事実がある、とショーターは言う。さらに第三の点、すなわち「やすらぎの場としての家族の消滅」という点については、次のように言う。近代的な核家族は、「子どもを大人世界から守り、冷酷な競争の嵐にさらされている男たちが仕事をおえてくつろぐ場であった」。しかし、「現代では、女性は自分自身の人生をもたないで、育児だけの人生を送ることはなにか報われないと考え」るようになったことが、「やすらぎの場としての核家族に最大の打撃となった」と。もちろん、ショーターは、既存の性別役割分業を前提にして「やすらぎの場としての核家族」を擁護しようとしているわけではない。彼が指摘しているのは、近代家族が、ロマンティック・ラブ、母性愛、家庭愛を基盤にしていたとすれば、一九六〇年代以降、それらの基盤に変化が生じているという点で、家族は重大な転換点にあると考えざるをえない、ということである。

この揺らぎがどのような性質のものかについて、親子関係、子ども・青年の成長空間に焦点を合わせて考えてみよう。まず、子ども・青年の成長過程については、戦後新学制のもとで、学校教育が急速に拡大し、高学歴化が進んだことは周知の事実である。その結果、人びとは、人生の前半をより長期にわたって学校で過ごすようになった。言い換えれば、高学歴化が進むにつれて、子どもたちはますます共同体的な地域社会から引き離され、学校の壁のなかで、主として同年齢層の子どもたちだけの関係のなかで、学習し成長するようになった。加えて、学校には、その成立の当初から、一定の権威関係と知識統制のメカニズムが組み込まれていた。すなわち、学校で教えられる知識はすべて基本的には教科書のなかに盛り込まれており、その知識を習得することによって上級学年・上級学校への進級・進学が認められる、というのが原則であった。つまり、教科書に書かれている知識が〈正当な知識〉なのであり、その正当な知識を習得したかどうかが基本的な評価の基準になるメリトクラティックな世界が学校であった。しかも、その正当な知識を「専有」しているのは教師であり、また、上級生になるほど多くの正当な知識を所有しているのが普通であった。つまり、学校には、知識の伝達という学校の基本的な機能を基盤にして、教師、上級生、下級生という序列の権威関係が構造的に組み込まれているのである。そして、この権威関係は、学校で伝達される知識が社会的にも正当で有用な知識だと見なされるかぎりにおいて、正当な関係と見なされ、知識伝達の過程を円滑化するのに役立つものであった。

ところが、高学歴化が進み、子どもたちが青年期のかなりの時期まで、地域社会・大人社会から切り離され、学校という閉じた空間のなかで過ごすようになり、それが常態化するにつれて、青年たちに固有の相互交渉空間と文化が広まっていった。しかも、商業化や都市化といった社会変化を背景にして、その文化は徐々に大人社会にまで浸透するようになってきた。他方では、情報化が進み、子どもたちが〈価値ある情報・おもしろい情報〉を、学校の授業や教科書以外の媒体を通じて獲得するようになるにつれて、学校で教えられる〈正当な知識〉の価値は相対的に低下し、それに伴って、学校に組み込まれていた権威関係もその基盤を弱められることになった。つまり、ある意味では、学校教育の正当性と統制力が相対的に低下しているということであり、知識や価値の伝達者と受容者との〈教育的〉関係に変化が生じているということである。欧米でも日本でも、一九六〇年代以降、こうした変化が顕著になってきたことは周知のところであるが、このことは、一方で、学校教育、とりわけ青年期の青少年を対象とする中等教育の役割を難しいものにしていると考えられるのである(17)。

第二に、家族と子ども・青年の関係もまた、この時期、重大な変化を経験してきた。既に見たように、〈近代家族〉、そして、戦後日本の家族は、子どもを共同体的な地域社会から引き離し、プライベートな家庭の中心的な存在にしてきた。子どもは、①階層社会のなかで、地位達成を実現する手段的対象として、②意味志向的・情愛的な個人主義のもとで親の情愛を受けとめてくれる表出的対象として、そしてまた、③家族という閉じた権威関係のなかで統制の対象として、親のますます大きな関心と関与の対象となった。その結果、一方では、親の子どもに対する過剰期待、溺愛・甘やかし、過保護・過剰統制の傾向を生みだし、他方では、母親役割の専門職化(18)と教育機能の外部化を促進することになった。高学歴化に伴って、母親たちは高い学歴を取得し、さまざまな職務能力を身につけているはずであるのに、子どもの心理・子どもの教育については専門家の指導・助言に依存するという傾向が強まってきた。そうすることが、責任ある親の務めと考えられるようになってきた。ところが、前述のように、高学歴化と情報化のなかで、青少年はそうした親や大人社会の関心と配慮を拒否し、自分たち独自の下位文化や仲間集団を志向する傾向を強めている。しかも、その下位文化や仲間集団は、かつての伝統的な社会におけるそれとは異なり、大人文化を浸食することはあっても、大人文化に同調する類のものではない。従って、家庭は今や、そのような互いに矛盾する諸力・諸志向が混在する場なのであり、家族はその相互調整という課題を担わされているのである(19)。

第三に、生活水準の上昇、家事の合理化、経済のサービス化などに伴って、家事労働はますます軽減されてきた。かくして、家庭生活とそこでの人間関係は、ますます情愛的関係が志向され意識されるものになり、情愛的個人主義に根ざすようになる。しかし、情愛的個人主義は両刃の剣である。ストーンは、情愛的個人主義に基づく夫婦関係の要素として自律性と情動的結合をあげ、ショーターは、ロマンティック・ラブの要素として自発性と感情移入をあげ、それが家族を伝統的な共同体から引き離す動因だと論じた。しかし、情愛的個人主義、その要素としての自律性と感情移入は、家族関係・家庭生活におけるさまざまの慣習的衣を剥ぎ取り、絶えず関係の再確認を迫る傾向性を持っている。情愛的個人主義が、家族を伝統的な共同体から引き離した動因であったとしたら、それはまた、家族そのものをも焼き尽くす傾向性を持っている。アメリカにおける高い離婚率と再婚率は、そうした傾向性の証左のように思えるのである。

6　家族と教育の将来について——若干の提言

もちろん、以上のような揺らぎの諸傾向は、現象的には突出した一部分でのことであり、社会全体としては〈愛の巣、憩いの場、子どもの健全育成の場〉としての家族・家庭に対する期待は弱まってはいない、という意見もあろう。実際、たとえばＮＨＫ世論調査部が一九八四年に行った意識調査によれば、調査対象者（一六歳以上の男女二五〇一人）の約三分の二は、多くの項目で向家族的反応を示している(20)。たとえば、旅行やレジャー、ショッピングや外食、テレビを見る、といった行動を家族の誰かと一緒にすることが多い家庭は、どの項目でも約三分の二を占めている。また、「家族の団らんを大切にしたい」と考える人は六五％、「仕事のためでも、日常生活が、おろそかになってはならない」と考える人も六一％を占めている。さらに、「家庭こそが、最後のよりどころだ」と思う人は八三％に達している。こうした結果を見るかぎり、日本の家族はまだまだ安泰だと言えなくもない。しかし、その結果も、年齢別の集計を見ると、若年層ほど反家族的志向が強くなっている。それが年齢効果によるものか、変化の徴候なのかは定かでないが、なにがしかは後者の可能性があると考えてよいであろう。そして、その点に、家族の危機が言われる一つの根拠があるのであろう。また、前項まで論じたことは、意識の分布がどうかということや病理的現象がどのくらい多いかによって、その妥当性なり真偽なりを評価される類のものでもない。それは、家族と教育が抱えている問題の質に関わるものであり、病理的現象として現れる潜在的な可能性に関わるものだからである。

さて、家族と教育に関する以上のような観察が妥当なものであるとしたら、われわれがなすべき選択はどのようなものであろうか。本稿は、この点について、なんらかの政策的提言を期待されているのだが、筆者は多くを言うつもりはない。とくに家族の在り方については、個々人が決めることである。そこで以下では、バーガー夫妻に倣って、〈当座の準則〉的なことについて、いくつかの点を指摘することにしよう(21)。

第一に、社会史的研究が明らかにしてきたように、家族は時代とともに変化してきた。しかも、その具体的な形態は、社会によってさまざまである。それは、法制的に拘束される面もあれば、経済社会によって影響される面もある。しかし同時に、そうした社会の諸力に反応し、自己形成する主体でもある(22)。そして、主体としての家族がどのような自己形成をするかは、個々の家族の問題である。従って、家族の在り様に関して政策的になすべきことがあるとしたら、それは、自己形成の条件整備をすることであろう。しかし、その条件整備は、なんらかの特定の家族イメージにより親和的なものにならざるをえない。ここでは、その特定の家族イメージとして、これまでに見てきた〈近代家族〉を前提にして考えることにしよう。つまり、家族を社会における基本的な制度的単位として考えるということであり、また、〈プライベートな家庭〉志向と情愛的個人主義を是認するということである。ただし、性別役割分業をはじめ種々の役割分業については、固定的に考える必要はない。

第二に、近代家族は、一方で子どもを共同体から隔離し、家庭の中心的な存在にしてきたが、他方で、その養育・教育機能を外部化してきた。しかし、子どもの養育・教育機能を外部化しながらも、家族は、依然として、その機能の中心的な担い手であり続けている。この点に関して、前述のNHK世論調査部の調査は、「子どものしつけ」「高齢者の経済的扶養」「高齢者や病人・障害者の世話」「衣食住など日常の生活」の四項目について、「家族・家庭でなければできない」か「家族・家庭でなくてもできるか」を聞いている。その結果によれば、「家族・家庭でなければできない」(「あまりできない」+「まったくできない」)と考えている人は、高齢者の扶養が五四%、病人・障害者の世話が五九%、子どものしつけが六七%、日常の生活が六六%であった(23)。つまり、子どものしつけと衣食住などの日常の生活が、家族の中心的な領分と考えられているということであり、もっとも外部化できない領域として認識されているのである。これは、親子関係が家族の核的関係のひとつであることを考えれば当然のことであるが、同時に、多くの人が家族を〈近代家族〉としてイメージしていることの証左であるとも言えよう。ともあれ、子どもの養護・教育の機能は、一方で外部化されながらも、他方では、家族が中心的な担い手であり続けるということを前提に考えることにしよう。

以上二つの基本的な前提を確認したうえで、具体的にどのような条件整備が期待されるかを最後に少し考えてみよう。これまで見てきたように、近代の家族と学校は、伝統的な共同体から子ども隔離し、囲い込んできた。家族は、それ自身と子どもとを、共同体のさまざまな干渉から隔離し、〈プライベートな家庭〉を築くことで、個々の家族成員に〈愛の巣、憩いの場、子どもの健全育成の場〉を提供してきた。また他方では、家事労働を機械化し、教育機能を外部化し、〈母親役割〉を専門職化してきた。しかし、前項で論じたように、性別役割分業を中心とした家族成員間の役割分業をめぐって、青年の家族に対する構えをめぐって、あるいは、部分的に外部化された子どもの教育の在り方をめぐって、さまざまの矛盾と葛藤が顕在化し始めており、その調整を強いられている、というのが今日の家族をめぐる状況のように思われる。しかも、そのいずれの矛盾も、人びとの潜勢的な意味志向・アイデンティティ志向に根ざしている。伝統的な性別役割分業に女性が異議申し立てを行うのは、男性と同じように意味ある生活を志向するからであり、独自のアイデンティティを志向するからである。青年が仲間を志向し、下位文化に身を委ねるのも、意味ある関係と自分らしい生活を志向するからである。人びとが〈プライベートな家庭〉に引き籠もり、マイホームのイメージを育んだのも、濃密な意味的関係を求めたからであり、その意味的関係のなかで自己実現することを期待したからである。そうだとしたら、この意味志向、意味的関係への志向に十分配慮した条件整備が期待されることになろう。

ところで、この意味的関係への志向は、一般に、なにがしかの持続性を持った人間関係において満たされる。言い換えれば、人びとは意味的関係への志向を満たすべく、一定の持続性のある人間関係・集団のなかに入っていく。そのような持続性のある人間関係のタイプとして、これまで社会学者・文化人類学者たちは、地縁、血縁、社縁を区別してきた(24)。地縁、血縁については説明の必要はない。地縁は、近代家族がむしろそこから引き籠もってきた関係であり、そして血縁は、近代家族がその境界を狭く限定しようとしてきた関係である。社縁(結社縁)とは、米山俊直が、テンニースのゲゼルシャフト(契約的関係)やマッキーバーのアソシェーション(任意的な結社)に対応する用語として提起したもので、包括的で強制的な地縁・血縁に対して、部分的で任意的な人間関係を指し、地縁・血縁以外のあらゆる持続性のある人間関係を含むものである。しかし、部分的で任意的な人間関係として成立し、あるいは、加入した社縁であっても、メンバーを拘束する傾向性を有しているのが、持続性のある人間関係の常である。それは、潜勢的な意味的関係への志向を持つ人間が作り出す関係だからであろう。ともあれ、学校や会社はもちろん、クラブや同好会や、宗教団体なども、すべてが程度の差はあれメンバーに対して拘束力をもつようになる。しかも、現代社会では、任意性の程度がさまざまな人間関係できわめて多くなっている。そこで、そうした多種多様な人間関係をすべて社縁と呼ぶことには無理があるということで、望月照彦は、認知する情報によって結ばれる離合集散の自由度の高い人間関係を「知縁」と呼ぶことを提唱し(25)、また、上野千鶴子は、地縁・血縁・社縁のような「選べない縁」に対して、任意性の高い「選べる縁」として「選択縁」という概念を提唱した(26)。他にも、情縁とか女縁とか趣味縁とか、さまざまの概念・呼称が提唱されているが(27)、ここでは、結合の基準ではなく、任意性の程度を重視して、上野の「選択縁」を用いることにしよう。

さて、近代的な核家族の構成員は、それぞれどのような「縁」に加わっているであろうか。一般に、父親・夫は血縁と社縁に、母親・妻は血縁と地縁に、子どもは血縁と社縁に主として加わり、活動している。家族という血縁は、たとえ憩いの場であり、情愛的関係であるにしても、包括的で拘束的な関係であり、降りたり逃げ出したりすることのできない関係である。そして、そのような被拘束感をもっとも強く抱く状況にあるのが母親・妻である。従って、母親・妻が、そのような被拘束感から抜け出し、自分たちも社縁・選択縁のなかに入っていきたいと思うのは当然のことである。もちろん、〈敵に囲まれ、不快を忍び、屈辱に絶える〉だけの職場という社縁からも、「経済的義務だけ残されて弧影悄然たる父」であることからも抜け出したいと思い、自由な選択縁を志向する父親・夫も少なくないであろう。そして、子どもたちは、過剰期待で充満した血縁からも、押し付けと競争に満ちた学校という社縁的関係からも離れて、もっと自由な仲間という選択縁を志向したとしても不思議ではない。つまり、〈近代家族〉は情愛的でプライベートな関係の場として家庭という空間を隔離してきたのだが、今日、その閉ざされた空間が重荷になりかねないという状況が生じているのである。しかも、われわれは、〈近代家族〉を維持するに値するものと考えている。

従って、今日、期待されているのは、〈近代家族〉という血縁を維持しながら、同時に、その構成員がそれぞれに、あるいは、家族ぐるみで、〈選択縁〉を享受できるような条件整備、しかも、家族の教育機能が十分に遂行されうるような条件整備である。そのためにも、新たな地縁に支えられた選択縁が広まりうるような環境作りが期待される。つまり、地域社会をさまざまの選択縁が活動できる場にすること、そのような縁と活動を育むような環境にすることが期待されているように思われる。

●注

1 Murdock, G.P., "World ethnographic sample," *American Anthropologist*, 59, 1957.

2 原田尚「家族形態の変動と老人同居扶養」『社会学評論』一一三、一九七八年。

3　Ariès, P. (1960). ＝ 杉山光信・杉山恵美子訳「〈子供〉の誕生：アンシャン・レジーム期の子供と家庭生活」みすず書房、一九八〇年、三八一頁。
4　Ariès 前掲訳書、三七四頁。
5　Ariès 前掲訳書、三八一頁。
6　Ariès 前掲訳書、四七頁。
7　Ariès 前掲訳書、一二八頁。
8　Stone, L., *The Family, Sex and Marriage in England1500-1800*, London : Weidenfeld & Nicolson, 1977. とくに第6章。
9　Stone 前掲書、二六八頁。
10　Stone 前掲書、二六八頁および第9章。
11　Stone 前掲書、四三一―四三九頁。
12　Shorter, E.(1975). ＝ 田中俊宏ほか訳『近代家族の形成』昭和堂、一九七八年、五頁。
13　Shorter 前掲訳書、一三八頁。
14　Shorter 前掲訳書、二一四―二一五頁。
15　『婦人公論』の当該年、当該月号による。
16　Shorter 前掲訳書、二八三―二九五頁。
17　詳細については、藤田英典「情報化社会と教育」（田浦武雄編『教育の原理』名古屋大学出版会、一九八三年）および藤田英典「親の文化、子の文化」（東京大学公開講座『異文化への理解』東京大学出版会、一九八八年）を参照されたい。
18　Parsons, T. & R. F. Bales (1956). 橋爪貞男ほか訳『核家族と子どもの社会化』黎明書房、一九七〇年、上、四七―四八。

19　藤田英典「青年期への社会学的接近」（西平直喜・久世俊雄編『青年心理学ハンドブック』福村出版、一九八八年）を参照されたい。

20　NHK世論調査部編『現代の家族像：家族は最後のよりどころか』日本放送出版協会、一九八五年、一九—二二、三八—三九頁。

21　Berger, B & P. L. Berger, *The War over the Family: Capturing the Middle Ground*, NY : Anchor Press, 1983, chap. 9.

22　Berger & Berger 前掲書、二〇一頁。

23　NHK世論調査部編　前掲書、三四頁。

24　米山俊直『同時代の人類学——群れ社会からひとりもの社会へ』日本放送出版会、一九八一年、および、栗田靖之編『現代日本文化における伝統と変容3　日本人の人間関係』ドメス出版、一九八七年、を参照されたい。

25　望月照彦『都市は未開である』創世紀、一九七八年。同『地域創造と産業・文化政策』ぎょうせい、一九八五年。

26　上野千鶴子「祭りと共同体」（井上俊編『地域文化の社会学』世界思想社、一九八四年）および上野千鶴子「選べない縁・選べる縁」（栗田靖之編前掲書）。

27　吉武輝子「血縁から地縁、女縁へ」（佐藤洋子ほか『共働き・離婚・友だち』教育史料出版、一九八二年）および井上忠司「社縁の人間関係」（栗田靖之編前掲書）など。

4 社会・家族の変化と幼児

戦後半世紀に日本社会が経験してきた変化は、生活のほとんどすべての領域にわたっており、しかも、質的にも量的にもきわめて大規模で重大なものでありました。それらの変化が相互に関連し合っていることは言うまでもないのですが、乳幼児の生活と成長について考える場合にとくに重要なのは、家族・家庭を中心にした生活空間・生活環境の変化です。といいますのは、乳幼児の生活圏は基本的には、家族・家庭とその周辺――地域社会、親族関係、メディア環境、消費文化、幼稚園・保育所など――に限定されているからです。また、〈その周辺〉の影響にしましても、幼稚園・保育所以外の多くは家族・家庭を媒介にしているからであります。

そこで以下では、まず家族・家庭の変化とその特徴について、一九七〇年代までと、それ以降とに分けて検討します。一九七〇年代までに起こった変化については、いまさら説明するまでもないほどに自明のものになっていますが、以下であえてそれを検討・確認するのは、その変化によってもたらされたものが、今日にいたるまで家族・家庭の基本構造となっているからであり、そして、一九八〇年代以降の変化は、その基本構造の修正として展開しているからです。

第1節で、家族・家庭の基本構造とその変化について検討したうえで、第2節では、家族と幼児を取り巻く環境について、とくに子どもに対する親の関与の仕方、および、高度情報社会、高度消費社会の影響に焦点をあわせて検討します。といいますのは、核家族化・小家族化が進んだ現代社会では、家族内の経験のなかで幼児にとってとくに重要なのは親子関係だからであり、また、高度情報社会と高度消費社会の諸特徴は、家族・家庭・親を仲立ちにして、幼児の生活環境と生活空間を規定しているもっとも重要な側面と考えられるからです。

1 〈近代家族〉の広まりと子どもの生活空間

1 〈近代家族〉の理念的性格

一九八〇年代以降、家族と女性をめぐる状況が大きく変化してきました。「八〇年代は女性の時代」と言われ、性差別撤廃条約の批准や男女雇用機会均等法の制定をはじめとして、男女共同参画型社会に向けて種々の法改正や基盤整備が進められ、既婚女性の職場進出も増えてきました。しかしもう一方で、出生率の低下や離婚率の上昇を背景にして、〈家族の危機〉が言われ、女性と家族をめぐる議論が活発になり、性差別的な家族と社会のあり方が問い直されています。

この一連の動向は、近代家族をめぐる変化としてとらえることができます。そこでまず、近代家族とはなにかについて簡単にみておきましょう。

一九六〇年代以降、欧米を中心に家族の社会史的研究が盛んになってきましたが、それらの研究によれば、近代家族は、〈家族の意識〉と〈プライベートな空間〉を備えることによって出現しました。P・アリエスの『〈子供〉の誕生』（一九六〇年、杉山光信・恵美子訳、みすず書房、一九八〇年）は、この領域の研究の嚆矢となった重要な書でありますが、それによれば、「昔の生活は、一七世紀までは、公衆の面前で行われていたのであり、……夫婦のプライバシーにまで社会が介入する権利を持って」いました。しかし、一五世紀から一八世紀にかけて発達してきた家族意識が、一八世紀以降あらゆる身分に広まり、その結果、「家族は社会とのあいだに距離をもち始め、絶え間なく拡大していく個人生活の枠外に社会を押し出すように」なり、「一家団欒、プライバシー、孤立」を特徴とする近代的な家庭が出現することになりました。加えて、「可愛がり」の意識と「理性的な習俗を待ち望むモラリスト」的関心が、「衛生と身体的健康への配慮という新たな要素と結び付けられ、家庭の中に認められる」ようになりました。つまり、社会の干渉から隔離されたプライベートな空間、一家団欒の場としての家庭の存在と、子どもへの愛情と配慮を特徴とする近代家族が、一八世紀以降徐々にあらゆる階層に広まってきたというのです。

カナダの社会史家E・ショーターも、同様の変化をもっとセンセーショナルに論じています。彼は、近代家族が出現したのは、市場資本主義の発展と自己中心主義の発達を背景にして、家族に関わる三つの分野で感情革命が起こったからだとして、次のように論じています。「第一の波、ロマンティック・ラブは、性関係に対する共同体の監視からカップルを解き放ち、愛情の世界へとかれらをみちびいた。第二の波である母性愛は、近代家族にくつろぎを与える安息所を築きあげ、共同体の生活との関わりから多くの女性を解放した。そして最後に家庭愛が、家族を周囲の伝統社会との相互関係から切り離し」「家々の暖炉に心地よい火を燃やし、ついにはこの炎で周囲の共同体を焼きつくした」（原著、一九七五年、田中俊宏他訳『近代家族の形成』昭和堂、一九八七年）。

このように、これらの社会史的研究によれば、近代家族とは、理念型的に言えば、①プライベートな空間（＝共同体的干渉からの隔離）、②夫婦愛（＝情愛的個人主義に基づく夫婦の結合）、③親子愛（＝子どもへの濃密な愛情・関心・配慮）、④家庭愛（＝愛の巣、憩いの場、子どもの健全育成の場としての家庭の観念）を特徴とする家族のことです。そして、こうした家族は、近代社会の発展、とりわけ産業化の進展、資本主義経済の発展と並行して広まってきたというのです。

わが国の場合、こうした近代家族的な生活様式と意識は、民法改正、農地改革、高度経済成長、都市化の進行などを背景にして戦後急速に広まってきました。そのことは、たとえば『婦人公論』という雑誌の内容にもあらわれています。そこに掲載されている記事や論文を見ますと、一九五〇年代前半までは、伝統的な家制度からの脱出が重要課題として論じられています。ところが、五〇年代後半以降は、主婦としての女性の生き方や子どもに対する親の責任が論じられるようになり、さらに、六〇年代後半には、マイホーム主義がしきりと喧伝されるようになりました（拙著『子ども・学校・社会』東京大学出版会、一九九一年、参照)。

もちろん近代家族の特徴とされる〈家庭〉〈一家団欒〉〈家庭教育〉といった概念自体は、もっと早くから存在していました。それらの概念は、明治期に相次いで創刊された婦人雑誌のなかですでに提起されています。明治中期以降、誌名に「家庭」という言葉をもつ雑誌が多数創刊されていますが、たとえば『家庭雑誌』(明治二五年創刊)の創刊号には「家庭教育の事」という文章が巻頭に「社説」として掲載されており、また、「夜の家庭」と題する論説には「何をか夜の家庭に於る天国と云ふ。善良にして清潔無垢なる一家団欒の時を指す也」と書かれています。このように近代家族の理念はかなり早くから高唱されていましたが、それが実態レベルで広まったのは、戦後の一九五〇年代から六〇年代にかけてのことと考えられます。

2 職場の外部化と父親不在

日本経済は一九六〇年代に歴史上未曾有の高度成長を達成しましたが、この時期に日本社会が経験した変化のなかで、とくに重要なのは、職場の外部化と女性の主婦化、〈社縁〉の拡大と家族の孤立化などです。

戦後間もない一九五〇年には、就業人口の約半数はまだ農業を中心とする第一次産業に従事していましたが、高度経済成長期を通じてその割合は急速に減少し続け、逆に、第二次産業、第三次産業従事者の割合が急増してきました。ここで重要なことは、この変化に伴って、職場の外部化と家事・育児のシャドー

・ワーク化が進んだということです。

第二次・第三次産業従事者の多くは雇用労働者（サラリーマン）であり、その主要な職場は工場やオフィスであり、デパートやスーパーマーケットの売場です。したがって、第二次・第三次産業従事者が労働力人口の大多数を占めるようになったということは、工場やオフィスという稼得労働のための専用空間が拡大したということ、職場が家の外に移動したということ、サラリーマン家庭が増加したということを意味します。つまり、職場の外部化が進んだということです。

このことは、夫・父親が日中は家にいないということ、つまり物理的な不在を意味します。子ども側の問題として言えば、いわゆる父親不在です。むろん、父親不在が社会的に望ましくない事態として言われるようになったのは、たんに父親が家の外で仕事をするようになったからというのではなくて、モーレツ社員と言われるような会社中心・仕事中心の生活スタイルが一九六〇年代後半以降目立つようになってからのことです。

この父親の物理的不在と仕事中心のライフスタイルは、一方で、父親と子どもの共通体験の機会を少なくし、父子間のコミュニケーションの欠如をもたらしますが、もう一方で、父親の子どもへの関わり方に影響を及ぼします。日中家にいない父親は、しばしば、その不在による欠如感を補おうとして、帰宅後や休日に子どもを過度にかまったり、甘やかしたりすることになります。あるいは逆に、不在のときと同様、子どものことはいっさい母親まかせで、関知しないという父親もいるでしょう。

むろん、どのような接し方が望ましいと一概に言えることではありません。しかし、過度の干渉や甘やかしは、ふだんは不在であるだけに、母親のしつけのリズムを攪乱し、しつけ空間を矛盾をはらんだ二重構造にする傾向があります。この場合、子どもは、この二重構造にとまどい、混乱するか、あるいは、その二重構造に巧みに適応することになります。他方、過度の無関心や母親まかせという態度は、家庭における父親の存在を影の薄いものにし、母親と父親と子どもの三者関係、その意味空間を歪んだものにする傾向をはらんでいます。この傾向が具体化している場合、子どもは、意味空間の歪みに反発するか、あるいは、それを自明視するようになります。どちらになるかは、子どもの資質にもよりますが、その家庭の総合的な人間関係、とりわけ父親と母親の関係（夫婦関係）のありように左右されると考えられます。

3　女性の主婦化と母子関係の比重の増大

この夫婦関係は、職場の外部化に伴うもう一つの重要な変化と密接に関連しています。その変化とは、家庭内の意味空間の構造的変化、性別役割分業をめぐる意味空間の変化です。家事・育児は、それ以前においても主に女性が担っていましたが、職場の外部化が進むことによって、主として男性が担う稼得労働を陰で支える無償の労働（シャドー・ワーク）という性格を強めることになりました。いわゆる女性の主婦化です。

女性の主婦化は、夫婦関係と親子関係の両面で、家庭の意味空間に構造的な変化をもたらしてきました。まず夫婦関係についてですが、家庭内の活動と地位は、家の外での稼得労働とそれに従事する男性と、家の中での非稼得的労働（家事・育児）とそれに従事する女性というように、空間的・意味的に分割され、前者を優位、後者を相対的に劣位なものとして構造化されることになります。これは、産業社会における家庭内分業の基本型として多くの社会で見られるものですが、それは、ライフスタイルという点で女性に重大な選択をせまることになります。その選択とは、家庭という空間に引きこもって家事・育児に専念するか、つまり、専業主婦になるか、それとも、家庭と職場の両方を行き来する兼業主婦になるかという選択です。

一九六〇年代の高度経済成長期には、マイホーム主義が喧伝され、どちらかというと専業主婦が理想視されましたが、八〇年代になりますと、女性の職場進出を奨励する風潮が強まってきます。つまり一九七〇年代を境にして、実態レベルでも理念レベルでも女性の主婦化が進んだ時代から、少なくとも理念レベルで脱主婦化が奨励され志向される時代への転換が起こったということです。この転換の意味については後述することにして、ここでは、主婦化に伴う親子関係の変化に注目しておきましょう。

女性の主婦化は、家庭における母子関係の比重の増大をもたらすことになります。この母子関係の比重の増大は、実態レベルでも理念レベルでも進むことになります。多くの核家族化した家庭では、日中家には母親と子どもしかいないわけですから、家庭内の人間関係のなかで母子関係のウェートが高まるのは状況的に必然的なことです。加えて、家事・育児は主婦の仕事と観念され、その仕事を立派に成し遂げることこそ主婦業の本質と観念されるようになればなるほど、母親の子どもに対する働きかけは教育的・規範的色彩を帯びることになります。つまり、主婦化時代の母親は、子どもを立派に育てようとして教育的に望ましいと考えられる働きかけをし、そうすることを当然のことと観念するようになるということです。

したがって、マイホーム主義が喧伝された一九六〇年代に教育ママの出現が指摘されるようになったことは、けっして偶然ではなかったと言えます。

4 家族の〈孤立化〉と子どもの経験世界の縮小

この女性の主婦化と並行して進行した、もう一つの重要な変化は、家族の孤立化です。主婦化が家庭内における夫婦間の関係に関わる変化であるのに対して、家族の孤立化は、家族を取り巻く社会との関係に関わる変化です。産業化・都市化・民主化などが進むにつれて、家族は、「社会との間に距離をも」つようになり、その生活は、「一家団欒、プライバシー、孤立」を特徴とする〈家庭〉で過ごされるようになりました（アリエス）。共同体的な性格をもった地縁（地域社会）と血縁（親族関係）の拘束や干渉から解放され、〈家庭〉という隔離され遮蔽された〈プライベートな空間〉で家族生活が営まれるようになりました。

むろん、形態としての核家族（両親と子どもだけで構成される家族）は、古くからありました。その割合は、最初の国勢調査が行われた一九二〇年時点ですでに五割を越えていました。しかし、戦前期には、地域社会のきまりや慣習や〈まなざし〉が家族の生活に干渉し、家族の構成員の行動を規制していたことは周知のところです。それは、親族関係についても同様でした。

しかし、産業化・都市化が進むにつれて、親族の絆や相互交流は日常性から切り離され、結婚式や葬式などの仏事・慶事を中心にした儀礼的な側面に限定されるようになってきました。また、職場の外部化が進行し、人びとが地域社会のなかで過ごす時間が減少するにつれて、地域の人間関係も希薄になってきました。これは、大きな都会ほど早くから目立つようになったことですが、マンションの隣室に住んでいる人がどういう人かも知らないとか、近所の人と会っても挨拶もしない人が増えたといった事態が、出現するようになりました。つまり、家族の孤立化が進んできたということです。

この家族の孤立化によって、子どもの日常経験の幅と質が大きく変わることになりました。一方で、核家族的な人間関係の占めるウェートが著しく高まり、家族内のコミュニケーションの比重が圧倒的に高まることになりました。そして、もう一方で、地域の仲間関係とそこでのコミュニケーションの幅は著しく狭められました。しかも、とくに幼児の場合、その狭くなった友だち関係やコミュニケーションさえも、多くは母親を仲立ちとして、あるいは、母親の見守るなかで展開されるようになりました。そのうえ、この母親の仲立ちと配慮は、母親の関心と好みに大きく左右されます。言い換えれば、幼児のリズムと偶然によってではなく、母親のリズムと好み・関心によって、幼児の出会いと経験が左右されるようになってきたということです。そして、言うまでもないことですが、この母親のリズムと好み・関心は、前述の〈主婦化〉の規範によって、もう一方で、次に述べる〈学校化〉の規範によって、大きく規定され枠づけられてきました。

5 〈社縁〉の拡大と〈分節型社会〉の発達規範

〈地縁〉の変質、〈血縁〉の縮小、家族の孤立化と並行して、学校や職場を基盤にした人間関係――この人間関係を文化人類学者の米山俊直氏は〈社縁〉と呼んだ――が拡大してきました。新制高校発足時には約五割だった高校進学率が一九七〇年代半ばには九割を越え、大学・短大・専修学校への進学率も最近では五割を越えるようになりました。幼稚園・保育所の在籍率も同様に戦後急上昇しました。一九五〇年には五歳児で約二割しかなかった在籍率が、七〇年代後半には九割に達しました。つまり、大多数の青少年にとって、学校は二〇歳前後までの生活、人生の最初の四分の一の生活を過ごす主要な場になりました。他方で、第一次産業従事者の割合は戦後急速に減少し、一九五〇年には約五割だった雇用労働者の割合が七〇年代後半には七割を越え、最近では約八割に達しています。そして、言うまでもないことですが、この雇用労働者として働く多くの大人たちにとっては、会社が活動時間の大半を過ごす場となりました。

学校や会社を基盤にした人間関係、つまり〈社縁〉的関係が、高度経済成長期を通じて人びとの生活のなかでそのウェートを高めてきました。かつて結婚式や葬式は、地縁と血縁のなかで行われる重要な儀式でしたが、七〇年代以降、結婚式も葬式も学校や会社の人間関係のなかで行われる傾向が強まってきました。

この〈社縁〉的関係の拡大、それを促進した工業化・学校化は、人びとの生活空間を、学校、工場・オフィス、家庭・地域の三つに分割してきました。学習のための専用空間としての学校、仕事（稼得労働）のための専用空間としての工場・オフィス、遊びと生活の場としての家庭・地域、の三つに分割されるようになりました。筆者は、このように仕事と学習と遊びの活動が別々の専用空間で行われる社会を〈分節型社会〉と呼んでいますが、一九五〇年代から六〇年代にかけて急展開した工業化・都市化・学校化は、このような〈分節型社会〉を招来し、〈社縁〉的空間を拡大してきました（拙著、前掲『子ども・学校・社会』参照）。

ここで注目すべき点は、学校と企業に代表される〈社縁〉的空間の中心的な組織原理は、業績原理、未来志向的な生産原理・向上原理だということです。学校では、どのくらい知識・技能を習得したかによって評価され、上級段階（学年・学校）への進級・進学が認められることになっています。つまり、業績主義的な評価と処遇がシステムの特徴となっています。そして、子どもたちは、そのシステムのもとで、能力と成績の向上をめざしてがんばるように奨励されます。

同様に企業では、どのくらい収益をあげたか、その収益の増大にどのように貢献したかが、企業内での評価・処遇（昇進・昇級）の基準になっています。そして、労働者は、昇進・昇級をめざしてがんばるように奨励されます。企業の生産性向上と社員の能力と地位の向上が、企業組織とその構成員の活動を方向づけ促進している中心的な価値原理です。

さらに、この〈分節型社会〉で、学校（学習の場）は、企業（稼得労働の場）に入るための準備段階として位置づくことになりますから、人びとのライフサイクルは、主として家庭とその周辺で過ごす乳幼児期、主として学校で過ごす学齢期（青少年期）、職場で過ごす労働期（成人期）というように段階的過程として構造化されることになります。そして、発達はその各段階の活動を統御している価値原理にしたがってとらえられ、評価されることになります。人びとは、発達を各段階での成功によって、そして、次の段階への準備として、とらえるようになります。かくして、〈分節型社会〉における日常生活、発達過程、ライフサイクルは、業績主義的な評価原理・価値原理、未来志向的な生産原理・向上原理に支配されることになります。これは、〈分節型社会〉のいわば構造的な特徴です（藤田英典「学歴社会――その意味と構造――」、同「学校化社会――その意味と構造――」、宮島喬・藤田英典『文化と社会』放送大学教育振興会、一九九三年、7章、8章参照）。

むろん、そうは言っても、人びとの日常生活がどの程度こうした価値原理に支配されるかは、個人によって違います。業績主義的な価値原理をどの程度どのように内面化しているかによって、違いがあります。しかし、社会全体の傾向は、この構造的特徴に規定されています。学歴社会、受験競争、偏差値教育と言われる現象は、まさしく日本社会がこの構造的特徴に強く規定されていることを示しています。

6 〈教育ママ〉現象の普遍化と教育機能の外部化

この業績主義的な価値原理は、程度の差はあれ、母親の子どもに対する関わり方、その養育態度にも反映しています。しかも、その傾向は、家族の孤立化が進めば進むほど、また〈主婦化〉規範にからめ取られていればいるほど、顕著になります。〈教育ママ〉現象は、その典型的な現われと言えます。

「教育ママ」という表現は、一九六〇年代後半に、学校教育の拡大と受験競争の激化を背景にして、大学入試会場にまで付き添ってきて子どもの世話をやこうとする母親を揶揄して使われ始め、やがて、私立の幼稚園入試や小学校入試に狂奔する母親にも使われるようになり、さらに最近では、子どもの教育に熱心な母親にまで拡張して使われるようになっていますが、ここでは、それらすべてを含めて〈教育ママ〉

現象と呼ぶことにします。つまり、子どもの教育的成功を最大目標とし、子どもの生活環境を教育的に整え、子どもの学習活動を最優先する養育態度・行動様式とその現われが、ここでいう〈教育ママ〉現象です。

この意味での〈教育ママ〉現象の主要な担い手は母親ですが、母親だけでなく、子どもの成長・発達に積極的に関与する父親や祖父・祖母もその担い手に含まれます。母親とともに子どもの教育に日常的に関与する父親はもちろん、孫の成長や成績・進級・進学に関心を持ち、子どもの教育環境の整備に貢献しようとして、種々の受験情報や教育情報を仕入れ、母親や子どもに助言する祖父・祖母、誕生日のお祝いや入学祝いや進学祝いに種々のプレゼントをする祖父・祖母も、ここでいう〈教育ママ〉現象の担い手に含まれます。

この〈教育ママ〉現象の拡大と並行して、一九七〇年代以降、教育産業が急速に拡大してきました。学習塾はもちろん、オルガン、ピアノ、バイオリンなど音楽関係の教室、トランポリン、スイミング・スクール、サッカー、野球、剣道などスポーツ関係の教室、そろばん塾、書道塾、絵画教室、英会話教室など、多くの子どもたちが、幼稚園や学校が終わった後も、各種の教室やクラブに通うようになりました。家庭教師について勉強する子、各種の宅配教材で勉強する子も著しく多くなっています。さらに、家庭には、子ども向けの絵本や図書、教育的効果をうたった遊具や魅惑的な文具が氾濫するようになりました。それらはいずれも、金のかかる活動でありモノであるわけですが、親たちはそのための費用を負担することを当然と考えるようになってきました。教育産業が拡大した背後には、むろん豊かになってきたということもありますが、こうした親たちの費用負担に対する積極的な構えがありました。

費用負担に対する積極的な構えに加えて、〈教育ママ〉現象のもう一つの特徴は、家庭教育の外部委託化という傾向です。伝統的に教育やしつけは家庭や地域で行われていたことを考えるなら、学校教育の拡大自体が教育の外部化であり、教育専門機関への委託なのですが、それだけでなく、学校外での諸活動も、教育産業をはじめとする準専門的な機関ないし媒体に依存する度合いを強めてきたということです。これは、非常に皮肉な、しかし、重大な特徴です。

皮肉な特徴だというのは、〈教育ママ〉現象の主要な担い手である母親は、以前にくらべて格段に高い教育を受けており、大学で教育学や心理学を学んだ人も増えているにもかかわらず、自分の子どもの教育に関して、教育産業という外部媒体に委ねているからです。またもう一方で、〈主婦化〉状況のなかで子どもに向けることのできる時間とエネルギーが増えてきたにもかかわらず、その時間とエネルギーを直接子どもに向けるのではなく、種々の外部媒体を通して間接的に費やす傾向があるからです。

表1　出生率および家族規模の推移

歴年	出生率	家族規模
1920	—	5.02
1947	4.54	—
1950	3.65	4.97
1955	2.37	4.97
1960	2.00	4.56
1965	2.14	4.05
1970	2.13	3.69
1975	1.91	3.45
1980	1.75	3.33
1985	1.76	3.23
1990	1.54	3.06
1992	1.50	—

出生率：合計特殊出生率
（厚生省『人口動態統計』より）
家族規模：普通世帯の平均世帯人数
（総務庁『国勢調査』より）

7　小家族化・少子化の進行と親の配分資源の増大

戦後家族の変化で、もう一つ重要な側面は、家族規模の縮小です。表1は、出生率と家族規模の変化を示したものですが、これによっても明らかなように、戦後、出生率が急速に低下し、家族の規模も、とくに一

表２　完結出生児数分布の推移（調査時に45～49歳の有配偶女子の出生児数）

該当者出生率	調査年	完結出生児の分布（%）					平均出生児数（人）
		０人	１人	２人	３人	４人以上	
1901－05	1960	8.6	7.5	7.4	9.0	67.5	4.99
1911－15	1960	7.1	7.9	9.4	13.8	61.8	4.18
1921－25	1970	6.9	9.2	24.5	29.8	29.6	2.65
1928－32	1977	3.6	11.0	47.0	29.0	9.4	2.33
1933－37	1982	3.6	10.8	54.2	25.7	5.7	2.21
1938－42	1987	3.6	10.3	55.0	25.5	5.5	2.20
1943－47*	1987	4.4	10.1	55.1	26.3	4.2	2.16

＊調査時の年齢：40‐44歳
原資料：1950‐70年『国勢調査』1977‐87『出産力調査』。
出所：『日本の人口・日本の家族』東洋経済新報社、1988年、53ページ。

九六〇年代以降急速に小さくなってきました。これはまぎれもない事実なのですが、ここで次の二点を確認しておく必要があります。一つは、五〇年代の出生率の低下、六〇年代の家族規模の縮小は、一家族当たりの子どもの数の減少による面が大きいのですが、七〇年代半ば以降の出生率の低下は、むしろ晩婚化・非婚化の傾向によるということであり、また、家族規模の縮小も、晩婚化・非婚化や高齢化による単身者世帯や老夫婦世帯が増加したことによるということです。もう一つは、最近とみに少子化ということが社会的に問題視されていますが、それは必ずしも一人っ子の増加を意味するわけではないということです。

表2は、調査時に四五―四九歳の有配偶女子の出生児数の推移を示したものですが、表より明らかなように、一九七七年の調査時点までは、確かに一人っ子の割合は増えていますが、それ以降は一〇パーセント強の水準で推移しています。むしろ、もっと大きな変化は、四人以上の割合が急減したということです。さらに、八二年以降は、子ども数の分布パターンはむしろ安定しているというのが、この表の示すところです。この点は、平均出生児数の

変化にも表れています。その値は一九七七年調査までは急速に減少していますが、それ以降はあまり大きな変化は見られません。つまり、小家族化・少子化が進んできたことは確かなのですが、子どものいる家族の子どもの数は一九七〇年代までは減少してきたが、八〇年代以降はそれほど変化していないということです。

とはいえ、戦前や戦後間もない時期に比べて、家族当たりの子どもの数（きょうだい数）は平均約二人と少ない状態が続いているわけですから、そのことが子どもの生活と成長に対してどのような意味をもっているかは、検討すべき重要な問題です。

子ども数が少なくなるということは、子ども一人当りに配分することのできる親の資源が増大することを意味します。この配分資源には、時間、お金、関心・配慮のすべてが含まれます。少ない数の子どもを〈時間をかけ金をかけ、細心の注意を払って大事に育てる〉というのは、その一つのあり方です。もちろん、〈お金だけかけて、あとはほったらかし〉という放任型、何から何まで子どもの生活のすべてにわたって世話をやこうとする過保護型など、さまざまなタイプがありえますが、それは、子どもに対する基本的な構え、関心の持ち方に関係していると考えられます。次節では、この基本的な構えとその変化について検討することにします。

表3　〈子どもへの関心〉の諸次元とその病理態

〈子どもへの関心〉の諸次元	関心・配慮の病理態
①保護対象として（in 役割関係）	過保護　↔無責任・放任
②手段対象として（in 階層社会）	過剰期待　↔無責任・放任
③表出手段として（in 意味志向的社会）	溺愛　↔無責任・放任
④統制対象として（in 権威関係）	過剰統制　↔気紛れ・放任

2　生活環境の変化と幼児の発達

1　子どもへの関心の諸次元とその病理態

表3は、子どもへの関心の主要な次元を整理したものです。第一に、子どもは親にとって、保護・養育すべき対象として存在します。人間の子ども、とくに年少の子どもは、年長者の保護と養育なしに生存し成長していくことはできませんが、少なくとも近代以降の社会では、子どもを保護し養育する主たる責任は家族に集中してきました。近代家族は、この役割を積極的に担うようになったわけですが、実際にその役割がどのように遂行されるかは、保護対象としての子どもへの関心のありように左右されることになります。子どもの健康に強い関心をもっているなら、食生活に気をつかい、あるいは、病気にならないように配慮することになります。非行に走らないようにといった性格・行動面に関心があるなら、ふだんの行動や友人関係に気をつかうことになります。

第二は、手段対象としての子どもという次元です。近代社会は構造的に階層社会として存在していますが、そのなかで、人びとは豊かになりたい、人びとの称賛を得たい、社会的な影響力を行使できる地位につきたい、といった願望・志向をもっています。こうした志向・願望を満たすための手段として、子どもの成長と成功に期待するというのが、ここでいう手段対象としての子どもという次元です。自分や夫が獲得できなかった富や地位や名誉や夢を、子どもに期待するという場合もこれに含まれます。

第三は、表出対象としての子どもという次元です。これは、子どもをたんに保護し養育するというのではなく、その保護・養育の活動のなかに親自身の生きがいや喜びを見出すという側面です。自分が獲得できなかった地位や名誉を子どもに期待するというのではなく、むしろ、子どもの成長そのものに喜びを見出すという側面です。アリエスのいう「可愛がり」の感情に根ざすものです。子どもの何気ない仕草や活動に微笑ましさを感じ、かわいいと感じるというのは、この次元に属します。この次元は、生きがいとか意味ある生活を志向する傾向が強まるにつれて、重要性を増してくると考えられます。

第四は、統制対象としての子どもという次元です。家族が制度化された集団である以上、その構成員の間にはなんらかの権威関係が成立します。家族の場合、この権威関係の基本は、アメリカの社会学者T・パーソンズとF・ベールズが指摘したように、親が上位者、子どもが下位者というものです（橋爪貞雄他訳『家族——核家族と子どもの社会化』黎明書房、一九八一年）。むろん、そうはいっても、この上下関係が実際にどのような様相を呈するかは、個々の家庭によって異なりますし、また、現代では、友だちのような関係を理想視する傾向が以前より広まっていることも確かです。しかし、たとえそうであっても、子どもは保護され養育される立場にありますから、子どもが統制される立場にあるというのは、家族の構造的な特質です。したがって、この統制対象として子どもをどのように見ているかによって、子どもの処遇に違いが生じると考えられます。一般に、権威的な上下関係が明瞭で、その維持を重視する家庭ほど、また、子どもがその権威関係を無化するような行動や、親の期待に添わない行動をとる傾向が強いほど、統制が露骨になる傾向があると言えます。

少なくともこれら四つの次元のそれぞれで、親の子どもに対する実際の関与の仕方は多様です。その詳細をここで検討することはできませんが、表3の右側には、その一般的な病理態について記してあります。ただし、ここでいう病理態は、子どもに向けられる関心・配慮が過剰ないし過少な場合のことであり、それが実際にどのような問題を引き起こすかは、個々のケースによって違います。その意味で、病理態といっても、それはあくまでも相対的なものです。

まず、保護対象の次元では、関心・配慮が過剰な場合、言い換えれば、親の資源が過剰に配分される場合、いわゆる過保護と言われる事態が出現することになります。病理態としての過保護は、子どもの自立の契機を奪い、自信や誇りの形成に歪みをもたらす可能性があります。他方、この次元での配分資源が過度に乏しい場合、無責任・放任ということになります。この場合の無責任・放任は、たとえば食事が偏り、ビタミン不足やカルシウム不足になり、子どもの発育に歪みを生じるとか、危険な場所に行って事故に遭うとか、種々の発育・健康上の障害を抱える可能性が高くなるという意味で、病理態だということになります。

手段対象の次元では、親の配分資源が過剰な場合、過剰期待ということになります。この場合、たとえば名門大学に入学しなければならないという強迫観念に囚われるというように、子どもは親の期待に応えねばならないという精神的圧迫感に駆られ、ゆとりのない生活を強いられることになります。逆に、この次元での配分資源が過少な場合、病理態としては無関心ということになります。この場合、自分は親にも期待されていないということで、自尊心や意欲を育む契機が奪われることになりがちです。

表出対象の次元では、配分資源が過剰な場合、病理態は溺愛ということになります。この場合、子どもは甘やかされ、ちやほやされることになりますから、わがままで自己中心的になる可能性が高くなります。逆に、配分資源が過少な場合、自分はかわいがられていないということで、自分の良さを発見する契機を奪われ、自己否定的になったり、あるいは、親の関心を引こうとして、秩序を攪乱する行動や逸脱的行動を試みることになる可能性が高まります。

統制対象の次元では、配分資源が過剰な場合、病理態は過剰統制ということになります。この場合、子どもは過度に自己抑制的になり、卑屈になるか、逆に反抗的になる可能性が高まることになります。他方、配分資源が過少な場合、病理態は気紛れないし放任ということになりがちです。むろん、まったく統制が欠如している場合でも、子どもが自由で自律的なパーソナリティを育むことがないわけではありませんが、傾向としては、気ままで傍若無人になる可能性が高まると考えられます。また、まったくの放任というのではなく、あるときは激しく叱り、別のときにはまったく無視というように気紛れな統制をするという場合も少なくないようですが、この場合は、子どものなかに反感と反抗的な態度を育む可能性が高まります。

むろん、以上のことは、論理的に予想される傾向であって、必ずそうなるとか、たいていそうなるということでは、けっしてありません。人間の成長過程は非常に複雑なものですし、子どもは自ら伸びようとする力をもっていますから、特定の環境要因の歪みがストレートに成長過程を歪めると考えるべきではありません。しかし、特定の環境要因の歪み（たとえば父親不在）は家庭の生活空間・意味空間の歪みをもたらしますから、子どもは日常的に、その歪んだ生活空間のなかで活動し、歪んだ意味空間のなかで感じ考えることになります。その日常的な繰り返しのなかで、特定の行動様式や考え方・感じ方を身体化しても不思議ではありません。言い換えれば、その歪みに適応し、耐える術を習得しても不思議ではありません。しかし、この場合も、その身体化された行動様式や感じ方・考え方は必ずしも異常であるとか病的であるということではありません。

2　家族関係の変質と人間形成空間の歪み

さて、これまで繰り返し言及してきましたように、戦後、家族関係は多様な側面で変化してきました。そこで、それらの変化は、いま述べた子どもへの関心の諸次元およびその病理態とどのように関係しているかについて、次に考えてみましょう。

近代家族の揺らぎが言われていますが、その一つの焦点は、夫婦関係の変化にあります。家庭内における伝統的な性別役割が問い直されているわけですが、家庭内の役割分担をめぐる夫婦間の対立・葛藤が険悪な様相を呈する場合、子どもは、夫婦間の険悪な関係そのものに対してはもちろん、家族基盤に対しても不安を抱くことになります。このことは、子どもに尋常でない負担を強いることになり、人間関係や家族なるものに対する子どもの構えに影響を及ぼすと予想されます。

職場の外部化と父親不在や、女性の職場進出が進んできたことも、家族変化の重要な側面の一つですが、これらの変化は、表3のどの次元でも、どちらかというと配分資源の過少化を進める傾向をもっています。たとえば、お金を与えて、好きなものを自分で買って食べるようにさせているケースが少なくないようですが、この場合は、保護対象の次元で、放任・無責任という病理態に陥る可能性が高いと言えます。他方親の側がそのことに負い目を感じている場合には、表出対象の次元は、日常的な行動レベルでは無関心・放任になりがちですが、間歇的に示される態度レベルでは、溺愛の傾向を帯びることが少なくないようです。

民主化の理念は、近年ますます家族関係のなかにも浸透してきていますが、それは、権威関係の混乱・欠如につながるケースが増える一つの背景になっていると考えられます。そのこと自体の是非はともかく、権威関係の混乱は、右に述べたように過剰統制ないし恣意的統制（気紛れな統制）につながる可能性が高いと考えられます。

他方、女性の主婦化が進んできたことも、戦後の家族変化の特徴ですが、それに伴って、母子関係の親密化が目立つようになり、もう一方で、母親の側の過保護、過剰期待、溺愛の傾向が目立つようになってきました。

子どもの数の減少に伴って、一方できょうだい間の序列的・権威的な関係が希薄になりましたが、もう一方で親の配分資源をめぐって張り合う競争的関係が目立つようになってきたことも、しばしば言われるところです。また、きょうだい同士でかばい合うという関係も希薄になってきたように見受けられます。

以上、家族関係の変質に伴う人間形成空間の変化について、どちらかというと否定的側面を列挙してきましたが、むろん、家族の変化を含めて戦後の社会変化がもたらした積極的側面が少なくないことは言うまでもありません。たとえば、親の配分資源は総じて増大してきました。生活が豊かになり、多様な経験をする機会が増えたこと、子どもの個性や興味が尊重されるようになったこと、幼稚園・保育所から大学にいたるまで、教育・学習の場が整備されたことなど、あげれば切りがないほどです。しかし、それらはすべて、一般的な環境が整備されてきたということであって、必ずしも個々の子どもの経験世界が望ましいものになったということではありません。個々の子どもの経験世界・意味世界は、そうした環境のなかで展開する親やきょうだいや教師や友人たちとの相互作用のあり方に左右されています。その相互作用はそれぞれに固有の生活空間・意味空間をつくりだしています。しかも、そこで一人ひとりの子どもが経験する意味は、けっして一様でもなければ絶対的なものでもありません。その相互作用が展開する文脈のなかで相対的にその都度実現されるものです。それだけに、その相互作用の構造的特徴、そこに含まれている否定的傾向を明らかにしておくことは、重要なことです。これまでに述べたことは、そうした構造的特徴であり、その否定的機能と考えられるものです。

3　幼児の発達段階と生活世界

これまで、年齢段階・発達段階をとくに区別せずに話を進めてきました。しかし、幼児と小学校入学以降の子どもとでは、明らかに違いがあります。多くの点で違いがありますが、ここでは、とくに次の三点を確認しておきたいと思います。

第一は、冒頭でも述べましたように、幼児の生活圏は、基本的には家族・家庭とその周辺——地域社会、親族関係、メディア環境、消費文化、幼稚園・保育所——に限定されており、しかも、〈その周辺〉の影響にしても、幼稚園・保育所以外の影響の多くは家族・家庭によって媒介されているという点です。これは、本章が家族の変化とその影響を主に論じたことの根拠となる点です。

第二は、幼児の場合、意識的に対人関係を選択・操作する能力はまだ十分に発達していないという点です。むろん、自省能力も同様です。そのため、日常生活において再頻性・反復性の強いもの、とりわけ身体感覚への刺激を伴うものの影響が重要になると考えられます。この身体感覚への刺激を伴うものには、視聴覚を中心とする五感への刺激を伴うものはもちろん、生活時間のリズムや空間移動の範囲やコミュニケーションのリズムと調子なども含まれます。この点も、乳幼児の環境について考える場合、家族・家庭を中心に考えることの根拠になりますが、もう一方で、家庭のなかに絶えず入り込んでいる情報社会・消費社会・食文化の影響や、家族が日常的に体現している生活のリズムなどについて考えることが重要な理由でもあります。これらの点については後で考えることにします。

第三は、幼児の場合、意志的・積極的な行動の様式と範囲は非常に限られているという点です。むろん、幼児も意志を表示します。嫌いな食べ物にそっぽを向き、気に入らなければぐずったり、投げ出したりします。欲求が満たされるまで泣き叫ぶ子もいます。しかし、力関係で圧倒的に弱く、また、一般的には自分で代案を出したり対策を講じたりすることはありません。おもしろくなくても、叱られても、家出をするということもまずありません。それは、子どもの生活圏が家庭とその周辺に限られているからでもあります。いわゆる児童虐待は、どの年齢層の子どもにとっても悲惨であることは言うまでもありませんが、とくに幼児の場合、圧倒的に弱く、逃げ場がなく、しかも逃げる術を思いつけないだけに、悲惨なことになります。

以上の三点を踏まえて、前項までに述べた諸特徴が幼児の場合どのような現われ方をするかについて、簡単に検討しましょう。

まず、職場の外部化、家族の孤立化、女性の主婦化といった状況ですが、これらは、幼児の生活世界、経験の範囲を、小学生以上の子どもの場合より、はるかに狭く限定することになります。日中の生活時間の大半を家庭ないしその周辺で過ごすわけですが、そこで見たり体験したりする事柄には、仕事をしている大人や学校に行っている年長の子どもの姿や活動はありません。日常的に経験する相互関係の多くは、母親、きょうだい、同居している祖父母、近所の同年代の幼児とのものです。そして、幼稚園・保育所に行っていれば、そこでの先生と友だちとの関係が付け加わります。家族の孤立化と女性の主婦化は、それらの関係のなかでも、とくに母子関係のウェートを高めることになります。それは、すでに指摘したように、とくに一九六〇年代、七〇年代に顕著になった傾向でした。逆に、とくに一九八〇年代以降、奨励され、実際部分的に拡大してきた既婚女性の職場進出や脱主婦化の傾向は、祖父母への依存や幼稚園・保育所での人間関係のウェートを高めることになります。

〈分節型社会〉の発達規範や〈教育ママ〉現象は、ウェートの増した母子関係・母子間のコミュニケーションを未来志向的で教育的関心の強いものにする傾向があります。この場合、右に述べたように、どこかに出かけて行う活動やなんらかの用具の購入を前提にする活動を幼児が自分で積極的に選ぶということはありませんから、もっぱら親の関心に左右されることになります。育児書や幼児向けの教材に頼って子どもを育てるとか、水泳教室や英会話教室に連れていくとか、私立幼稚園の受験勉強をさせるといった現象は、いずれも、こうした傾向のあらわれです。それらが、とくに一九七〇年代以降目立つようになった背景には、これまでに述べた、家族の孤立化、女性の主婦化、未来志向的・教育的関心の高まり、親の配分資源の増大などがありました。

それでは、近年の〈近代家族〉の揺らぎ、女性の職場進出の増大、脱主婦化の傾向などは、幼児の生活世界にどのような変化をもたらすでしょうか。女性の職場進出とそのための基盤整備は、二つの方向で進んでいます。一つは、女性の育児休暇を拡大するとか保育所や託児施設の充実という方向、もう一つは、男性の育児参加を促進する方向です。前者の場合、各種の育児施設で経験する人間関係が重要になってきます。しかし、それだけでなく、幼児をそれらの施設に預けて仕事をする女性の子どもに対する意識と態度も注目すべき重要な要素となります。これまでの経験に照らすなら、そこには大別して二つの対応の仕方があるようです。一つは、日中それらの施設に預けていることに負い目を感じ、甘やかしと放任が混じり合った態度をとるケース、もう一つは、それを当然の生活スタイルとして自明視し、子どもが多様な経験をする格好の機会として積極的に位置づけるケースです。諸外国の経験に照らすなら、乳幼児を持つ女性の職場進出が必ずしも十分に広まっていない場合、前者のケースが目立つようです。その意味で、日本社会はいま前者から後者への過渡期にあると言えます。

他方、男性の育児参加を促進する方向ですが、この方向は、前節で述べた父親不在や女性の主婦化がはらむ病理態の可能性を考えるなら、その可能性を緩和することになります。その意味で、子どもの側からすれば、望ましい変化の方向ということになります。しかし、この方向は、たんに子どもの養育という問題だけでなく、男女の役割関係の再編、さらには、従来の生産優先の社会から生活優先の社会への転換という問題とも重なり合っていると考えられます。その意味で、個々の家族・夫婦の選択の問題であると同時に、社会的にその可能性を探っていくことが期待されていると言えます。

4　情報社会・消費社会のなかで

最後に、幼児と家庭を取り巻くマクロな社会環境の側面として、情報社会・消費社会の影響について考えてみましょう。それは、この二つが、家庭のなかに浸透し、その生活空間・生活様式を規定する二大要素だからです。

周知のように、日本社会は一九六〇年代の高度経済成長を経て、一九七〇年代以降、物質的に豊かな社会を実現してきました。高度消費社会と高度情報社会は、その豊かな社会を象徴する二側面です。一九六〇年代にマイホーム主義が喧伝されたことは、すでに述べたところですが、当時、洗濯機と冷蔵庫とテレビは、理想的な新婚家庭が備えるべき「三種の神器」と言われました。たとえば、日本でテレビが登場したのは一九五三年のことですが、それがほとんどの家庭に普及したのは一九六〇年代後半のことでした。それまでは、多くの家庭にテレビはなく、そのため、一九五八年には「テレビジプシー」という造語が出現したほどでした。「テレビジプシー」というのは、自分の家にはテレビがないために、テレビを見せてもらうためにあちこちの家庭を渡り歩く子どもたちのことですが、一九六〇年代前半の日本は、そういう社会でした。子どもたちの多くは、野原や空き地や道路で遊んでいました。また、家のなかでも、出来合いの遊具は少なく、ごく限られた種類の遊具、自分たちで作った遊具で遊び、ゲームをしていました。食べ物や本や教材にしても同様に、限られていました。

ところが、一九七〇年代以降になりますと、家庭には、テレビはもちろん、多種多様な遊具や教材が氾濫するようになります。食べ物やお菓子も多くの家庭で常備されるようになり、小学生以上の子どもであれば、お小遣いをもらうのが当たりまえのことになり、お年玉の額も著しく大きくなってきました。誕生日やクリスマスやお正月など、さまざまの機会にプレゼントをもらうことも一般化しました。街のあちこちに二四時間営業のデーリー・ストアやファースト・フードの店が出現し、かくして、モノが氾濫する高度消費社会が出現しました。

情報社会についても同様で、テレビは、チャンネル数が多くなり、ビデオが普及し、二台以上のテレビ受像機をもつ家庭が増えています。ビデオ・ゲームが普及し、膨大な数のマンガや雑誌や絵本が氾濫するようになりました。かくして、家庭には情報メディアが氾濫し、子どもも大人も、それらのメディアを通じて送られる多種多様な情報に日常的にさらされるようになりました。

こうした高度情報社会・高度消費社会における子どもたちの生活と成長への影響については、多くの文献のなかで指摘されています。たとえば、テレビ視聴時間が非常に長くなってきたとか、各種の玩具や用具（自転車など）の所有率が非常に高くなっていることが報告されています。それらの実態とその変化については他の文献をご覧いただくことにして、ここでは、その意味について、幼児の生活世界との関連で重要と思われる点を二、三確認することにします。

まず高度消費社会の特徴は、幼児の生活世界では、モノの氾濫として問題化します。といいますのは、前にも述べたように、一般に幼児の場合、自分で店に行って買物をするということはないからです。モノの氾濫は、親子関係をはじめ、幼児にとって重要な人間関係のなかでモノを媒介にした側面のウェートを高めることになります。モノを買ってくれるかどうか、欲しいものを与えてくれるかどうかが、人間関係、コミュニケーション関係の質を左右する可能性が強まることになります。

高度情報社会の最大の問題は、幼児の場合、生活時間のなかで情報メディアに対面して過ごす時間が増大する点にあります。いわゆる「テレビ漬け」という事態は、その典型例と言えますが、それは少なくとも次の二つの側面で、幼児の生活世界に歪みをもたらす可能性があります。一つは、たとえばテレビの視聴時間が長ければ、その分、生活時間のなかで身体運動を伴う活動に費やされる時間が限定されることになります。それは、たんに運動不足になる可能性があるとかいう問題だけでなく、身体感覚や空間認識など多方面の発達に関連している可能性があります。

もう一つは、テレビがとくにそうなのですが、情報メディアとの接触時間が長くなるほど、その分、生活時間のなかで、親子間やきょうだい間の対話的なコミュニケーションの機会と時間が制限されることになります。といいますのも、とくに幼児の場合、そもそも言語的コミュニケーション能力はまだ限られていますから、たとえばテレビ番組の内容が親子の会話の素材になるとか、会話を促進するということはあまり期待できません。むしろ、テレビ視聴と親子の会話は限られた生活時間を取り合う関係にあります。むろん、子どもは情報メディアを通じてコミュニケーションしていることも事実です。しかしそれは、しばしば言われるように、一方向的・受容的であるだけでなく、加えて、コミュニケーションの文脈の変化に主体的に対応する契機を含んではいません。対話的コミュニケーションの重要な特徴の一つは、対話の展開、事態の展開に応じて文脈が絶えず変化することにあります。体験的な日常生活のなかには、こうした文脈の変化が充満しており、子どもはその文脈の変化を繰り返し経験することにより、多様な状況を判断し適応する能力や対人関係の距離の取り方をはじめとして、さまざまの認知的・社会的能力を発達させていくと考えられるわけですが、情報メディアとの接触時間が長くなることにより対話的コミュニケーションの機会が制限されるとしたら、それは、生活空間・人間形成空間の変質を意味します。この変質が実際に何を意味するかは、別の機会に考えることにしたいと思います。

おわりに

本章では、戦後半世紀の家族・家庭の変化を〈近代家族〉の広まりと揺らぎの過程としてとらえ、その構造的特徴が、子どもの生活環境をどのように構造化しているか、とくに親子関係にどのような課題を負荷しているかについて検討しました。第1節で検討した、職場の外部化と父親不在、女性の主婦化と母子関係の比重の増大、家族の孤立化と子どもの経験世界の縮小、〈社縁〉の拡大と未来志向的な生産原理・

向上原理に貫かれた発達規範の一般化、〈教育ママ〉現象の普遍化と教育機能の外部化などは、その主要な特徴です。それは、戦後から一九七〇年代にかけて、日本社会で広く見られるようになった傾向であり、こんにちに至るまで、家族・家庭を中心にした子どもの生活環境の、基本的特徴となっているものです。

第2節では、近年の家族をめぐる変化、生活環境の変化が、そうした構造的特徴をどのように補強し、あるいは、修正を迫っているかについて検討しました。その際、子どもの生活世界のなかで大きな位置を占める親（とくに母親）の子どもに対する構えについて、保護対象、手段対象、表出対象、統制対象という四つの次元を区別し、その各次元でどのような病理態の出現する可能性があるか、その可能性は近年の〈近代家族〉の揺らぎのなかでどう変わろうとしているかについて考えてみました。また、情報社会・消費社会の諸特徴が、子どもの生活世界に及ぼす影響（とくにそのネガティブな側面）についても検討しました。

家族・家庭・親子関係と、情報社会・消費社会・食文化などの文化社会的側面と、教育観・発達観・生活観ないし教育規範・発達規範は、幼児の生活世界を左右する三大要素といえるでしょう。本章は、それらの要素を中心に検討したわけですが、全体にネガティブな側面に光をあてることになりました。むろん一般的には、一連の変化は豊かさを実現し、生活環境を改善してきたと言えるのですが、その構造的特徴ないしネガティブな傾向を理解しておくことは、個別的・具体的な問題に対処するうえでも、また、一般的な環境のさらなる改善を進めるうえでも、重要なことと考えられます。本章が、そうした理解の深化に寄与することができるなら幸いです。

5　ポストモダン社会における家族と青少年

1　少子化の意味について

一九八九年に合計特殊出生率が一・五七という低水準になり、以来、少子化ということが頻繁に言われるようになった。そこで、「少子化」という言葉の意味、それが近年しきりに言われることの意味について、まず考えておきたい。

少子化は、人口学的には、出生率の低下、子ども人口の減少という事実を指している。社会全体の人口が現在の規模を維持する出生率の水準（人口置き換え水準＝replacement level）は二・〇八であるが、それが一九八九年には一・五七という、世界でも最も低い水準に達し、一・五七ショックと形容され、世間の注目を集めるようになった。出生率はその後も低下し続け、一九九二年には一・五〇になった。欧米先進国の多くが、一・八前後以上の水準にまで回復してきた経緯を考えるなら、人口政策面でなんらかの対応が必要であると認識され、問題の重要性が喧伝されても不思議ではない。

出生率の著しい低下が問題となるのは、たんに人口の減少や人口構成の歪みが生じるというだけでなく、経済社会面で、将来的に労働力不足や労働力構成の歪みが生じ、高齢者層の相対的増加とそれに伴って社会福祉の問題が深刻化すると予想されるからでもある。

しかし近年の「少子化」という言葉の流行の背後には、こうした人口学的側面や経済社会面の問題だけでなく、とくに家族と教育に関わる側面でのさまざまな問題や変化に対する関心と危機意識があると考えられる。家族に関わる側面では、近年の出生率の低下は、主として既婚夫婦の少産化と非婚化・晩婚化によってもたらされたものだが、そのことは、〈近代家族〉規範の揺らぎ、家族の生活形態の変化、女性の職場進出と育児援助システムの不備などに連動していると見られている。

他方、教育面では、将来的に生徒数が減少し、教育施設が余剰になるとか、十分な数の生徒・学生を確保できないために閉鎖や倒産に追い込まれる学校が出現するかもしれないという社会レベルの問題があり、もう一方で、家族の平均子ども数が減少し、その分、親が子ども一人ひとりに配分できる資源が増大し、結果として、過保護や過剰期待という問題が生じることになりかねないといった危惧もある。

こうしたさまざまの連関関係については、たとえば『平成四年度国民生活白書』が「少子化社会の到来、その影響と対応」という特集を組み、総合的に検討しているので、それを参照していただくとして、興味深いのは、なぜこの時期に「少子化」が言われ、問題視されるようになったかである。

人口学的な事実としての少子化は、すでに一九七〇年代後半から始まっていた。出生率は、一九七〇年代前半には人口置き換え水準を下回るようになり、さらに八〇年代は一・七五前後の水準で推移していた。それが八九年に一・五七へと急落し、その後も低下し続けたから注目されることになったのだが、その注目のされ方、問題としての語られ方は、その時期が家族の揺らぎや男女関係の問い直しが盛んになった時期と重なっていたことと無縁ではないように思われる。人口の減少や人口構成の歪み、労働力不足や高齢者福祉の問題が深刻化するだろうということを指摘するだけでなく、少産化や非婚化の傾向に特別の注意を促し、出産・子育てを忌避する女性が増えているとか、その背後には家族や女性役割の揺らぎがあるからだというように、関連する現象と傾向を否定的意味合いを込めて論じるという傾向も見られるが、この場合、少子化は事実として言及されているというより、むしろ、そうした関連する現象や傾向を批判的に論じるためのメタファーとして用いられていると言える。

また、もう一方で、国民人口や生産人口の減少という事態の危機性を強調することにより、それに関連があると見られる種々の社会問題への対応を正当化するという傾向も見られる。たとえば、出産・育児の環境を整え、育児援助システムの充実を促進すべきであるとか、家族や家庭愛の重要性を指摘するとか、あるいは、子育ての楽しさと重要性を強調するというように、家族の揺らぎと変化の動向に対して否定的な立場に立った主張も少なくない。この場合、少子化は、問題のメタファーとしてというより、問題に対する見方や対応策を正当化するためのイデオロギーとして機能していると言える。

このように、こんにち〈少子化〉は、複雑な意味的・機能的連関のなかで展開し、論じられているということ、とくに、家族や教育の在り方との関連では、それは微妙で複雑な意味空間を構成していることに注意する必要があろう。

2　人間形成空間としての家族・家庭

近代以降、社会生活空間は、家族と企業と学校を核にして分節化してきた。学校は、学習の専用空間として、青少年の生活と学習が展開する遮蔽空間として、確立してきた。また、第二次産業・第三次産業の拡大に伴って出現してきた工場やオフィスが稼得労働のための専用の遮蔽空間として拡大し、家庭・地域と職場との分離を促進してきた。さらに家族は、生活集団として、社会との間に明瞭な境界を設定し、その組織原理として〈家庭〉という象徴空間を構築し規範化してきた。結婚し家族を作っていくことを、暖かい〈家庭〉を作り上げていくことと観念するという傾向を強めてきた。いわゆる〈近代家族〉の規範化である。かくして、社会生活空間は、家族、学校、企業（職場）という三つの活動空間に分割されるようになった。それぞれ特定の活動目的を持った実質的かつ象徴的な空間が形成されることにより、社会生活空間は分節化され構造化されるようになった。

その近代的な再編過程は、共同体的な地域社会の解体と変質の過程でもあった。家族は地域や親族の共同体的な干渉から隔離され、遮蔽された生活空間として再編されてきたが、もう一方で国家の管理の対象・単位となり、また、拡大する近代的な市場社会・企業社会のなかで生計・消費生活の基本単位となってきた。他方、学校は、発展・拡大する産業社会・国民社会の成員を育成するための専用の機関として、学習と成長の過程を再編してきた。学齢期・学校教育期という特別のライフステージを生成し、就職し稼得労働に従事するための準備段階として、青少年期に特別の意味と権利と義務を付与するようになった。そして企業・職場は、生計を維持するための稼得労働の場として拡大し、そこでの地位と役割が人びとの社会的地位と生活様式を大きく規定するようになってきた。かくして、近代的な様式で分節化された社会生活空間が出現し、そのなかで家族は生活のベースキャンプとしての位置を占め、そのための機能を十分に果たすべきものとして捉えられ、規範化されるようになってきた。

こうした社会生活空間の分節化と構造化のプロセスは、明治期から都市部を中心に徐々に進行してきた。明治民法による国家の家族管理が進み、学校教育が拡大し、産業化・都市化が進むにつれて、全国的に展開するようになった。家族について言えば、生活集団としての家族の境界性と凝集性の強化、家政主体としての家族の孤立化が進むにつれて、その分節化した構造は確かなものになってきた。ここで重要な点は、この分節化と構造化のプロセスを通じて、子どもの養育・教育の責任が、家族と学校という二つの近代的な機関（institution）によって担われるべきものとして観念され、規範化・制度化してきたということ、家族は観念的にも実質的にも人間形成の主要な責任主体になってきたということである。

では、〈近代家族〉とはどのような家族なのか。いまでは周知のところだが、私の報告との関連で重要な点を簡単に確認しておこう。

アリエス、ストーン、ショーターらの社会史的研究が明らかにしてきたように、〈近代家族〉は、①プライベートな空間、②情愛的個人主義（夫婦愛）、③子どもに対する格別の関心（親子愛）、④憩いの場としての家庭（家庭愛）を生成することにより出現し、次第にそれを規範化してきた。その意味で、**nest notion** としての〈家庭〉、〈愛の巣、憩いの場、子どもの健全育成の場〉としての〈家庭〉は、〈近代家族〉理念の中核に位置するものと言える。

戦後日本の社会学では、バージェスとロックの『家族：制度から友愛へ *The Family : From Institution to Companionship*』（一九四五）が提起した「友愛家族」の理念と、パーソンズとベールズ『家族 *Family*』（一九五六）の核家族を基本とした家族の分析枠組みの圧倒的な影響の下にあったために、一九七〇年代までは、近代家族の歴史性と構造的特質を十分に捉えることができなかった。一九八〇年代になって社会史的な家族研究やフェミニズム的な家族論が盛んになるにつれて、研究・言説のレベルを中心に近代家族の相対化がなされるようになり、さらに、その相対化と捉え直しの動きは、男女関係の平等化・民主化への国際的な動向と呼応し、実践・政策のレベルでも急速に浸透しているように見受けられる。

3　家族の現況

家族の現況は、実践レベルでも言説レベルでも、矛盾する二つの関心・志向の間で揺れている。実践レベルでは、戦後の高度経済成長期を通じて、家族の孤立化が進んできた。産業化の進展に伴い、サラリーマン家庭が増大し、職場の外部化が進み、家事・育児の家庭内への遮蔽化とシャドーワーク化が進んだ。また、都市化の進行に伴い、地縁（地域社会）と血縁（親族）からの隔離が進んだ。しかし、一九七〇年代後半以降、ライフスタイルが多様化し、「家族の個人化」（目黒）の傾向が出現してきた。女性の職場志向が強まり、伝統的な性別分業規範が疑問視され、またもう一方で、個人主義的志向が増大し、結婚・家族に関する観念と形態の多様化が目立つようになってきた。生活スタイルや関心・ニーズの点で、夫婦間でも世代間でも、また、年長の子どもと年少の子どもとの間でも、そのベクトルとリズムのズレが目立つようになってきた。

言説レベルでも、矛盾・対立の構図が複雑化してきた。高度経済成長期までは、封建遺制的な家制度を打破し、民主的な「友愛家族」を実現すること、またもう一方で、暖かい憩いの場を整え、愛情と配慮に満ちた生活と成長の空間を整えることが、家族の理想として語られ、喧伝されてきた。夫婦関係についての理想と親子関係についての理想は、必ずしも矛盾するものとは捉えられていなかった。〈家族〉は、その二つの理想を実現する場としてイメージされていた。〈家庭〉はその意味で、司馬遼太郎氏が小説『坂の上の雲』で描いたような、人びとの生活を動機づけ方向づける「坂の上の雲」であった。

しかし、一九七〇年代後半以降、〈近代家族〉の歴史的相対性、女性差別的性格、規範性、イデオロギー性が明らかにされ、もう一方で、女性の就業形態が多様化し、高齢者の介護・福祉の問題が顕在化するにつれて、家族をめぐる言説空間は、さまざまな矛盾する関心と利害が交差するところとなった。一方に、

〈家族〉の歴史的相対性を主張する立場があり、もう一方に、家族の機能的普遍性を主張する立場がある。一方に、女性の自律性とその点での男女平等を重視する立場があり、もう一方に、精神的安定や「心の居場所・拠り所」としての家族の重要性を主張する立場がある。さらには、子どもの養育や高齢者の介護という課題（ケア的課題）を誰がどのように担うかをめぐっても、〈女性の責任性〉を前提にすることに異議申し立てをする立場と、これを現実問題として考えようとする立場がある。総じて言説レベルでは、前者の立場と主張が優勢になってきたように見受けられるが、実践・政策レベルでは、両者は階層や地域や関心の違いを反映しつつ、せめぎ合っているようである。こんにち家族の問題を実践・政策のレベルで考える場合の難しさの一つは、こうしたさまざまな利害や関心、立場や見方が交錯しせめぎ合っている点にある。

4　家族問題の諸次元

表1は、その錯綜した状況の整序を試みたものである。こんにち家族の問題について、これを政策との関連で考えようとする場合、理念、法制、実態の各レベルを区別して考えることが重要である。実態レベルは、さらに、組織・ネットワークのレベル、規範・慣行（実践）のレベル、意識・構えのレベルの違いを考慮することが肝要である。もう一方で、家族に関わる問題は、家族それ自体の問題領域と、現状では家族の主要な機能となっている子どもや高齢者のケア等に関わる問題領域と、そして、独立した個人とし

表1　家族問題の諸次元

		社会／企業	家族	子ども
理念＝人権・平等・自己実現（男女共同参画型社会）		平等・参画（性別分業システム批判）	対等・共同（役割分業批判）	庇護・個性（性差別教育批判）
法制→人権・平等・公正		雇用・賃金・休業	税制・福祉・別姓	教育・福祉・少年
実態	組織・ネットワーク	職種・人員配置・託児	親族・夫婦・地域	学校・家族・地域
	規範・慣行・実践	採用・人事・休業	集団（家族・家庭） 構造（役割・権威）	家族の集団・構造 分担・親子関係
	意識・志向・構え	判断基準〔平等／効率 公正／好み〕	分担（家事・育児） 結婚・出産・離婚	異性関係・異性観 社会観・生活観

て男性・女性の社会的活動の地平としての〈社会／企業〉の問題領域を区別することができる。表1は、以上の二次元の区別を組み合わせたもので、その交差する各セルには、該当する具体的な問題・側面を配してある。

紙幅の都合で詳述はしないが、たとえば、理念のレベルでは、人権・平等・自己実現が中軸的な価値として論議の焦点になっており、目標として掲げられている社会は「男女共同参画型社会」である。その中軸的な価値は、〈社会／企業〉の領域では平等と参画、家族の領域では対等と共同、そして、子どもの領域では庇護（ケア）と個性である。法制レベルでは、人権・平等・公正といった価値が焦点になっており、〈社会／企業〉の領域では、雇用・賃金・休業制度などの問題が争点になっており、家族の領域では、税制・福祉・別姓などの問題が焦点になっている。

以下、実態レベルについても同様であるが、ここでは説明を省略する。ただし、家族と子どもの領域を破線で囲ってあるのは、近年の家族をめぐる議論では、この部分はパーソンズ以降の構造機能主義的な家族研究が扱ってきた問題、古いタイプの認識枠組みに属する問題として、軽視

表2　家族の類型

家族類型	役割・権威関係	コミュニケーション空間	意味空間
①地位志向的	伝統的 固定的	限定コード 融合的	厳密な枠組・境界 多義的空間
②個人志向的・統合型	流動的 文脈的	精密コード 共同的	弾力的な枠組・境界個人・関係性の重視
③個人志向的・離散型	流動的 脱連結	セグメント化 個別的	曖昧な枠組・境界 個人・個別性の重視

（注）セミナー研究会で報告した表のセルの用語の一部を修正・変更した。

されがちである。しかし、家族の生活や人間関係、子どもの生活や成長の問題について考える場合、重要な側面である。

5　家族の類型

しかし多くの論者が指摘してきたように、この側面の問題を考えるうえで、パーソンズとベールズが提起した核家族の役割／権威構造に関するモデルの適切性は低下している。表2は、そうした点を踏まえ、家族の現況と変容を理解するための枠組みを仮説として示したものである。

家族類型として、家族内での役割・権威関係のありようと集団としての凝集性のありようを基準にして、地位志向的家族（タイプ1）、個人志向的・統合型家族（タイプ2）、個人志向的・離散型家族（タイプ3）の三つが区別される。地位志向的家族と個人志向的家族の区別は、イギリスの教育社会学者B・バーンスティンの区別に従ったもので、家族内の役割・権威関係が地位にリンクし、明瞭に分節化されている家族が地位志向的家族、それに対して、家族内の役割・権威関係が必ずしも地位にリンクしておらず、役割が特定の家族成員に固定していない家族、権威面での対等性を志向する家族である。他方、タイプ2とタイプ3を分ける基準は、集団としての統合性・凝集性に対する志向で、前者は統合性・凝集性を重視する家族、後者は個々の家族成員の独立性・自律性を優先する家族である。

表2には、その類型によって役割関係の様式、家族内コミュニケーションの様式、家族の生活の諸側面（意味空間）の編成の様式について、その特徴を仮説として示してある。紙幅の都合で詳述はできないが、限定コードと精密コードは、バーンスティンの概念化に従ったものである。地位志向的家族の場合、役割は地位にリンクし、コミュニケーション空間も意味空間もその地位・役割関係を基盤にして編成される傾向にあるから、日常の言動とその意味はその秩序のなかで、自明のものとしてパターン化している。したがって、家族内の人間関係における衝突は、その自明のパターンからの違背が生じた場合に顕在化しがちである。

それに対して、個人志向的・統合型家族の場合、役割・権威関係は流動的で文脈によって変化するから、その論理的（構造的・機能的）帰結として、コミュニケーションはそうした流動性・文脈性に耐えて適切な意味を伝達できるものを志向することになる。特定の文脈に依存しない精密コードに従ったコミュニケーションが志向されることになる。この場合、家族成員に対する統制の焦点は、役割分担それ自体やコミュニケーションの内容よりも、共同性や関係性のありように向く傾向にある。共同空間としての〈家庭〉や友愛的・共生的関係への構えを保持しているかどうかが、成員の行動を評価し統制する基準になりがちである。

他方、個人志向的・離散型家族の場合、役割・権威関係が流動的である点は統合型の場合と同様であるが、家族の凝集性・共同性が必ずしも重視されず、むしろ、個々の成員は、それぞれが独立した生活世界の形成・維持を志向する。この場合、役割関係は必ずしも相互に連結しておらず、それぞれの生活世界が交差する局面での調整が重要な課題となる。コミュニケーションも、互いの生活世界に干渉しないことを前提に展開することになる。その意味で、この家族タイプは共同体というより、むしろ、共住集団に近い。

以上の三類型は、家族に関わる問題について考えるための分析枠組みとして理論的に措定されたものである。実際の家族はどのタイプを志向する傾向にあるかによって分類することができるであろう。また、どのタイプに近い家族イメージを持っているかという点で家族成員間にどのようなズレがあるかを考察することは、実践レベルでの家族の問題を理解するのに役立つであろう。さらには、研究者や政策担当者がどのタイプの家族イメージにコミットしているかによって、家族に関わる政策や制度についての評価の違いが生じるであろう。その意味で、家族の実態や政策課題について考える場合、こうしたイメージの違いを考慮することが重要であろう。

この三類型は、近代以降の家族像の歴史的変化に、大枠において対応していると考えられる。ただし、タイプ3は、むしろポストモダン的な家族像と見るべきではある。

この点については、国際セミナーの報告論文（本書2章）のなかで説明しているので、ここでは説明を省略する。さらに研究会では、こうした家族像が交錯するなかで、人間形成空間としての家族・家庭にどのような問題が生じる可能性があるかを、親の〈子どもへの関心〉の四つの次元を区別して検討したが、その点についても、国際セミナーの報告論文に含まれているので、ここでは省略する。

6　青少年の家族イメージ――第五回世界青年意識調査より

最後に男女関係の在り方が問い直され、家族の揺らぎが言われているが、青少年は実際どのような家族イメージを持っているかについて簡単に見ておこう。

ここで紹介するのは、総務庁青少年対策本部が行った第五回世界青年意識調査（一九九三年実施）のうち、家族関係・男女関係に関わる項目の一部である（表3）。紙幅の都合で、説明はとくに興味深い傾向を二、三指摘するにとどめるが、さらに詳細な分析に興味のある読者諸氏には、総務庁青少年対策本部編の二つの報告書、『世界の青年との比較からみた日本の青年――第五回世界青年意識調査報告書――』（一九九三年）および『第五回世界青年意識調査細分析報告書』（一九九五年）を参照されたい。なお、表3の数値はすべて、前者所収の「第三部　資料編」の表から抜粋・整理したものである。

子どものしつけ・教育について親は自信を持っているかどうかについては、父親に関してロシアとドイツの値がとくに低く、次いで日本と韓国の値が低い。この項目は、父親の権威のありようを反映していると考えられるが、ロシアとドイツの値が低いのは、ベルリンの壁の崩壊や旧ソ連邦の解体に象徴される社会的な秩序の急変と関係していると考えられる。また、日本と韓国の値が比較的低いのは、急速に経済発展を遂げする過程で伝統的なしつけ規範が弛緩してきたことを反映していると考えられる。

親が社会生活面の指導をしているか、家庭の諸事項について家庭で会話があるか、家庭の諸事項の主導

表3　青少年の家族関係・家庭生活に関する意識
—総務庁青少年対策本部『第5回世界青年意識調査報告書』(1993)より—

Q6（父）／Q7（母、新規）の各項目に対して「はい」と答えた者の割合—(1)—

しつけ・教育の自信	父親 1977	父親 1982	父親 1987	父親 1992	母親 1992
日本	58.2	61.4	64.4	70.1	78.8
アメリカ	85.0	86.2	84.8	78.4	86.4
イギリス	77.0	78.3	77.2	79.7	81.1
ドイツ	59.4	64.3	60.9	60.6	72.6
フランス	69.7	69.8	74.8	76.6	79.2
スウェーデン	45.6	75.4	78.6	77.6	77.3
韓国	—	75.2	77.6	71.8	76.1
フィリピン	95.7	96.6	—	96.7	98.7
タイ	—	—	—	81.8	92.4
ブラジル	84.1	84.7	82.0	78.6	93.9
ロシア	—	—	—	64.1	82.2

社会生活の指導	父親 1977	父親 1982	父親 1987	父親 1992	母親 1992
日本	55.6	59.4	60.2	66.9	77.7
アメリカ	56.8	57.6	59.9	66.4	80.7
イギリス	69.9	72.1	71.6	59.8	75.9
ドイツ	47.4	51.2	46.5	42.8	56.5
フランス	51.2	54.9	59.8	50.4	64.8
スウェーデン	18.7	49.5	56.8	47.9	68.0
韓国	—	84.9	83.1	84.8	90.1
フィリピン	94.4	91.8	—	96.8	98.3
タイ	—	—	—	74.5	84.2
ブラジル	63.3	70.4	67.8	72.9	91.4
ロシア	—	—	—	58.3	83.8

Q6（父）／Q7（母、新規）の各項目に対して「はい」と答えた者の割合—(2)—

家庭事項の会話	父親 1977	父親 1982	父親 1987	父親 1992	母親 1992
日本	52.7	51.3	51.9	56.7	73.8
アメリカ	67.9	69.4	68.6	59.8	83.4
イギリス	64.4	60.0	58.7	55.6	81.3
ドイツ	64.9	62.5	63.3	64.4	82.7
フランス	63.7	67.7	70.8	65.1	86.5
スウェーデン	67.7	71.4	70.7	54.5	77.6
韓国	—	53.8	51.7	57.4	82.4
フィリピン	93.5	89.7	—	95.5	97.3
タイ	—	—	—	77.1	91.5
ブラジル	73.1	70.0	65.3	68.7	91.0
ロシア	—	—	—	68.6	89.6

家庭事項の主導権	父親 1977	父親 1982	父親 1987	父親 1992	母親 1992
日本	81.0	80.7	78.4	78.3	質問項目なし
アメリカ	76.2	75.3	72.5	63.1	
イギリス	65.7	63.2	59.6	52.7	
ドイツ	64.9	68.1	60.4	50.5	
フランス	52.1	50.2	48.4	44.5	
スウェーデン	36.7	43.7	48.5	51.5	
韓国	—	88.9	87.7	87.7	
フィリピン	94.8	87.4	—	96.2	
タイ	—	—	—	95.1	
ブラジル	77.7	75.8	69.0	70.6	
ロシア	—	—	—	48.4	

Q47「男は外で働き、女は家庭を守るべきだ」という意見に「反対」と答えた者の割合

	1977	1982	1987	1992
日本	31.7	35.5	43.7	55.2
アメリカ	71.4	80.6	80.8	83.6
イギリス	67.0	73.6	82.2	87.8
ドイツ	58.7	57.4	68.8	78.3
フランス	63.9	73.8	79.3	83.5
スウェーデン	85.5	89.1	90.6	90.8
韓国	—	53.7	60.7	77.5
フィリピン	30.9	34.9	—	42.1
タイ	—	—	—	68.2
ブラジル	70.5	78.6	81.3	82.9
ロシア	—	—	—	33.8

権を父親が持っているか、といった点については、日本は概ね、欧米先進国と発展途上国の中間に位置している。

「男は外で働き、女は家庭を守るべきだ」という伝統的な性別役割規範に批判的な意見は、ドイツ以外の欧米先進国とブラジルで八割を越えているが、ロシア、フィリピンに次いで日本は低く、ようやく五割を越したところである。また、どんなタイプの父親／母親が望ましいかという点では、「仕事より家庭を大切にする父」の割合は、ロシア、日本、ドイツで比較的低く、また、母の場合との格差もこれらの国で大きい。これも、これらの国で性別役割規範が相対的に根強いことを示している。

次に家族形態および家庭生活についての意識を見ると、親との同居率は、韓国、日本、フィリピン、ロシアなどで高く、フランス以外の欧米先進国では五割前後である。この生活形態は、悩みや心配事として「お金のこと」をあげた者の割合に反映している。他方、家庭生活に対する充実感は、日本と韓国で極端に低く、また、家庭生活への不満も、この両国で比較的高い。反面、親との意見の深刻な対立という点では、日本の割合は、ブラジル、フランスと並んで低い。こうした意識の分布のなかに、日本の家族関係・家庭生活の特徴が表れていると考えられるが、その点の解釈については読者に委ねたい。

老親の扶養に関する意識（責任感）は、調査対象国中で日本の値がもっとも低く、スウェーデン、ドイツ、イギリスがそれに続いている。この項目は、日本の青少年の責任感の低さを示すものとしてマスコミ等でも注目されたところであるが、これをどう解釈するかは微妙な問題である。筆者の解釈では、この数値は、責任感や愛情の指標と見るよりも、高齢者のケア（の欠如）の問題が社会的にどの程度深刻かを反映したものと見るほうが妥当であると思われる。というのは、スウェーデンとドイツの値が低いのは調査対象国中でも福祉先進国だからであり、他方、日本の値が低いのは、発展途上国のような責任感・義務感は失われてきたが、アメリカのように実質的なケアの欠如が大規模に表面化していないために、「力に応じて」という項目の割合が多くなったものと考えられるからである。

最後に「結婚しなくてもよい」の割合は、発展途上国と同様、日本も低い。未婚化・晩婚化が急速に進んでいることは事実であるが、結婚についての意識面では、欧米先進国との間にかなりの落差があるようである。離婚についての規範意識も同様で、事情によっては離婚はやむをえないと考えるものの割合は欧米先進国の水準に近付いているが、愛情がなければ離婚するのは当然であるという考えは、それほど浸透していない。

以上の概観が示すように、家族関係・家庭生活・男女関係についての意識は、国によっても個人によっても多様である。その多様性は、家族成員間のズレや矛盾の源泉となり、個人内での葛藤や悩みの源泉となり、またもう一方で、社会的な立場や意見の対立・矛盾の源泉となるものである。どの立場や考え方がアプリオリに正しいとか望ましいとか言うことはできない。個人、家族、社会、それぞれのレベルでどのような合意を形成し、どのような調整をしていくかが課題となっていると言える。

ジェンダー論

じエひせー論

6 ジェンダー問題の構造と〈女性解放プロジェクト〉の課題

はじめに

ジェンダー問題は、私たちの生き方と社会生活の在り方に関わる問題である。それだけに、そのディスコースは多元的で多様である。それはまた、男女間の差別・抑圧・疎外に関わる問題、男女の共生と自己実現に関わる問題である。それだけに、そのディスコースはイデオロギー性の強いものとなる。むろんこうした傾向はジェンダー・ディスコースにかぎられるものではない。それは、社会の在り方や社会問題をめぐるディスコースに共通するものである。しかし、問題の広がりと日常性という点で、ジェンダー問題ほど社会生活のさまざまな領域にまたがって複雑に入り組んでいる問題はない。実践的にも政策的にも学問的にも、そのスタンスや考え方を問われる問題はない。

周知のように、日本でも一九六〇年代後半以降、女性解放運動（第二波フェミニズム）が台頭し、七〇年代以降ジェンダー研究・フェミニズム論が盛んになり、八〇年代以降、ジェンダー問題は政策や教育の場でも重要なテーマになってきた。しかし、問題が多面的かつ複雑で、しかも、問題に対するスタンスや考え方が問われるという状況のなかで、さまざまの矛盾や対立、戸惑いや混乱があることも確かである。フェミニズム論の内部における理論的対立、ラディカルなフェミニズム論とジェンダーに関わる実践や政策との乖離、男女平等化政策をめぐる価値や利害の対立、実践場面におけるスタンスや考え方の違い、そうした対立や違いに根ざす戸惑いや混乱が、いたるところで表面化している。

その戸惑いや混乱は、教師をはじめジェンダー問題に関わるメディエーター的役割を担う人びとの間でとくに深刻である。なぜなら、メディエーターの場合、自分の好みや価値観とは異なる政策や考えを仲介しなければならないことも少なくないからである。しかも、たんに自分の考えとは違うというだけでなく、公的な政策やパブリック・ディスコースを通じて伝えられる考え方が、矛盾や対立を孕んでいることも少なくないからである。それでもメディエーターは自分の職務に忠実でなければならないとしたら、つまり、忠実さの基盤そのものが矛盾や対立を孕んでいる状況のなかで忠実さを要求されるとしたら、その戸惑いや葛藤が深刻なものとなっても不思議ではない。またもう一方で、そうした矛盾や対立のゆえに、個人的な判断やコミットメントを回避し、結果的にセクシズムの持続に加担し続けるか、そうでなければ、特定の解釈や手続き規定にしたがって官僚主義的に職務を遂行するというケースが多いとしても不思議ではない。

他方、日常生活者や研究者の場合も、メディエーターほどではないにしても、戸惑いや葛藤がないわけではない。しかし、日常生活者の場合、個人的な好みと判断の枠外にでる必要はない。家庭であれ職場であれ、生活世界の差別性・抑圧性をめぐって戸惑いや葛藤が生じるのは日常的に頻繁に見られることであり、また、その戸惑いや葛藤が深刻なものとなるケースも少なくないが、それでも、自分の信念と判断に準拠することに不都合はない。ただし、その責任を自分が引き受けねばならないという点では、メディエーターの場合と基本的に違いがあるわけではない。

それは、研究者の場合も同様である。研究者としての信念と関心に基づいて問題を設定し、所定の作法にしたがって研究を進めることで、そこに介在する矛盾や雑音をとりあえず横に置いておくことが可能である。また、特定のイデオロギーにコミットして、あるいは、それを自明視するディスコース・サークルのなかで研究活動を進めることも可能である。しかし、たとえそうであっても、そうした研究活動の社会的意味や学問的適切性について一抹の不安や疑念を抱いている研究者も少なくないに違いない。というのも、ジェンダー研究は、差別的・抑圧的・疎外的な男女関係のありようとそれに関わる〈知〉のありようを問い直すという志向性を本質的な特徴としており、それゆえ、直接的であれ間接的であれ、また、ポジティブにであれネガティブにであれ、〈女性解放のプロジェクト〉に不可避的に組み込まれて行くからであり、そして、その点で研究者は責任を問われる立場にあるからである。

近年、ジェンダー研究・フェミニズム論は非常に盛んになり、また、男女雇用機会均等法の改正が行われるなど、〈女性解放のプロジェクト〉も新たな段階に入りつつある。しかし、右に述べたような疑問や戸惑い、矛盾や対立を考慮した議論は必ずしも多くはないように思われる。そこで本稿では、そうした錯綜する問題状況のなかで何をどのように考えたらよいかについて、筆者なりの見方を提示する。

とはいえ、言い訳にもなるが、筆者はジェンダー研究を専門にしているわけではない。また、ジェンダー研究・フェミニズム論の展開を十分に把握しているという自信があるわけでもない。しかし、日常生活者としてはもちろん、研究者ないしメディエーターとしても、ジェンダー問題を射程外・関心外のこととして無視するわけにはいかない立場にある。以下は、そういう立場にある一研究者として、具体的に言えば、学校教育の役割と機能、青少年のアイデンティティ形成、教育社会学の理論と方法などを研究課題にしている研究者として、ジェンダー問題と〈女性解放のプロジェクト〉について日頃考え感じていることを整理したものである(1)。

以下、まず一節で、筆者の個人的経験を紹介しながら、ジェンダー問題の広がりと重要性、及び、〈女性解放のプロジェクト〉でとくに重要と思われる側面を確認し、次いで二節以降では、社会生活の六つの圏域を区別し、それらの圏域におけるジェンダー問題の性質と〈女性解放プロジェクト〉の課題について検討する。

なお、本稿では、ジェンダーとフェミニズムという二つの概念、ジェンダー研究とフェミニズム論という二つのカテゴリーをほとんど互換的に用いる。言うまでもなく、ジェンダーは性に関わる文化社会的現象を指示する概念であるのに対して、フェミニズムは、女性差別的なジェンダー秩序が支配的な社会において〈女性解放〉という志向によって特徴付けられた思想や運動・実践・態度を指示する概念である。また、ジェンダー研究は、身体的性差を含む多元的なジェンダー現象の生成・展開や構造についてさまざまの視点から考察する研究の総称であり、フェミニズムにコミットするものだけでなく、反フェミニズムないしセクシズムにコミットするものも含まれる。それに対して、フェミニズム論は〈女性解放〉という志向性によって特徴付けられる言説の総称である。このように一応は区別できるが、本稿では両者をほとんど互換的に用いる。それは、こんにち〈女性解放のプロジェクト〉が、その内実はどうであれ、一つの基本的な社会的潮流になっているという状況のなかで、ジェンダー研究もフェミニズム論も、そのプロジェクトとディスコースのなかに取り込まれていくからであり、また、実際ジェンダー研究の多くはフェミニズム論に組み込まれ、それに論拠を提供しているからである。

1 〈教育とジェンダー〉問題の社会的文脈

筆者が研究者としてジェンダー問題に関心を持つようになったのは、一九八〇年代初めである。一九八三年から八四年にかけての一年間、ペンシルベニア大学で客員研究員として過ごしたが、その間に、ジェンダー問題に関わりのあるさまざまな印象深い出会いを経験した。そのなかでも、以下の五つは本稿のテーマに関連して貴重な経験であった。

1　ジェンダー研究の可能性と価値志向性

その第一は、大学院の授業科目にジェンダー関連科目が目立って多かったことである。周知のように、一九六〇年代以降、今では「フェミニズムの第二の波」と呼ばれている女性解放の運動が盛んになり、七〇年代には「女性研究」(women's studies) や近代家族の相対化と問い直しを迫る歴史社会学的研究が活発化しており、筆者もペン大に行く前から、そうした研究動向にある程度は目を通していたが、大学院の授業科目一覧にジェンダー、フェミニズム、女性学／男性学などの授業が幾つか載っているのを見て、驚くと同時に、改めて問題の重要性を確認するところとなり、そのうちの一つ、ミシェル・ファイン助教授の授業を聴講させてもらうことにした (Fine, 1988 ; Fine & Weis, 1993)。

アメリカの大学では一般に授業は週二回あるが、その授業では、一回はファイン先生の講義、もう一回は毎回テーマを決めて受講生がディスカッションするという形式であった。講義は、まずジェンダー問題の概要を紹介し、次いで、ジェンダーの社会学 (家族関係、家父長制、役割関係、機会構造、社会慣行など)、ジェンダーの政治経済学 (資本制、権力関係など)、ジェンダーの社会心理学・精神分析学 (ジェンダー・カルチャー、ジェンダー・アイデンティティ、ジェンダー・バイアスに満ちた分析概念・視座・言葉など)、ジェンダーと教育 (教育におけるジェンダー、男女別学／共学問題、ジェンダー・サブカルチャーなど) というように、アプローチ別・領域別に主要な問題と研究を紹介・検討するというものであった。どの議論も研究上の示唆と情報に富む興味深いものであり、さまざまの領域で膨大な研究のフロンティアがあると改めて実感した。しかし、同時に、これまでに蓄積されてきた研究や慣習化している実践の枠組みをフェミニズムの視点で再構築していくことは気の遠くなるような大変な作業だという印象を抱いたことも事実である。もっとも、この点は、その後のジェンダー研究の隆盛やフェミニズム運動の世界的な広がりに接して、研究も運動も必ずしも一人でするというものではないから、悲観する必要のないことだと思うようになったが、もう一方で、女性研究者の台頭、政策・世論への影響、アカデミズムの世界の再編など、研究の社会的意義や新たなプロフェッショナリゼーションという点でも興味深い重要なテーマがあると思うようになった。

他方、ディスカッション・セッションでは、講義や参考文献の内容の検討、社会生活におけるさまざまなジェンダー・バイアスや女性差別、女性に対する暴力や虐待について、毎回、個人的な経験を交えて活発に議論された。受講生は六〇人ほどであったが、男性は私を含めて四人だけだった。ペン大の教育学大学院は、パートタイムの学生が多く、その授業でも、受講生の約半数は仕事を持っており、その約半分は教師であった。また、受講生の約半数は、既婚者ないし結婚経験者のようであった。ディスカッションでは、そうした受講生の職場・学校・家庭などでのさまざまな経験や異性との個人的経験が紹介され、ex-husband（かつての夫）とか ex-wife（かつての妻）とか ex-boyfriend / ex-girlfriend（元恋人、former boyfriend/girlfriendとも言う）という言葉が頻繁に飛び交い、さまざまの不当な扱いが何故平然と繰り返されるのかということが議論された。そうした経験談と議論はそれぞれに興味深いものであったが、もう一方で、ex-（かつての）という言葉に象徴される語りの総体が、防音ガラスの向こう側で起こっている出来事のように思え、奇妙な違和感を抱くことが少なくなかった。そのように語ることができるのは、多くの女性たちの経験が私的な情念を圧殺するほどに不当で過酷なものであるからか、授業という公的な空間で私秘的な経験を話すことに対してある種の心的な防衛規制が働いているからか、ジェンダー研究がある種の教養と情動によって活性化された運動（フェミニズム運動）という性質を備えているからか、はたまた、アメリカ社会の現実が家族・結婚・恋愛・性愛などに関してそうした語り方を日常化するほどに変わってしまっているからか、といったことを思いめぐらしながら、議論を聞いていた。学期も半ば過ぎる頃になって知ったことだが、それは、一九七〇年代以降のアメリカでS・ファイアストーンらによって展開された意識変革運動（cusciousness raising movement）――「個人的なことは政治的である（the personal is political）」というスローガンの下、女性たちが互いの個人的経験を語り合うことで、それを社会的経験として捉え直し、個々の私的世界に分断・遮蔽された孤立状態から解放し、女性の連帯を確立しようとするフェミニズムの運動――の流れのなかに位置づくタイプのものだったようである（Firestone, 1970；Firestone & Koedt, eds., 1970）。

いずれにしても、この経験を通じて、ジェンダー研究の領域とテーマは、社会科学・人文科学と歴史研究のほとんどの領域にまたがっており、研究のフロンティアはきわめて広いが、もう一方で、そこには個人的な経験や価値観が色濃く反映する可能性があり、他のテーマ領域以上に構造的に埋め込まれた価値対立・イデオロギー対立のどれかに加担し、その運動に組み込まれていく可能性が強いと思うようになった。研究の立脚点をどこに置くか、どのような人びと（女性たち）の問題状況や関心に共感し、加担するかによって、その内容と志向性に違いが生じるということ、たとえ所定の手続きを踏んだ記述的・分析的研究であっても、問題の性質上、意図するとしないとに関わらず、そうならざるをえないということを痛感するようになった。

2 セクシャリティ問題の難しさ

二つ目の経験は、「ディープ・スロート」というポルノ映画のキャンパス内の上映をめぐって起った事件である。アメリカの大学では、週末の夜などにキャンパス内のあちこちで学生団体や同好会などの主催による映画鑑賞会が催されるが、そうしたプログラムの一つとして「ディープ・スロート」が上映されることになった。料金は当時の値段で二〜三ドルと安く、少し古いが話題作やマイナーな秀作が上映されるので学生・教職員や近隣の住民にも人気があり、筆者も時々見に行ったが、「ディープ・スロート」はポルノ映画のなかでもとりわけ話題になったものであり、筆者も見に行こうか迷っていた。ところが、そのプログラムが公表されると同時に、キャンパス内の女性グループが、主催者にプログラムの変更を申し入れ、主催者やキャンパスのモラルを問うチラシを配るなど、上映反対の運動を展開し始めた。結局、それは予定通り上映されたのだが、その上映日の夕方、キャンパス内のオーディトリアムで「ディープ・スロート」の主役にされた女性も参加して大規模な反対集会が催された。

筆者は、結局、映画は見ずにその反対集会に参加したのだが、その場で話されたところによれば、その映画は、主役女性の家族（両親弟妹）を人質として監禁し、当人も脅しと暴力を加えられ、実録レイプとして作成されたものだということであった。映画制作の経緯がそのように犯罪的なものである以上、その上映も、それを見ることも、その犯罪に加担するもの以外のなにものでもない、したがって、そのキャンパス内での上映を断じて認めるべきでないし、その事実を知ったからには、参会者の一人ひとりも、その上映会に行かないでほしい、というのが、集会主催者の主張であった。その集会には五、六百人が集まり、その約半分は男性であったが、主役女性が来るということで、面白半分や冷やかしで来ていた人も少なくなかったようで、フロアの発言時間になると、初めは暴力的な発言もあったが、その場の雰囲気はそうした発言を抑制するのに十分なものであった。しかし、それでも、その集会の時間を通じて、主役の女性の心痛は大変なものであったと思う。

ひるがえって近年の日本では、援助交際といったことが世間の注目を集めており、また、マスメディアにおけるポルノ表現もエスカレートし続けており、もう一方で、幾人かの社会学者を中心に、自己決定・自己責任の原則や、労働の自由と非差別性の原則や、性的欲求の本源性とその充足に対する社会的効率性などを根拠にして、援助交際や売春を正当化する議論が展開されているが（橋爪・一九九二、宮台・一九九四）、この「ディープ・スロート」上映事件は、フィラデルフィア滞在中に見聞きした他のさまざまの出来事や体験談と相俟って、セクシャリティ問題の複雑さと難しさを実感させるに十分なものであった。

3　レイシズムとセクシズムの重層性と構造性

三つ目は、同じく映画会の経験だが、ペン大のキャンパスに隣接するインターナショナル・ハウスで数回、その後ノーベル文学賞を受賞した南アフリカの作家ナディン・ゴーディマーのシナリオによる作品シリーズを見る機会があった。どの作品もアフリカにおける人種差別を描いたものだったが、その四回目のプログラムは「田舎の恋人たち」（Country Lovers）と、ゴーディマーへのインタヴューを映画化したものであった。「田舎の恋人たち」は、アパルトヘイトの続く南アフリカの農村で一緒に遊んで育った白人農場主の男の子ポールと黒人農場労働者の女の子テベディィの物語で、二人は思春期が過ぎた頃から互いに好き合うようになり密会を重ねるが、やがてポールは村を出て、町の学校に行き、テベディィは農場の黒人労働者の若者に求婚されて結婚し、そして、間もなく出産したが、赤ん坊の肌は親のように黒くはなかった。カレッジに進学したポールは、最初の休みに村に戻り、黒人居住区にテベディィを訪ねたが、そこで自分によく似た灰色の眼をした赤ん坊を見つけた。ポールはその事実が自分の親に知られるのを恐れて、テベディィに赤ん坊を隠すよう懇請した。数日後、労働者たちがみんな農場に出かけてしまった時間にポールは再び黒人居住区に戻り、テベディィの住む小さな家に入って行ったが、彼女は外に立ちつくし、家の中から聞こえる小さな物音を聞いていた。翌朝、テベディィの夫が赤ん坊が死んでいるのを発見した。村の農場労働者の一人が赤ん坊は前日まで元気だったが突然死んだと証言し、ポールとテベディィは殺人の罪に問われることになったが、二人は法廷で、異質な世界の住人として互いに相手を告発する証言を行い、そして、テベディィ一家は農場を出ていくことになった。

どの作品も、アフリカの自然と人びとの営みを美しく淡々と描いていたが、それだけにその重いテーマとのコントラストがアパルトヘイトの積年の非情と物悲しさを伝え、長年にわたってそうした差別と抑圧を放置してきた社会への怒りを静かに訴えていたが、この「田舎の恋人たち」は、そのストーリーの分かりやすさもあって、とくに印象深いものであった。

さらに言えば、ゴーディマーの作品はいずれも基本的には人種差別を告発したものだが、筆者には、この「田舎の恋人たち」は、それと並んで、女性に対する差別と抑圧を告発したもののように思われた。女性に対する差別的・抑圧的な構造は、人種差別や階級・貧困などと重なり合い、補強し合いながら存続しているということが、この作品の通奏低音になっているように思われた。むろん、ジェンダー不平等の問題と、人種差別・民族差別や階層・階級の問題は、交錯し重なり合っているとはいえ、パラレルに重なり合っているということではない。ジェンダー不平等の問題は、人種横断的・階層横断的問題であり、どの人種・民族、どの階層においても、本質的な問題として構造化している。しかし、ジェンダー問題の現れ方も、それに対する構えも、人種間・階層間で多様であり、他のさまざまな社会的地位の違いによっても多様であり、しかも、両者の重なり方はしばしば、どちらの側面でも劣位にある人びとにより大きな負担と苦痛を強いる傾向がある。「田舎の恋人たち」は、そうした構造的傾向を象徴的に描いていたように思われる。

4　貧困・放任・暴力と青少年のヴァルネラビリティ（傷つき安さ）

四つ目は、フィラデルフィア市内及び近郊の高校十校を調査で訪問した際の経験である。公立高校七校、カソリック系の男子校と女子校各一校、エリート的私立高校一校で、カリキュラム・授業や進路指導・生徒指導について訪問調査を行ったが、それはフィラデルフィア市西部地区にある公立高校を訪問したときのことであった。その学校は、一九五〇年代までは生徒の九九%が白人であったが、都市化と公民権運動の拡大と都市計画上の区画政策（zoning policy）が重なるなかで、同校が立地する地域一帯は、六〇年代以降、急速に黒人居住者が増加し、いわゆる「ホワイト・フライト」（白人の郊外への待避流出）が起こり、七〇年代以降、フィラデルフィアでも代表的な黒人集住地域になり、筆者が訪問した八四年には、同校生徒の九九%は黒人になっていた（藤田・一九八九）。

アメリカ都市部の公立高校では少なからず見られたことだが、同校にも警察官（school police）が常駐しており、特別教室や教員室には鉄の格子扉がついており、部屋を空ける際には施錠されるのが一般的であった。また、郊外に立地する別の公立高校でのことだが、ある日の放課後、インタヴューの約束をしていた女性の先生を訪問した際、広い校舎のはずれに位置していたその先生の教室（兼オフィス）には、入り口の鉄製の格子扉に内側から鍵がかけられていた。その先生は、鍵を開けて筆者を招き入れてくれたのだが、「内側から施錠しておくのはいつものことですか」と聞いたところ、「何があっても被害を受けるのは自分だから」とのことであった。

こうしたアメリカ都市部の高校のありようはそれ自体注目すべきことだが、ここで考えてみたいのは、別のことで、同校には、同校生徒の子どものための託児施設があり、訪問した日にも十人くらいの乳幼児がいたことである。警察官の常駐は訪問したフィラデルフィア市内の公立高校五校のうち三校で見られたが、託児施設があったのは、この学校だけであった。しかし、校長先生の説明によれば、こうした託児施設は他の学校にもあり、とくに黒人生徒の多い学校、貧困地域の学校に多いとのことであった。また、最近アメリカ人研究者から聞いたところによれば、近年は、白人の多い地域、中流階層の多い地域でも、高校生の妊娠・出産が増えており、託児施設を設ける高校も増えているとのことである。いずれにしても、その校長先生やアメリカ人研究者の説明によれば、そうした生徒の多くは、親の離婚や蒸発や不知で家庭も崩壊している場合や、放任家庭の場合が多く、そして、とくに貧困地域では、当人もシングル・ペアレントとして子育てをしながら学校に通っているケースが多いということであった。また、妊娠に至った経緯についても、思慮に欠けるケースが多く、さらには、ほとんど暴力的に妊娠させられたケースも少なくないとのことであった。

むろん、この種の問題がどのくらいの広がりを持っているかについては、確かな統計があるわけではないし、また、「氷山の一角にすぎない」といった表現によって現象の広がりを過度に一般化すべきでもない。しかし、事柄の性質、そこに含まれている問題の性質については、そうした統計的根拠がなくとも論じることは可能である。

さて、ここに紹介した事実が示唆することは、第一に、前項の「田舎の恋人たち」の場合と同様、ジェンダーないし性に関わる不平等や重荷は社会的に弱い立場にある人びとに集中する傾向があるということ、第二に、とくに青少年の場合、家庭や地域社会や交友関係のありように強く影響されるということ、貧困や放任や暴力の犠牲者になりやすいということ（ヴァルネラビリティ）そして第三に、学校は、さまざまの重荷を背負わされた青少年を等しく受け入れ、適切な学習と生活の場を提供し、必要なケアをすることが期待されているということである。

5　性暴力と被害・責任の個人化

五つ目の経験は、フィラデルフィア市の中心部に所用で出かけた日の、帰りのバスでの出来事である。夜九時過ぎにバスに乗ったのだが、途中、車内で初老のご婦人が財布を盗まれたと訴えた。運転手はバスを止め、犯人らしい二十歳前後の若者を詰問し、盗まれた財布を取り戻したうえで、彼をバスの外に連れ出し後ろ手に押さえつけ、乗客の協力を得て警察に電話で通報した。そして、三、四〇人ほどいた乗客に、このバスはここで運行を中止するから、次のバスを待つようにと告げた。乗客の間には不満の声もあったが、結局、全員がバスを降り、歩いて帰る人もいたが、大半の人は次のバスを待つことになった。

待っている間、一人で立っている人もいたが、状況がそのようであっただけに、あれこれおしゃべりする人も少なくなかった。筆者も隣にいた中年の夫婦及び若い女性と、フィラデルフィアの治安や若者の人気スポットについて、あれこれおしゃべりしていたが、一〇分ほど過ぎても次のバスが来ないので、その中年の夫婦を含めて、歩いて帰る人が増え始め、待っている人は次第に少なくなった。筆者の宿舎は、そこから歩いて二〇分ほどであったから、筆者も歩いて帰ろうと思い、その女性に「歩いて帰りますか」と聞いた。その女性の住まいは、筆者の宿舎からさらに一五分ほど先のところだったことに加え、しばし躊躇しているふうでもあったので、「よろしければ、お送りしますよ」とも言った。というのも、待っていたバス停の辺りは、人通りの少ないところであり、待っている人も五、六人に減っていたからであり、筆者の宿舎までの道もそうだが、その先も、夜は女性の一人歩きは決して安全とはいえないところだったたからである。事実、筆者の滞在した一年間に、そのバス停から少し先の道路脇で深夜、若い女性がレイプ殺害されるという事件があり、また、その女性の住まいの近くと思われるスーパーでも白昼ピストルで二人殺されるという事件があった。しかし、その女性は、「ありがとう。でも、バスを待っている」と言ったので、筆者は一人で歩いて帰った。十二、三分歩いたところで、バス通りと筆者の帰路とは分かれるので、その後はわからないが、途中、バスが筆者を追い越すことはなかった。

こうした安全性の低さはアメリカでは決してめずらしいことではないが、その女性も、バス停でのおしゃべりのなかで、「何があっても自分の責任だから」と、先の高校の女性教師と同趣旨のことを言っていた。こうした点で、日本はこれまで際立って安全な社会であったことは言うまでもない。それが変わりつつあるのかどうかは定かではないが、社会の安全水準は、一定の閾値を越えると主観的には急に危険になったと感じられるものである。その意味で、日本社会はいま、一つの転換点に近づいているのかもしれない。

ともあれ、この一件は、女性は性暴力被害に遭わないように絶えず注意しなければならないという状況に置かれていることを改めて感じさせる契機となった。安全水準もその閾値も男性と女性とでは大きく異なっており、男性にとってはそれほど気にもならないような状況でも、女性にとっては不安を感じ、身構えなければならない場合が少なくないようである。しかも、性暴力に限らず、一般に暴力の被害は、結局のところ、その被害者自身とその身内（情緒的絆で結ばれている人びと）が引き受けざるを得ない。つまり、暴力の問題は、それを抑止する社会的規範が低下すればするほど、被害の個人化、責任の個人化、自己防衛の個人化を促進するという性質を持つということである。

先の高校の女性教師やこの若い女性のように、多くのアメリカの女性たちが「何があっても自分の責任だから」と言わざるを得ないのも、学校内での銃の乱射で多数の死者が出るような事件が起きても銃規制が実現しないのも、さらには、たとえばアーノルド・シュワルツネッガー主演の映画「キンダーガートン・コップ」のなかで、女性の私服刑事が幼稚園児に「見知らぬ人とは話しをしない」と唱和させているのも、こうした被害の個人化、責任の個人化が進んでいることの表れであり、また、絶対的な安全水準の低さの表れでもあると見ることができよう。

6 ジェンダー問題の構造とフェミニズム運動

以上、アメリカ滞在中の個人的な経験を紹介しながら、ジェンダー問題に関連して幾つか重要と考えられる側面に言及してきたが、その要点を若干の補足的説明を加えて整理すれば、以下のようになろう。

第一に、ジェンダー問題は、日常生活のほとんどすべての領域に関わり、研究面でも実践面でも、その男性支配的な在り方を問い直し、修正・再編するという志向性を持っている。この系として、(1)その全面性の故に、研究面でも実践面でも、そのフロンティアはきわめて広く多岐にわたりうる。(2)その志向性のゆえに、その研究や議論は社会的な価値対立・利害対立に関わり、その文脈に取り込まれる可能性が大きい。(3)その日常性のゆえに、ジェンダー問題に対する人びとの意識と構えは、個々人の経験と立場の多様性を反映して多様かつ錯綜しており、そこには矛盾や対立が潜在している。こうした問題の全面性・志向性・日常性のゆえに、そしてまた、そこに潜在する錯綜した矛盾や対立のゆえに、理論と実践との関連やジェンダー／セクシャリティに関わるカルチャー（サブ・カルチャー）とアイデンティティの問題に対する考察と配慮が、研究面でも実践面でも重要な課題となる。

第二に、セクシャリティの次元（性を基盤にした関係性の次元）は、狭義のジェンダーの次元（役割・機会・資源の配分に関わる次元）と複雑に絡み合っているが、それ自体としても多様な問題を包摂している。ポルノや買売春の問題、レイプや家庭内暴力の問題、リプロダクティブ・ヘルス／ライツの問題、性規範のダブルスタンダードの問題などが、それである。いずれも、生物学的性差や狭義のジェンダーの次元と密接に絡み合っているが、女性の人権や性・生殖に関わる女性の自己決定権の問題、アイデンティティ形成や嗜好形成の問題、性愛・恋愛等に関わる文化の問題として、ジェンダーの次元に還元できない固有の問題性を持っている。

第三に、セクシャリティの問題を含む広義のジェンダー問題は、階級・階層・職業、人種・民族、政治権力など、他の社会的不平等構造や差別・抑圧の構造と重なり合っているが、その重なり方と現れ方はそれらの社会的地位によって多様であるためにジェンダー問題に対する構えを分断化する傾向があり、もう一方で、社会的により弱い立場にある個人や集団に矛盾や重荷が集中する傾向がある。

第四に、性暴力の問題は、ほとんどの場合、男性が加害者で女性が被害者であるという非対称性のゆえに、男性と女性とではその感じ方・捉え方に大きな違いがあり、しかも、その被害・責任・不幸が当の女性とその身内に集中する傾向がある。このように、特別の被害・責任・不幸を特定の社会集団（女性）に集中し、しかも、それを個人化するという社会のありようは、基本的人権の侵害であるだけでなく、自由・平等・福祉を指導理念として掲げる〈近代市民社会〉のいわば汚点であり、重大な矛盾である。その意味で、性暴力やセクシャル・ハラスメントが公的規制・制裁の対象とされるようになってきたことは評価されるが、もう一方で、被害・責任・自己防衛の個人化という傾向をどう考えるかは、未決の重要な社会的課題である。

第五に、学校は理念的には、子どもたちに、身分・家柄や階級・階層などの帰属的要因に関わりなく、対等で自由な存在として学習し成長する機会を提供する制度的空間であるが、その日常的展開は、子ども自身が身体化し、あるいは、担わされている帰属的諸要因や生活環境の影響・重荷から自由ではありえない。学力はもちろん、学業や他者に対する構えにも、家庭や地域の生活環境の違いや矛盾が反映している。右に紹介したようなケースは日本では必ずしも多くはないかもしれないが、いずれにしても、さまざまの重荷やハンディを抱えて学校に来ている子どもが少なくないことは事実であり、学校は、そうしたさまざまの重荷やハンディを抱えた子どもを等しく受け入れ、学習と成長を援助し、生きる意欲と希望の拠り所となることが期待されている。と同時に、たとえ文化的再生産装置として機能していることは事実であるにしても、ジェンダー不平等をはじめとして社会のさまざまな不平等や差別・抑圧の構造を変えていく文化的拠点でもあることが期待されている。学校はこんにち、こうした二重の期待を託すことのできる唯一の制度化された公的空間だと言っても過言ではない。そして、それだからこそ、学校における〈ジェンダー・フリーな教育〉が重要なのである。

以上、ジェンダー問題について考えるうえでとくに重要と思われる点を幾つか確認したが、いずれも、ジェンダー研究・フェミニズム論が盛んになって久しい今日、改めて言うようなことではないかもしれない。しかし、近年のジェンダー研究・フェミニズム論は、その隆盛の背後で、〈女性解放〉というフェミニズムの初発の関心から遠ざかる傾向があるように見受けられるだけに、また、ポストモダン・フェミニズム論の流行の背後で、露骨な差別や抑圧の問題が軽視される傾向が見受けられるだけに、さらには、諸々の価値転換・社会再編に関わる主張が〈時代の趨勢〉〈世界的傾向〉といった趨勢論や新自由主義的な理念論によって正当化されるというように、社会学的な批判精神という点で偏りがあるように見受けられるだけに、改めて確認しておくことは重要なことであろう。

なお、言うまでもないことだが、趨勢や傾向は、予測の根拠にはなりえても、特定の価値的選択を合理化する根拠になりうるものではない。また、理念論（この場合、比較理念論ではなく、特定理念の貫徹を合理主義的に論じる理念的合理主義）は、当該理念の適用が正当化される領域・次元では妥当なものでありえても、その正当性が確認されていない領域・次元では必ずしも妥当なものとはかぎらない。

2 市民的公共性とジェンダー・ディスコース

1 社会生活の六つの圏域とジェンダー問題

差別・抑圧からの解放、自由と平等の実現は、近代以降の社会再編の指導理念となり、現代に至るまで

〈未完のプロジェクト〉として展開してきたが、こんにちジェンダー問題は、その主要なテーマの一つになっている。

ジェンダー問題は、社会生活の多様な領域にわたっているが、とくに次の六つの領域で重要な問題として争点化してきた。それをここでは、市民的自由の領域、経済的自由の領域、生存権に関わる領域、道徳的・文化的自由の領域、教育の領域、家族の領域と呼ぶことにする。これらの問題領域は、近代以降に分節化されてきた社会生活の六つの圏域、すなわち、公共圏（public sphere：ハーバーマス）、経済圏（economic sphere）、社会圏（social sphere：ハーバーマス）、道徳・文化圏（moral and cultural sphere）、教育圏（educational sphere）、家族圏（family sphere）にそれぞれ対応している(2)。

言うまでもなく、最初の三つは基本的人権の三要素に対応している。四つ目は、近代的人権の中核的要素である自由権の一部として、第一の領域に含めることもできないわけではない。しかし、問題の焦点が、前者の場合、公共圏への参加という、積極的自由（〜への自由）とその自由の形式的側面にあるのに対して、後者の場合、国家的・社会的統制からの自由という消極的自由（〜からの自由）と、その自由の実質的内容にあるという点で、両者は性質を異にしている。

教育圏と家族圏は、以上四つの圏域とは次元を異にしている。教育圏は、他の五つの圏域の再生産に関わり、学校教育という公的制度（国家イデオロギー装置、アルチュセール）を核にして展開してきた。他方、家族圏は、公共圏以外の四つの圏域と重なり合い、それを近代的なありようの基盤となってきた。ジェンダー問題が家族の問題と不可分に結びつき、それを中核的な問題としてきたのは、そのためである。

ジェンダー問題は、これらすべての圏域にまたがり、相互に絡み合いながら展開しているが、近年は、〈女性解放プロジェクト〉の世界的な高揚のなかでグローバル・スタンダード志向とも言うべき傾向が強まり、もう一方で、ポストモダンの社会変化の潮流や新自由主義・新保守主義的な改革動向のなかで、私圏の関心にリードされ、市場のロジックに組み込まれる傾向を強めている。そして、それにともなって、社会圏・教育圏の私事化・市場化と公共圏の新たな空洞化が起こり始めているように思われる。

しかし、グローバル・スタンダード志向には、特定の欧米文化のヘゲモニックな拡張に加担し、独自の文化形成や問題解決の仕方を抑圧する傾向があり、私圏の関心と市場のロジックには強者の関心と利害を優先する傾向がある。そうであるなら、そしてまた、〈女性解放プロジェクト〉の目標が女性差別的・抑圧的な社会構造と文化の修正・再編にあるなら、そこに孕まれている問題がどのようなものかを検討することは、新たな差別・不平等の生成や矛盾・重荷の弱者への集中をさけるためにも、そしてまた、〈女性解放のプロジェクト〉が〈解放のプロジェクト〉として十全な展開を遂げるためにも、重要なことであろう。そこで以下では、その一つの試みとして、右にあげた六つの圏域について、その特徴とそこでの主要な課題について検討する。

2 〈公論の場〉としての市民社会

市民社会の形成は、近代市民革命以降、〈近代化プロジェクト〉の中心的課題となってきた。それは、身分制秩序を解体し、自由と平等を指導理念とする社会を構築・拡大するプロセスとして、国家との間に緊張関係を孕みながら展開してきた。近代的な国民国家の正当性基盤として、そのありようを枠づけ、もう一方で、国家権力の恣意性や暴走に抵抗する基盤となってきた。この緊張関係のなかで、市民的自由の保障と市民的公共性の維持が、市民社会の基本的な課題となり要件となってきた。すべての人がその社会的地位や属性に関わりなく自由で対等な市民として〈公論の場〉に参加できるということが、市民的公共圏の基本的要件となり、国家の権力行使や政策決定をどのように枠付け方向付けるかということが、この圏域での中心的な課題となってきた。

ハーバーマス（一九六二）によれば、こうした〈公論の場〉は、イギリスでは一七世紀後半から一八世紀前半に普及したコーヒーハウスやサロンにおいて、貴族や知識人が対等の関係で出会い、文芸や政治を論じる場として出現し、市場経済の拡大・発展にともなって「万人がその討論に参加しうる」普遍的なものへと拡大してきた。

この〈公論の場〉としての市民社会は、政治の領域では、普通選挙権の確立や政治的民主主義の普及に伴って、その制度的基盤を整えてきたが、女性がその正当な参加者として認められるようになったのは、一九世紀末から二〇世紀中葉にかけて多くの先進諸国で婦人参政権が認められるようになってからのことである。むろん、未だ議員の割合は圧倒的に男性が多く、政治や政策に女性の声が必ずしも十分に反映されているというわけではない。しかし、この領域の〈解放プロジェクト〉に関するかぎり、経済圏・家族圏や社会圏の再構造化とは違って、その内部に理念的対立や矛盾があるわけではない。したがって、それは今後さらに進展するであろうし、その理念的正当性に揺らぎが生じる可能性はほとんどないと言える。

3　国民国家の拡大と市民的公共性の空洞化

問題はむしろ、市民的公共性の空洞化、〈公論の場〉の歪みないし機能麻痺にある。市民社会（市民的公共圏）の中核的特徴は〈公論の場〉が成立しているという点にあるが、〈参加と情報の公開性〉はそのための基本的要件である。誰でも対等な立場で自由に参加できること、そして、そこで参照され言及される関連情報が公開されていることが、〈公論の場〉の基本的な前提であり、要件である。

しかし、この公開性を維持することは容易なことではない。たとえば直接民主制の理念がそうであるように、市民社会の規模が拡大し、社会生活が複雑化するにつれて、〈公論の場〉は二重、三重に変質し、公開性に歪みが生じ、市民的公共性の空洞化という問題が生じることになる。規模の拡大それ自体がその重要な変質要因であるが、加えて、広義の社会圏の出現・拡大と国家役割の拡大、マスメディアの拡大、社会生活における市場経済の優位化・絶対化などがその変質を促進してきた。

一九世紀後半以降、市場経済・産業社会が拡大・発展するにつれて、錯綜する多様な利害衝突を調整し、市場経済・産業社会の発展を促進するためにも、国家は自らを再定義し、その役割と権能を拡大してきた。警察・司法・徴税・軍事といった伝統的な機能に加えて、社会的弱者の保護や所得の再配分などの社会的公正の実現、公共投資や景気政策など国民経済の計画的統制、教育制度の整備拡充をはじめとする種々の公共サービスの提供といった、さまざまの機能を担うようになった。つまり、近代国家は政治的自由や経済的自由を保障する夜警国家としてスタートしたが、〈近代化のプロジェクト〉が進むにつれて、道徳国家・教育国家・福祉国家・経済国家として自らを再定義し、その権域を拡大してきた。

この国家役割の再定義と拡大は、「市民社会のうちで公共的重要性をもつ私生活圏の中心から、再政治化された社会圏が形成されて」（ハーバーマス・一九六二）きたことに対応しており、この社会圏の拡大に対応して、その権域も拡大してきた。そして、この社会圏の諸問題をどのように処理するかが、市民的公共圏の主要な関心事となってきた。ところが、この純粋に公的でもなければ私的でもない中間的・準公共的な圏域としての社会圏は、政党や諸団体の利害関心と、国家役割を担う官僚制的な行政機構によって支配される傾向が強まるために、その傾向に反比例して〈公論の場〉が縮小し、市民的公共性の空洞化という問題が生じることになる。

〈公論の場〉における合意形成・意志形成のプロセスは自由で自律的な主体としての市民の参加と討論を前提にしているが、そのプロセスが官僚制的手続きによって置き換えられるとき、〈公論の場〉の公開性は形骸化し、市民的公共性は空洞化することになる。周知のように、これは、ウェーバー以来、官僚制化に伴う自由喪失の問題として言われてきたことであるが、それに対して、一九六〇年代後半以降台頭してきた、いわゆる草の根民主主義・住民参加の運動や、近年の情報公開や地方分権化の動きは、その克服を志向するものと見ることができる。選挙権の行使という、一般的で匿名的な〈公論の場〉への参加から、社会生活の多様な領域・局面における日常的な〈公論の場〉への実質的な参加へと、〈公論の場〉を拡張し日常化することにより、市民的公共性の回復が図られてきたと言える。そして、その過程で、女性はますます重要な役割を果たすようになってきた。その意味で、こんにち女性は市民的公共性回復の主要な担い手になりつつあると言える。

4 〈公論の場〉の細分化と市民的公共性の新たな空洞化

こうした動向は、言うまでもなく、望ましいものである。しかし、その反面で、市民的公共性の新たな空洞化が起こっているようにも見受けられる。それは、社会問題の多様化と〈公論の場〉の拡大が進むにつれて、また、マスメディアの普及・拡大に伴って、政治社会的な意志決定や合意形成のプロセスが複雑化し、そこに介在し発現する権力的な関係が間接的で見えにくいものになってきたからである。

マスメディアの普及・拡大は、多様な知識・情報の流通を促進し、政治社会的なディスコースを活性化するが、もう一方で、市民的公共圏の構成員を〈意見表明する少数者〉と〈その意見を受容・消費する多数者〉に分割し、意見・知識の流れを一方向的に枠付ける（ハーバーマス・一九六二）。しかも、拡大した〈公論の場〉は、一枚岩的なものではなく、多様な問題領域ごとに細分化され、メディアやディスコース・サークルの規模や地域性によって重層的・多元的に構造化されている。さらに、マスメディアは、視聴率競争や購買者獲得競争という市場のロジックに支配される傾向を強めている。〈公論の場〉は細分化され、領域ごとにヘゲモニーを確立した知識がディスコースを支配するようになり、かくして生活世界の分断統治が進み、もう一方で、新たな矛盾の集中する空間がつくり出されることになる。

たとえば、こんにち家族の在り方はさまざまな側面で問い直されているが、その捉え方は問題関心や立場の違いによって著しく異なっている。一方に、①家族を家父長制と資本制の結節点として性差別と女性の従属を再生産している中核的な装置であると見るフェミニズム（ラディカル・フェミニズムやマルクス主義フェミニズム）の立場や、②学校や病院とともに、人びとの行動を監視・規制し、社会秩序を維持する一望監視（パノプティコン）的権力装置と見るポスト構造主義（ポストモダン・フェミニズム）の立場がある。そして、もう一方には、③出産・育児、子どもの社会化、パーソナリティの安定化といった機能を担う社会システムと捉える伝統的な機能主義の立場や、④夫婦愛・親子愛・家族愛によって支えられた社会生活の基本的単位と見る理念的・規範的な立場がある。

言うまでもなく、後者（③と④）は、近代以降に出現した〈近代家族〉を普遍的なものとして規範化し、性差別や女性抑圧の隠蔽・正当化に加担してきたとして、前者（①や②）によって手厳しく批判されてきた。その結果、近年の家族論やジェンダー・ディスコースでは前者が圧倒的に優位化しており、また、社会政策論でも女性解放・男女平等化の推進という文脈のなかで政策標準を家族から個人へと転換する動きが強まっている。

しかし、その反面、家族福祉や精神医学や教育の世界では、機能主義的・システム論的な家族の捉え方が広く採用されている。精神医学や家族療法の分野では、児童虐待やドメスティック・バイオレンス（夫婦間・親子間の家庭内暴力）への関心の高まりを背景にして、家族へのシステム論的なアプローチが広まっている。日本の教育界では、学校週五日制の実施との関連で「子どもを家庭に返す」ということが言われ、もう一方で、学校カウンセリングの充実が図られているが、そこでも、家族が教育・社会化の主要な担い手として自明視されており、家庭内コミュニケーションの回復を重視する立場を含めて、家族の捉え方としては機能主義的・システム論的なアプローチが一般的である。

つまり、ジェンダー・ディスコースや社会政策論で優勢な家族の捉え方と、家族問題・教育問題に対する臨床的な施策や実践論における家族の捉え方の間には、際だった違いがあるということである。しかも、その違いは、以下に述べるように、次元や関心の違いに還元することのできない重要な矛盾を孕んでいる。しかも、そうした矛盾を孕みながらも、家族や教育の制度的基盤は、社会一般の新自由主義的な改革動向とも相俟って、前者の方向で確実に変わりつつあるように見受けられる。そうであるなら、そうした制度的変化を含めて現在進みつつある社会変化の特徴と意味を批判的に検討することはアカデミック・ディスコースの重要な課題であろうし、また、そうした変化を推し進めているパブリック・ディスコースや政策の決定過程を批判的に検討することは、市民的公共性の健全な展開という点でも重要なことであろう。

5 〈家族〉の脱規範化と〈治療社会〉の出現

「個人化する家族」(目黒・一九八七)、「個人を単位とする社会」(落合・一九九五、一九九七)、「シングル単位社会」(伊田・一九九五)をキーワードにした著作にも見られるように、近年、社会学的ディスコースでは、家族ではなく個人を単位とする社会への移行を時代の趨勢ないし課題として説く議論が優勢になりつつある。また、税制・年金制度の改正、介護保険制度の導入、夫婦別姓や離婚に関する破綻主義や非嫡出子の相続権(差別の撤廃)をめぐる民法改正論など、社会政策・家族政策のレベルでも、家族ではなく個人を単位にした制度へと改革論の基調がシフトする傾向にある。筆者は、それが配分的正義の問題として言われる限りにおいて、議論の大枠に異論はない。(ただし、たとえば非嫡出子の相続権については、筆者自身は、嫡出子/非嫡出子の間の平等よりも、財を築いた夫婦間の平等が優先されるべきだと考えているというように、配分的正義をどのように具体化するかという点では、幾つか異論がないわけではない。)

しかし、社会が家族を単位にして編成されていることや、〈近代家族〉を規範化し神話化していることにこそ性差別の源泉・温床があるのだから、こうした規範・神話を解体し、個人を基本的単位とした社会に向けて諸制度を再編していくべきだという議論には疑問がある。むろん、右に述べたような税制や民法や労働法などの諸法制が性差別的な実践や規範状況を支えていることは確かであるから、パブリック・ディスコースにおいてその種のレトリックが用いられることに必ずしも反対するわけではない。また、〈近代家族〉とそれにまつわる諸々の規範や慣行が歴史的産物だということを多様な角度から明らかにしてきた社会史的研究や、そのイデオロギー性や抑圧的な権力構造を分析し告発してきたフェミニズム論やフーコー的な権力分析も、それぞれに貴重で興味深いものである。しかし、この領域のアカデミック・ディスコースがそうした規範や神話の解体を主張する議論に支配される傾向を強めている現況には、社会学の固有性にも関わる重要な問題を看過ないし軽視しているという点で疑問を抱かざるをえない。

すでに述べたように、〈家族〉の脱神話化・脱規範化を説く議論は、経済・行財政の領域における規制緩和・市場原理・アカウンタビリティを柱にした構造改革論、教育の領域における個性重視・選択の自由を柱にした制度改革論、生殖やセクシャリティに関わる自己決定論など、一連の新自由主義的な改革論と軌を一にして、社会組織の個人主義的再編を推し進めている。そして、その一方で、離婚、不登校、非行・犯罪、虐待・暴力、精神障害、発達障害などの諸問題については、精神医学、心理療法、カウンセリング、ソーシャル・ワークといった〈治療〉専門家の知識と実践に期待する傾向が強まっている。しかも、この〈治療〉専門家の知識と実践の枠組みは、基本的には個人主義的でありながらも、もう一方で、家族をシステムないしネットワークとして捉え、その機能を重視する傾向にある。

むろん、こうした現状認識には異論もあるだろうが、それなりの妥当性があるとしたら、フーコー（一九六六、一九七五、一九七六）やドンズロ（一九七七）が指摘してきた近代社会の合理的・科学的再編や家族領域への行政的介入とそれを媒介にした社会統制の新たな展開という問題、すなわち、ラッシュ（一九七七、一九七八）がアメリカ社会の状況を踏まえて指摘したような〈治療社会〉(therapeutic society) の出現、モーガン（一九八五）がイギリス社会の変化を踏まえて指摘している〈家族問題・社会問題の医療化〉(medicalization of marriage and social problems) という問題が、日本でも密かに進行していると見ることもできよう。

単純化して言えば、その問題の構図は次のようなものである。近年の日本におけるフェミニズム論やポトス構造主義的な家族論・教育論によれば、家族や学校、それを基盤にした社会は、その一望監視的な規律・訓練システムと規範体制によって、〈規律ある行動〉の身体化を図り、個々人の自由を制限・抑圧し、逸脱や適応障害をつくり出してきた元凶であるとして、その個人主義的再編を奨励している。しかし、離婚、結婚不安、摂食障害、育児ノイローゼ、幼児虐待、ドメスティック・バイオレンス、青少年の非行・

逸脱など、結婚・育児・教育等に関わりがあると見られる諸々の病理的問題は、〈家族という神話・規範〉の抑圧性によるというより、それ以上に、家族や学校や職場における人間関係の亀裂・破綻やそれにまつわるトラウマ的経験によるケースが圧倒的に多い。したがって、家族や学校や職場といった中間集団の揺らぎと破綻を促進する制度改革は、そうした病理的問題の増加を招くことはあっても、その逆はありえない。かくして、その増大する病理的問題は、社会組織や道徳の専門家（社会学や教育学）ではなくて、人間関係・心の専門家（精神医学や心理療法）が扱うべき問題となり、その集団の在り方やそこでの諸活動はその専門的知識によって指導され制御されることになる。つまり、家族問題・社会問題の医療化が進行し、治療社会の再生産サイクルが稼動することになる。

6　社会学的ディスコースの偏り

以上のような捉え方に多少なりとも妥当性があるとしたら、こうした展開に加担している社会学的ディスコースの現状には、少なくとも次の三点で疑問があると言わざるをえない。

第一は、〈社会問題の医療化〉、〈治療社会の出現〉という傾向をどう考えるか、そうした傾向への加担をどう考えるかという問題が不問に付されていることである。もちろん、こうした傾向は、フーコーが指摘した合理的・科学的知識に基づく制度を核にした社会の再編とパノプティコン原理によるソフトな社会統制の延長線上にあると見ることができないわけではない。しかし、アリエス（一九六〇）が指摘したように、近代において勝利したのは個人主義ではなくて家族であったとしたら、あるいはまた、フーコーやドンズロ（一九七七）が問題化したように、近代において起こったのは、警察権力に象徴される可視的権力によるハードな社会統制から、家族規範や学校規範に埋め込まれた微視的権力によるソフトな社会統制への転換だったとしたら、こんにち起こりつつあるのは、社会組織の個人主義的再編と治療的権力による個別臨床的統制への転換である。比較的最近までは、逸脱や病理的問題の定義主体は国家や社会であり、その定義は制度や規範に埋め込まれていたのに対して、こんにち広まりつつある治療的権力による統制の場合、その定義は文脈依存的で、問題を抱えることになった当事者と専門家の手に委ねられている。また、問題への対処の仕方も、前者では集合的であるのに対して、後者では個別的で、個人の責任に委ねられている。ただし、それでも、規範的権力の場合も治療的権力の場合も、専門家がその主要な担い手だという点では同じである。

第二は、一連の制度改革や社会規範の変化が、誰の意見、誰の利害を優先しているかという問題が必ずしも十分に検討されていないことである。確かに、フェミニズム論でも家族政策・社会政策論でも、この点はしばしば議論されている。しかし、とくに右に述べた規範的権力（社会的責任論）から治療的権力（自己責任論）へという移行が実際起こっているとしたら（筆者はそう見ている）、そこで想定されている弱者・被害者は両者の間で大きく異なるということに注意する必要がある。前者の場合、想定されている弱者・被害者は諸々の規範や干渉を抑圧的と感じる人びとやその抑圧的な規範や干渉のなかで葛藤する人びとであるのに対して、後者の場合、そうした規範や干渉が弛緩し崩壊した地点での被害者が多いということである。また、誰の意見が優先されているかという点で、かつての〈近代家族〉の規範化も近年のその脱規範化も、その主要な担い手は都市中間層・知識人だということも注目に値する。欧米でも日本でも、時期的にはズレがあるものの、一九世紀から今世紀前半にかけて展開した慈善事業や社会事業は、都市中間層の間に広まった家族規範、その表象としての〈家庭〉をモデルとして、都市下層の家族の健全化・秩序化を図ろうとする行政的介入の始まりであり、〈近代家族〉規範の普遍化の始まりであったが（Katz, 1968, 1986 ; Donzelot, 1977. 鈴木・一九九七）、近年のその脱規範化も、階層的には同様の構図で展開している。違いがあるとすれば、規範的権力の制度化の担い手であった行政的権力は脱規範化に必ずしも積極的ではないという点と、代わってマスメディアとそれを媒介にしたディスコースの役割が著しく増大している点である。

第三は、家族、学校、職場といった中間集団の意味と機能が過度に軽視されている点である。デュルケムが一連の著作を通じて試みて以来、社会学は中間集団のありようとそれを核にした社会組織のありようを主要な研究対象として措定することによって、心理学や経済学とは異なる独自の学問分野として、その固有性と有用性を確立してきた。こんにち家族のありようが大きく変わろうとしていることは事実であるとしても、中間集団、中間的な制度としての家族の意味や機能はどうなっているか、どう変わっていくか、どう変わるべきかは、もっと多角的に検討されてしかるべきだと思われる。その際、たとえば単身世帯が増えたとか、三〇代の独身率が二、三割に達しているとか、既婚女性の就業率が六、七割に達しているといった事実や、〈近代家族〉が歴史的な産物だという事実を根拠にして、イデオロギー的主張としてならともかく、社会学的言明として、〈集団単位としての家族の使命は終わった〉と言うわけにはいかない。

むろん、そうした変化にも関わらず社会が家族を単位にして組織されているということが、人びとの活動をいかに制約し、葛藤や抑圧を強いているかということを考察し明らかにすることは、既存の秩序のなかで周辺的・境界的な位置や生き方を強いられ、あるいは選択している人びと（たとえば未婚の母や同性愛者）の事例に基づく考察も含めて、重要な社会学的課題である。しかし、もう一方で、そうした事実にも関わらず、大多数の人びとにとって、また、ほとんどすべての子どもたちにとって、家族は基本的な生活基盤であり続けているし、今後も、その枠組みに大きな変化はないであろう。そうであるなら、たとえば、人びとはなぜ恋愛し、事実婚であれ法律婚であれ〈家族〉という安定した共生関係・生活形態を志向し、その揺らぎや破綻に葛藤・煩悶するのかという問題や、〈家族〉規範の揺らぎやその実態の多様化は、社会生活の他の諸領域や人びとの生活スタイルやアイデンティティのありようとどのように連動しているか、人びとの生活やアイデンティティにどのような葛藤や重荷を負荷しているか、その脱規範化は何をどのように変えることになるか、といった問題も、社会学的研究の重要な課題であろう。

以上のように、日本における近年のフェミニズム論や家族社会学のディスコースには、社会変動、階層構造、中間集団という、社会学の古典的テーマの取り扱いにおいて著しい偏りがある。むろん、だからといって、現に行われている多数の個別研究やフェミニズムの実践に意味がないということではない。それらは、研究としても実践としても重要であり、そして、そこで蓄積された膨大な研究成果や論点には目を見張るものがある。しかし、右に述べた〈社会問題の医療化〉〈治療社会の出現〉という見方に多少なりとも妥当性があるなら、そうした社会変化のなかで、社会学は、出版メディア等における成功とは裏腹に、その批判精神の後退と、ある種の知的敗北を経験しつつあると言えるかもしれない。

3　経済圏・家族圏・社会圏における〈女性解放プロジェクト〉

1　経済圏・家族圏の近代的編成と配分的正義

経済圏と家族圏は、資本制的市場経済の拡大と近代国家の発展に伴って、私的な活動領域として再編され秩序付けられてきた。私有財産制・資本制的市場経済と近代的な性別分業体制を基盤にして経済圏・家族圏が再編され、そして、近代国家は、その法体系や社会事業を通じて、その再編を促進し、正当化してきた。夫婦・親子の情愛的結合とプライバシーを特徴とする〈近代家族〉が規範化され、女性は〈家庭〉という私的空間のなかに遮蔽され、家事・育児を全面的に割り当てられ、雇用労働の領域でも周辺的・従属的な仕事を割り当てられてきた。かくして、経済圏・家族圏における〈女性解放のプロジェクト〉は、女性差別的な性別分業体制を打破し、家父長制的家族・〈家庭〉という遮蔽空間から女性を解放し、男女間の平等を実現する運動として展開してきた。資本制的な市場原理を調整し、女性差別的な企業文化や家族観を修正し、配分的正義を実現する運動として展開してきた。

しかし、市民的公共圏の場合とは違って、この圏域での〈女性解放プロジェクト〉は、そのすべてが、利害の対立や価値観の違いや構造的矛盾を伴っているだけに、複雑で入り組んだものとならざるをえない。しかも、この二つの圏域は基本的には私的な圏域であり、国家に期待される役割は、基本的ルールの設定

・維持という夜警国家的なものでしかない。そして、そのルールは、それが私圏のルールであるかぎり、資本制的な市場原理と大筋において矛盾するものにはなりえない。

近年は日本でも、男女雇用機会均等法の制定・改正をはじめ、〈男女共同参画社会の実現〉をスローガンにして状況改善のさまざまな努力が続けられているが、その道程は決して平坦なものではない。欧米先進諸国の例を見ても明らかなように、形式的には雇用機会の男女平等化が進んでいても、補佐的・周辺的な労働ほど女性の割合が多い。日本でも、均等法が制定されて一〇年以上になり、その改正法が九九年四月から施行されることになっているが、たとえば、景気低迷が続くなか、新卒女子の就職状況は男子より格段に悪く、また、パートタイムや派遣労働など企業の雇用調整に便利な形態の雇用は女性に集中する傾向がある。また、均等法の改正と同時に労働基準法も改正され、女性の時間外労働や深夜労働を禁止していた女性保護規定が廃止されることになったが、その影響は少なくとも短期的には、女性にとって状況の改善になる場合もあれば、逆に女性をますます不利にする場合もあるというように、女性間で格差的である。

このように、雇用機会・就業条件という点に限って見ても、この二つの圏域での〈女性解放プロジェクト〉は単純なものでも容易なものでもない。それは、この二つの圏域が資本制的・家父長制的に構造化され秩序付けられているからであり、しかも、そこにはそれなりの合理性があり、かつ、人びと(女性たち)を差別し分断する傾向があるからだが、もう一方で、その構造も合理性も差別性も、ジェンダー・カルチャーとして人びとの日常的な実践と意識によって支えられ再生産されているからでもある。かくして、この圏域での〈解放プロジェクト〉は、一方で、女性差別的な構造の再編、その構造を支えている法制度の改正を主張する運動やディスコースとして展開し、もう一方で、ジェンダー・カルチャーを脱構築し、その再編を志向するディスコースとして、あるいは、ジェンダー・フリーな教育を志向する運動・実践として展開することになる。実際、それらはフェミニズム論で言えば、配分的正義の実現を志向する（リベラルな）フェミニズムの運動や実践として、あるいは、家父長制的な権力構造を告発し、〈家族〉の脱規範化を主張するラディカルなフェミニズム論として、あるいはまた、女性（／男性）抑圧的なジェンダー・カルチャーやセクシャリティ秩序を告発し、その再編を志向するポストモダン・フェミニズム論として展開している。

2 社会圏の拡大とケア・システムの再編

社会圏は、経済圏・家族圏の資本制的再編と私圏化に伴って、そこから押し出されるようにして出現し、国家が介入・干渉すべき「社会的なものの圏域」（ハーバーマス）として問題化するようになった。近代化・産業化・都市化の進展、経済圏・家族圏の資本制的再編に伴って、「家族は社会とのあいだに距離をもち始め、絶え間なく拡大していく個人生活の枠外に社会を押し出すように」なり（アリエス）、失業・貧困、非行・犯罪、さらには育児・介護といった諸問題が、地域・親族コミュニティのケア・システムの枠外に押し出されるようになり、国家の介入・干渉によって公的に対処すべき問題領域として拡大してきた。

とくに失業・貧困と育児・介護の問題は、福祉国家の中心課題となり、公費によって賄われる部分が拡大するに伴い、財の再配分をめぐる問題として争点化するようになってきた。また、産業化・都市化の進展、女性の雇用労働者化の進行、第二波フェミニズム運動の高まりのなかで、育児・介護を中心にしたケア労働の部分的な外部化（社会化）が進み、性別分業体制が問い直されるようになり、誰がケア労働を担うかという役割配分の在り方も争点化するようになった。しかしもう一方で、これらの問題は、誰がケアするか、誰が費用を負担するかという問題であるだけでなく、さらに言えば、生存権的自由に関わる問題、すなわち、ケアされる人の生存権・生活権に関わる問題でもある。さらに言えば、ケアする人とケアされる人との関係に関わる問題でもある。家族ケアと施設ケアのどちらを選ぶかをめぐって生じる葛藤や、家族ケア・在宅ケア・施設ケアのどれが好ましいかといった議論は、その象徴的な表れである。

つまり、それは基本的には、ケア・システムをどのように再編するかという問題であるが、〈女性解放のプロジェクト〉としては、経済圏のそれが積極的自由（～への自由）を課題としているのに対して、社会圏では消極的自由（～からの自由）が課題になっている点に特徴がある。しかも、その自由を制約しているのは、国家権力や家父長制的権力やその他の恣意的な権力ではなくて、乳幼児や高齢者といった世代を異にする要介護者（弱者）である。この点に、育児・介護の問題が社会圏の問題になる所以があり、〈解放プロジェクト〉としての難しさの一つの源泉がある。

第二に、私圏（経済圏・家族圏）でも社会圏でも、配分的正義の問題が〈女性解放プロジェクト〉の主要な争点になっているが、私圏のそれが主として役割配分に関わるのに対して、社会圏では、誰がどのように費用を負担するかという財の再配分が主要な争点になりがちである。言い換えれば、配分的正義を実現するための行政的介入は、私圏では公正な役割配分ルールの確立という形式的な側面への介入が基本となるが、社会圏では、費用負担の調整や適正なケアの保障といった実質的な側面への介入が基本となる。そして、この点に、この圏域における問題の難しさのもう一つの源泉がある。それは、女／男という性別カテゴリー問の調整ではなくて、乳幼児や要介護者を抱える人びととそうでない人びと、自分でケアすることを選ぶ人びととそうでない人びと、高所得者と低所得者など、条件や考え方を異にする多様な人びとの間での利害調整と合意形成を必要としているからである。

3 〈性別分業体制の廃棄〉か〈セクシャリティ秩序の解体〉か〈家族の廃棄〉か

これまでも言及してきたように、〈女性解放のプロジェクト〉は女性差別的・抑圧的な性別秩序の廃棄・再編を目的にしていると言えるが、今世紀半ば以降、その中心的なフロンティアになってきたのは、女性差別的な性別役割分業体制（ジェンダー秩序）の打破と権力的・疎外的なセクシャリティ秩序の打破であった。そして、その両方が〈家族〉という制度を結節点にして維持・再生産されていると見なされ、〈家族を単位に組織された社会〉から〈個人を単位に組織された社会〉への移行、〈家族〉の廃棄が主張されるようになってきた。

こうした議論は、ジェンダー秩序とセクシャリティ秩序と〈家族〉との相互性（相互依存的・補強的関係）を考えるなら、それなりに妥当なものである。しかし、社会の構造分析・動態分析としては、これら三要素の質的差異を軽視しすぎているように思われる。

筆者の考えでは、この三つは、相互に密接に絡み合い女性差別的・抑圧的な性別秩序を形作っているが、その次元と位相は三者三様に異なっている。ジェンダー秩序は、すでに多くの論者が指摘しているように、近代以降、家父長制的・資本制的に再編され構造化されてきた。それは、要素主義的に言えば、性別分業体制と性別役割規範とジェンダー・ハビトゥスを核にした秩序であり、資本制的な効率原理と家父長制的な権力構造によって維持されている。他方、セクシャリティ秩序は、身体的性差と人間の他者志向性（関係志向性）を基盤にして、人びとの性・生殖・性愛に関わる意識と行動を枠付け、それによって支えられている文化的・権力的な秩序である。

むろん、よく言われるように、ジェンダー秩序も文化社会的に構築されたものであるが、この場合の〈文化社会的に〉は、資本制的・家父長制的な社会組織に埋め込まれて構造化しているという点で、個々人の意識にとって外在的である。それだけに、ジェンダー秩序は、個々人の意識や努力によって変えることは容易ではないが、外在的な構築物として制度化している分、制度改革が有効性を持つと言える。

それに対して、セクシャリティ秩序は、人びとの嗜好・行動の構造化によって集合的に作り上げられた規範的・慣習的秩序であり、したがって、この場合の〈文化的〉は、人びとの嗜好・行動を媒介にしているという点で、個々人の意識に内在するものであり、同時に、その集合的な外化であるという点で、外在的・疎外的でもある。それだけに、セクシャリティ秩序は、人びとの意識や嗜好が変われば変わるという点で、ジェンダー秩序より流動的・可変的でありうる。しかし、身体的性差や人間の他者志向性に基盤を持っているだけに、その廃棄は不可能であり、また、男女間の暴力性の差異に基盤を持ち、女性差別的なジェンダー秩序にリンクしているだけに、その女性抑圧的傾向を排除することも容易ではない。したがって、この次元では、制度改革もさることながら、それ以上に意識やマナーの改革、そのための教育・啓蒙活動が重要だということになる。

他方、〈家族〉は、ジェンダー秩序とセクシャリティ秩序の結節点として、両秩序の維持・再生産に深く関わっていることは言うまでもない。しかし、〈家族〉は、とくに近代以降の分節化した社会（「分節型社会」藤田・一九九一）では、社会的カテゴリーとしても、中間集団としても、さらには生活空間としても、社会組織の中核的・基本的な要素になってきた。アリエス以降、多くの社会史的研究が明らかにしてきたように、集団的な生活単位・生活空間としての〈家族的なもの（household）〉は、その起源をどこまで遡れるかはともかく、かなり古くから存在していたが、その境界は非常に曖昧なものだった。ところが、近代以降、その境界は、濃密な（日常的・情愛的な）人間関係と、その人間関係の展開の場として構築された〈家庭（home）〉という遮蔽的空間を核にして、内側から明確化されるようになり、もう一方で、国民国家の〈家族〉を核にした統治政策・法制度によって外側からも明確化されるようになった。かくしてこんにち、〈家族〉は、社会生活の基本的な制度的単位・集団単位・生活空間としてのみならず、社会的カテゴリーとしても確立し、人びとの意識に深く根ざし、日常的実践を枠付けている。

この社会的カテゴリーとしての〈家族〉はそれ自体、ジェンダーやセクシャリティとは独立のカテゴリーとして、文化・社会生活のなかに広く組み込まれており、〈家族〉幻想の基盤となり、人びとの意識と実践を枠付けている。たとえば母子家族や父子家族の場合、集団単位・生活単位としては、性を基点にしたジェンダー問題もセクシャリティ問題もありえないが、それでも家族としての独自のアイデンティティと人間関係を育み、〈家族〉という枠のなかで日常の生活が営まれている。つまり、こうした例からも示唆されるように、〈家族〉というカテゴリーも営みも、その成立時点ではともかく、その維持展開過程においては、ジェンダー秩序やセクシャリティ秩序を必ずしも要件としているわけではない。

以上の諸点を考慮するなら、〈女性解放のプロジェクト〉は、〈家族〉の解体や、〈家族を単位にした社会から個人を単位にした社会への移行〉に照準化するより、ジェンダー秩序・セクシャリティ秩序それ自体の再編、その抑圧的・疎外的な構造の打破に照準化するほうが、矛盾が少なく、好ましいと考えられる。というのも、近代社会は、家族・学校・職場という制度化された中間集団を核にして分節化され組織された〈分節型社会〉として発展してきたのに対して、ジェンダー／セクシャリティの問題は、その集団・社会を貫いて生成・展開している問題であるから、家族や学校や職場の在り方を変えることで対処される問題ではあっても、その否定・解体によって対処すべき問題ではないからである。

他方、ジェンダー秩序の再編の場合、性別役割規範の再編については教育・啓蒙活動が重要であるのに対して、性別分業体制の打破については配分的正義を実現するための制度改革が重要である。それに対して、セクシャリティ秩序については、一方で、教育・啓蒙活動や文化的なディスコースによって、その抑圧的・疎外的な権力関係や行動様式を変えていくことが重要であるが、もう一方で、身体的なものであれ精神的なものであれ、その抑圧的・疎外的な権力・暴力の発現を抑止し、その犠牲者を救済するシステムを工夫していくことが重要である。

4　道徳・文化圏とセクシャリティ

1　セクシャリティ秩序への異議申し立て

道徳・文化圏は、近代国家の発展、経済圏・家族圏の資本制的再編、道徳的関心の高まりのなかで、近代的に再編され秩序化されてきた。近代家族は、女性を〈家庭〉という私秘的空間に遮蔽し、家事・育児の担い手として主婦化し、育児・教育を家族の責任事項として私事化し、もう一方で、セクシャリティ（性・生殖・性愛などに関わる意識・行動・現象の総体で、関係性が前提になっている）に関わる道徳規範の近代的再編の核となり、その存立基盤となってきた。それまでは共同体（村落や教会）の因習・規範と、権力者（封建領主や国王）の多分に恣意的な統治戦略に埋め込まれていたセクシャリティが、近代国家の下で刑法や家族法などの法律によって管理され、近代家族を核にした道徳規範によって監視されるようになった。

それに対して、二〇世紀半ば以降、この近代的に再編されたセクシャリティ秩序への異議申し立てが表面化するようになった。性の二重規範、レイプやドメスティック・バイオレンス、ポルノをはじめとする性の商品化などが批判、告発されるようになり、リプロダクティブ・ライツ／リプロダクティブ・ヘルスが主張されるようになり、性的自由、性の自己決定・自己管理が〈女性解放プロジェクト〉の重要なフロンティアとなってきた。

こうした一連の異議申し立て・告発・主張は、まったく正当なものである。というのも、それは女性に従属・苦痛・疎外を強いてきたからである。また、近代以降の〈解放のプロジェクト〉は、差別、抑圧・搾取からの解放、自由と平等の実現、自己決定の保障を社会再編の指導理念としてきたが、その理念から女性を排除するというのは、明らかに矛盾しており、不当なことだからである。

とはいえ、この不当性は、露骨な暴力・搾取・強制はともかく、その要素が目立たないところでは、必ずしも自明のものとして一様に了解されているわけではない。それだけに、教育・啓蒙活動が重要であり、また、ある種の公的な規制や措置が必要と見なされるのだが、その場合でも、その是非や内容をめぐって意見の対立が見られるのが普通である。それは、性別カテゴリーが社会生活の基本的な秩序原理になっているからであり、家父長制的な道徳規範と権力関係が社会生活を枠付けてきたからであり、さらには、ジェンダー秩序（性別役割分業体制）と重なり合い、そのことによって構造的に正当化されてきたからである。また、もう一方で、セクシャリティ秩序が身体的な性差や生殖という具体的表象や機能に連接しているからであり、また、セクシャリティの幻想性と日常性によって支えられており、しかも、それは個々人の私的な領分に属する問題と見なされてきたからである。

そのようなわけで、この領域での〈解放プロジェクト〉は錯綜したものとならざるをえないのだが、それにしても、近年、性・セクシャリティをめぐる問題はますます複雑化している。ポルノや風俗産業を中心に〈性の商品化〉が急速に進んでおり、その反面で、セクシャル・ハラスメント（セクハラ）に対する公的規制が始まっている。もう一方で、性の自己決定・自己管理をめぐって、幾つか重要な争点が浮上している。フェミニズム論の内部では、同性愛をはじめ性的マイノリティの人権を認め、性の多様性を許容する社会に移行すべきだとする議論が優勢化している。また、遺伝子診断や生殖技術の発展を背景にして、〈産む自由＝生殖における自己決定〉をめぐる問題が新たな争点になっている。さらには、自己決定権や労働権を根拠にして、売春を合法化すべきであるとか、援助交際を否定することはできないといった議論もマスコミを賑わしている。こうした議論や動向をどう考えればよいのだろうか。それは、〈女性解放プロジェクト〉のなかでどのような意義を持つことになるのだろうか。

2　性の自己管理か社会的・公的規制か

売買春や〈性の商品化〉を中心に、右にあげた諸問題をめぐる議論で争点になっているのは、性を管理するのは自己か国家・社会かという問題のようである。

自己管理派には、自己決定権や〈性的マイノリティ〉の人権を根拠にして、性愛の多様性（同性愛等）が許容される社会に移行すべきだと主張するポストモダン・フェミニズムの議論、自己決定権や労働権や社会的効率性を根拠にして、売買春を含む〈性の商品化〉を容認すべきだとする新自由主義的な社会学者の議論、さらには、医療技術の進歩や社会的効率性を優先基準にして優生学的選択を支持する功利主義的議論などがある。むろん、この三つは、それぞれ立場を異にしており、必ずしも相互に許容的だというわけではないが、〈自己決定〉を根拠にしているという点では共通性がある。

それに対して、秩序維持派には、性愛の多様性に批判的な社会の視線や規範を正当なものと見なす伝統的な立場、女性に対する差別・抑圧・搾取の不当性を根拠にして、売買春や〈性の商品化〉やセクハラに対する国家の介入・規制を必要なもの、もしくは、やむをえないものと考え、これを支持するフェミニズムの立場、生れてくる生命に対する差別の不当性や生命の尊厳性などを根拠にして、医療技術の没倫理性や優生学的選択が孕む責任放棄を批判する本質主義的立場などがある。これらの立場もまた、それぞれ関心と論拠を異にしており、必ずしも自己管理派に対して共闘するとはかぎらない。しかし、いずれも、自己決定・自己管理という概念が孕む矛盾にどこかで注目しているという点で共通性がある。その矛盾は、性・セクシャリティに関わる自律性は、この問題が基本的に関係性の問題であるがゆえに、他律性と不可分なものだということに由来していると考えられる。

しかし、この自律性／他律性の問題を考慮して明快な実践倫理を構築することは容易なことではない。それだけに、近年のパブリック・ディスコースでは、セクハラと児童を対象にした商業的性搾取（ポルノ・売買春）に対する公的規制を除いては、秩序維持派は守勢を強いられているように見受けられる。それは、自己管理派は、その理念合理主義的な議論の明快さとマスメディアによって仮構された現実感覚に支えられて攻勢に立っているのに対して、秩序維持派は、自己決定権という理念の独善性を否定し得ていないからだと考えられる。もっとも、どちらが優勢と見るかは判断の分かれるところかもしれない。しかし、いずれにしても、自己管理派が攻勢でありうるのは、〈自己決定〉を至上の価値として前提にしえているからであり、その議論が明快でありうるのは、〈自己決定〉を前提にすることによって、それ以上の実質的な説明を必要としないからである。

3　セクシャリティをめぐる権力関係とその展開

それにしても、〈自己決定〉はそれほど自明の絶対的価値なのだろうか。右にあげた一連の問題について、どのように考えたらよいのだろうか。この問いを考えるに先だって、一連の問題の構図を理解するために、次の諸点を確認しておこう（図参照）。

① セクシャリティは、本来、個々人の嗜好とマナーの問題であり、その意味で、個々人の自律性、〈自己決定〉が尊重されるべき領域に属している。

② セクシャリティは、レイプやポルノに象徴されるように、男性が女性を暴力的に支配・従属させてきた領域、男性が女性の性を搾取し消費してきた領域でもある。

③ 各社会は、それぞれの仕方で、セクシャリティ秩序（ルール・規範）を作り上げてきたが、その秩序はほとんどの社会で家父長制的秩序と重なり合い、その権力基盤になってきた。

④ 多くの近代国家は、その秩序を〈家族〉規範を核にして再構成し、家父長制的権力に道徳性を付与し、もう一方で、その秩序を維持するという関心から、ポルノや売春の規制を行ってきた。

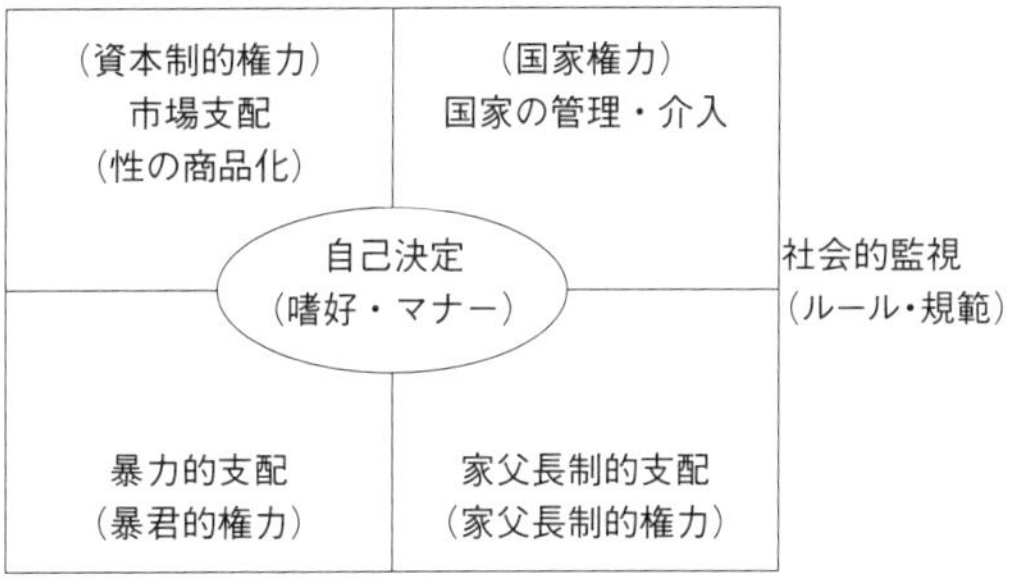

図　セクシャリティをめぐる権力関係

⑤　マスメディアの多様化、消費資本主義の発展、価値観の多様化などを背景にして、日本ではとくに一九八〇年代以降、性的情報を満載したメディアの氾濫、性風俗・性産業の隆盛など、〈性の商品化〉が著しく拡大してきた。

こうした状況のなかで、フェミニズムの運動は、まず、③と④の側面で、家父長制的秩序に支えられてきた女性差別的・抑圧的なジェンダー／セクシャリティ秩序に異議申し立てを行い、もう一方で、優性保護法改定論を契機に、それまで「経済的理由」を条件に認められていた中絶の全面的解禁、女性の〈産む自由〉を主張してきた。また、②と⑤の側面で、女性に対する暴力行為や〈性の商品化〉を告発してきた。これらを、セクシャリティの領域におけるフェミニズム運動の第一段階ないし初発の関心と呼ぶなら、第二段階では、運動の焦点が多元化し、複雑化するようになった。

第一に、②の側面では、ドメスティック・バイオレンスにも光が当てられるようになり、被害者救済のネットワークづくりが進められるようになったが、もう一方で、③の側面に関わって、家父長制的権力の横暴や家族の密室性が批判されるようになった。さらに、婚外性愛（不倫）の逸脱視や性的マイノリティ（異性愛など）に対する差別の不当性が主張され、異性愛中心主義的な規範や、それと相補的な〈家族〉規範が批判されるようになった。

第二に、③の側面では、焦点は家族から社会生活一般にシフトし、セクハラという概念を核にして、職場を中心にした公的場面における性的侵害・嫌がらせの告発・排除が主張されるようになり、そして、④の側面で、男女雇用機会均等法の改正により、公権力によってセクハラが規制されることになった。

第三に、しかし、⑤の側面では、多くの現象が文化的嗜好に属する問題であることに加え、情報消費資本主義が優勢化するなかで、明確な批判を展開することができず、成り行き任せに事態は展開してきた。さらに、そうした事態の進展を後押しするかのように、①の原則、すなわち、〈性の自己決定〉を根拠にして、売買春や援助交際を正当化する議論が出現するようになった。また、もう一方で、前述の性的マイノリティの権利を主張する議論も、性愛・性的嗜好の多様性を主張することで、メディアに素材を提供し、〈性の商品化〉に加担してきた。

第四に、そうは言っても、児童ポルノや子どもを対象にした売買春は道義的に許されることではないとする世界的風潮のなかで、日本でもようやく、子どもを対象にした商業的性搾取を禁止する買春禁止法の制定が国会でも検討されるようになった。

第五に、以上とはやや次元を異にしているが、遺伝子診断や生殖技術の発展を背景にして、「産む自由」の優生学的拡張が進むなかで、「産む自由・産む権利」が、ライフスタイルを選択する権利や次世代育成の責任（「次世代育成権」と言われている）との関連を含めて問い直されるようになった。

要約するなら、フェミニズムの運動が初発の関心として告発してきたのは、主として③と④の結節点で顕在化している女性抑圧的・差別的なセクシャリティ秩序であり、その背後で周辺化され隠蔽されてきた女性の性に対する暴力的支配（虐待・搾取）、すなわち、②と④の側面における露骨な暴力的支配であった。そして、その限りにおいて、その告発はわかりやすいものであった。

それに対して、こんにちのフェミニズム・ディスコースは、セクハラや子どもを対象にした商業的性搾取の規制という点では、初発の関心の延長線上にあると言えるが、それ以外の多くの点では、〈性的自己決定〉の空洞化、〈性の商品化〉、さらには、新たな矛盾・抑圧・搾取の構造化をむしろ促進しているようにさえ見受けられる。

たとえば、すでに述べたように、性的マイノリティの権利主張は、差別排除を主張することにより〈性的自己決定権〉を正当化し、同時に、その〈性的自己決定権〉を根拠にするという二重性を持っており、もう一方で、その主張が前提にする〈性愛の多様性〉を性的好奇心の対象としてマスメディアに提供し、〈性の商品化〉の多様な展開に加担している。また、性的自己決定権や労働権を根拠に売春や援助交際を正当化する議論が、〈性の商品化〉、〈性の市場支配〉を是認し促進する議論であることは、言うまでもない。

婚姻制度や〈近代家族〉規範の抑圧性を、婚外性愛を不倫視する基盤になっているとして批判する議論や、ドメスティック・バイオレンスの温床になっているとして批判する議論も、矛盾を孕んでいる。言うまでもないことだが、婚姻制度も〈家族〉規範も、その機能は二面的である。それは、抑圧や暴力の基盤にもなるが、搾取や暴力から庇護する基盤にもなるものである。そして、こんにち、この二面性を評価する際、とくに次の二点を考慮することが重要である。

一つは、こんにち日本でも、性愛の実態は、単身者間の性愛や同棲を逸脱視しない方向にかなりシフトしていると考えられるが、そうなればなるほど、制度の持つ庇護的機能の重要性は高まるということである。むろん、そのような制度的庇護は余計なお世話だという意見が少なくないことも事実である。しかし、そのように言える人たちは、制度や規範の抑圧性や拘束性を殊更に問題にする必要もまたないはずである。

二つには、ドメスティック・バイオレンスは、婚姻制度や〈家族〉規範に起因するというより、むしろ、男性の暴君性や、家族の破綻、家族内の人間関係の歪みに起因しているということである。そうであるなら、婚姻制度や〈家族〉規範の弛緩は、状況の改善より、むしろ悪化を招くと考えられる。むろん、婚姻制度が、実質的に破綻している夫婦関係を形式的に維持する基盤となり、夫の虐待・搾取からの解放を妨げているというケースが少なくないことも事実であるから、離婚制度等の適切な改正は必要なことである。

4 性的自己決定の位相①——性の市場支配

さて、以上のような問題の構図と状況確認がそれなりに妥当なものであるなら、セクシャリティに関する諸問題、とりわけ、自己管理か国家管理・社会管理かという問題についてはどのように考えることができるだろうか。

まず第一に、性の自己決定・自己管理を認めるべきだという主張は、まったく妥当なものであり、今さら言うまでもないようなことである。なぜなら、それは、本来、個々人の嗜好とマナーの問題だからである。しかし、セクシャリティのありようについて自覚的・自省的になった現代社会において、それを殊更に言う場合、人びとの自律性が担保されるかぎりにおいて、という条件を付ける必要がある。というのも、セクシャリティは自己完結的な事柄ではなく、他者との関係性に関わる事柄だからである。

第二に、図に示した四つの側面はいずれも、その自律性を侵害ないし浸食する可能性を持っている。暴力的支配については、それが女性の自律性と尊厳を侵害し蹂躙するものだということは、言うまでもない。しかし、他の三つについては、それぞれの問題の性質が異なるうえに、必ずしもわかりやすいものではない。

まず、市場支配については、市場活動の自由が容認されるかぎり、そしてまた、たとえ見かけ上のものであっても、当事者の〈自己決定・自主的選択〉という価値が優先されるかぎり、その拡大も、そこに潜在する虐待や搾取も、これを規制・抑制することは容易ではない。しかし、〈性の商品化〉が（主に女性に対して）疎外的・搾取的なものと見なされるかぎり、そして、この支配形式が欲望を増殖させ、それによってその支配を拡大していく性質を持っているかぎり、この欲望増殖と支配拡大は人びとの自律性を侵害する。この自律性の侵害は、少なくとも次の四つの次元で起こりうる。

一つには、商品化した性の諸形態それ自体が、集合的に女性の自律性を侵害する。これは、性の商品化にコミットする個々の女性の自律性の問題ではなくて、女性一般の自律性の問題である。これがどうして問題かということは、たとえば、特定の民族や国民や社会集団の誰かが、その属性のゆえに差別や商品化の対象にされている状況を想起すれば容易に理解されるだろう。

二つには、〈性の商品化〉が日常化すればするほど、その背後で、性の暴力的支配が隠蔽される可能性も高まり、その犠牲者の自律性・尊厳が侵害されることになる。

三つには、〈性の商品化〉は、それにコミットする個々の女性の自律性や他者関係を将来にわたって疎外する可能性が大きい。ただし、これは、個別実践的には、性の商品化にコミットする個々の女性にその中止を説く根拠として重要な点であるが、規範論的には、自己決定が自己責任を伴うということが了解されているかぎり、問題にすることは難しい。

四つには、〈性の商品化〉は性的欲望の増殖と多様化を促進し、セクシャリティ・カルチャーを再編する可能性を持っているが、そのカルチャーは新たな疎外や自律性の喪失を産出することになりかねない。ただし、この点は、セクシャリティが基本的に個々人の嗜好とマナーの問題であるかぎり、そしてまた、セクシャリティ・カルチャーがそれらの嗜好とマナーの集積であるかぎり、必ずしも問題にすべきことではない。しかし、そうであるなら、既存の規範的秩序が産出する疎外や抑圧（たとえば同性愛に対する批判的視線）もまた、それと同じ資格で、これを問題にすることは必ずしも妥当なことではない。

以上の四つのうち、少なくとも第一と第二の自律性侵害は、自己決定権が及ばないところで生じる問題であるから、自己決定権を根拠に〈性の商品化〉を容認する議論に対抗する根拠になりうるものである。

5　性的自己決定の位相②——性の家父長制的支配

家父長制的支配についても、さまざまのことが指摘されてきた。たとえば、未開社会における女性交換を核にした婚姻規制（レヴィ＝ストロース）や、政略結婚や、家系存続・家督相続などに拘束された結婚に見られるように、家父長制的な権力や家族制度が、女性の隷属を強いる基盤になってきたことは事実である。しかし、こうした因習や家父長的権力の専横は、戦後半世紀の間に、家族制度の枠組みに大きな変化はないにも関わらず、徐々に後退してきた。それは、むろんフェミニズム運動の成果でもあるが、基本的には職業構造や生活スタイルや家族観・結婚観の変化が進むなかで起こったことである。

ドメスティック・バイオレンスについては、すでに述べたように、その多くは家族制度や〈家族〉規範の拘束力に起因するというより、むしろ、暴君性や家族内人間関係の歪みに起因している。言い換えれば、暴力が家族という閉じた空間のなかで暴君化しているということであり、その意味で、家族が暴力的支配の隠れ蓑になっていることは確かである。しかし、これは、家族制度の問題というより、多少なりとも持続性のある〈親密な関係〉に共通する問題である。制度婚だけでなく、事実婚でも、恋人同士でも、そこで起こる暴力については、殺人や後遺症が残るような暴力でないかぎり、あるいは、内部者の告発がないかぎり、隠蔽され、部外者の干渉は拒否される傾向がある。

家族は男性の性的欲望を無償かつ合法的に処理する装置であるという議論もある。これは、一面の真実である。しかし、もう一方で、男女間で実際上の格差はあるにしても、問題としては相互的なものである。また、仮にその実際上の格差が本質的に重要だとしても、その装置が廃棄されれば、女性がその種の性的隷属から解放されるというものでもない。そうであるなら、すでに述べたように、家族制度については、むしろ、その庇護機能や居場所機能やパーソナリティの安定化機能の再評価・捉え直しが改めて課題になっていると見るべきであろう。また、家族の揺らぎや解体は、制度婚であれ事実婚であれ、弱者（多くの場合、子どもや女性、経済的に不安定な者）により大きな負担を強いるということも、多くの経験的事例が示しているところであり、考慮すべき点であろう。（なお、今さら言うまでもないことだが、事実婚・同棲も、それが一定のパターンとなにがしかの固有の意味と規範性を持つ限り、社会学的には制度である。)

6 性的自己決定の位相③——母性と国家の介入・管理

国家の管理・介入についても、幾つか重要な争点がある。その一つは、堕胎・中絶をめぐる問題である。これは、一九〇七年の堕胎罪の制定や戦後の優生保護法(一九九六年より母体保護法)に表れているように、国家が介入・管理してきた問題領域であるが、次の三つの場合に区別して考えることが妥当であろう。

第一は、母体の安全そのものが危険にさらされるという場合であるが、この場合は医学的判断と当事者の選択に委ねることで了解が成立しており、とくに問題化しているわけではない。

第二は、近年の遺伝子診断技法や生殖技術の発達に伴って改めて問題化するようになった優生学的な選択である。これは、「障害児を抱え込みたくない」「生まれてくる子どもに苦労をさせたくない」という個人的な思いや、「女児/男児のどちらか一方がほしい」という個人的期待に基づくものだが、問題は、それが個人的な思いや期待の範囲にとどまらない点にある。それは一方で、障害者を差別する社会的視線にコミットし、さらには、〈良質の子ども〉の選別出産という優性思想の再生に加担することになりかねない。またもう一方で、生まれてくる生命の尊厳・自律性を侵害し、芽生えた関係性を切断することになる(この点については第三の場合の問題として後述する)。しかし、だからといって、個人的な思いを理不尽だと決めつけるわけにもいかない。したがって、この点で重要なことは、間違っても優生学的規範や社会的功利主義が広まるということのないようにすること、そのためにも障害者も生きやすい社会、障害児を育てやすい社会に向けて、条件を整えていくことが重要である。

第三は、不本意に妊娠したからであれ、経済的な理由からであれ、中絶を考えざるをえない場合である。年間の中絶件数は三、四〇万件に達しており、既婚女性の四分の一は中絶を経験していると言われるが、こうした事実を前にして、たとえば一九七〇年代の優生保護法改定論のように、中絶禁止を主張することは、まったく非現実的と言わざるをえない。しかし、だからといって、単純に「産むか産まないかは女性の自己決定権に属する問題だ」と言って済ますわけにもいかない。なぜなら、中絶は基本的には、芽生えた生命の尊厳・自律性を侵害し、育まれた関係性を切断するという行為だからである。つまり、中絶は、女性に与えられるべき無条件の権利というようなものではなくて、〈自律性／他律性〉の矛盾、〈自律性／関係性〉の矛盾を孕んだ重い選択なのである。この矛盾は、出産するにしても中絶するにしても、その選択を負荷されている〈妊娠した女性＝母性〉の存在論的な矛盾である。出産すれば、生まれた生命の自律性によって、そしてまた、親子の関係性によって、母親の自律性が制約されることになり（むろん、それは別の可能性の基盤でもあるが）、中絶すれば、芽生えた生命の自律性を侵害し、育ち始めた関係性を切断することになる。このように、どちらにしても矛盾を孕んだ重い選択を、〈妊娠した女性＝母性〉は強いられることになる。これを、〈母性の存在論的矛盾〉と呼ぶことにしよう。

言うまでもなく、この存在論的矛盾は妊娠した女性すべてが担わされる矛盾である。そして、それだからこそ、産むか産まないかを決める権利、その最終的な決定権は、女性に保障されなければならないのである。言い換えれば、〈産むか産まないか〉に関わる女性の自己決定権とは、この母性の存在論的矛盾のなかで、どちらにしても矛盾を引き受けなければならない二つの選択肢のどちらかを選ぶ権利なのであり、その根拠は、その存在論的矛盾にあるということである。

この〈母性の存在論的矛盾〉を前提にするなら、育児は女性の責任か、家事労働を有償化すべきか、女性の経済的自立を優先すべきかといった、〈母性〉規範に関わって争点化してきた事柄は、配分的正義や女性の労働権に関わる問題としては重要であるが、母性の自己決定権という点では二次的な問題である。前節でも述べたように、女性の労働権の保障や経済的自立の達成については、育児システムの充実や育児休業制度の普及など、男女間の配分的正義の実現に向けて条件整備を進めていくことは当然のことである。しかし、もう一方で、母性が存在論的矛盾を抱えている以上、その矛盾に個々の母性がどのように対処するか、その矛盾をどのように調整していくかは、専業主婦や長期にわたる育児期休業を選ぶかどうかを含めて、個々の女性（夫婦）の自己決定（選択）に委ねられるべき問題である。この自己決定権は、たとえば育児を優先するか就業継続を優先するかに関わりなく保障されるべきものであるから、どちらを選択したかによって母性が分断されるべきではない。どちらを選択しても母性が矛盾した状況から解放されるわけではないから、どちらの場合に対しても条件の改善をはかることは、〈母性の自己決定権〉の保障という社会の基本的責任の範疇に属する課題である。

7　性的自己決定の位相④——セクシャリティと国家の介入・管理

こんにち国家の介入・管理が問題化しているもう一つの領域は、セクシャリティにおける男性支配をいかにして規制し、変えていくかという問題領域である。この領域では、こんにち、かつての従軍慰安婦や管理買春のように、国家が男性支配に加担するような直接管理を行うというようなことはない。問題はむしろ反転して、売春防止法・買春禁止法やポルノ規制やセクハラ規制に見られるように、性の暴力的支配や市場的支配に国家はどのように介入すべきかが問われている。

すでに幾度か言及してきたように、この点での近年の動向は、三つのベクトルに沿って展開し、そのベクトルを基軸にして性的生活世界の再編・分節化が進んでいるように見受けられる。第一は、売春防止法やポルノ規制が対象としてきた領域で、ここでは、〈表現の自由〉〈性的自由〉〈性的自己決定〉といった概念を拠り所にして規制緩和を推し進め、〈性の商品化〉を容認する新自由主義的な風潮が広まっている。第二は、児童ポルノ規制・買春禁止法という近年の動向に見られるように、子ども・若年青少年を対象にした〈性の商品化〉の規制強化をはかる教育的なモラリストないし人道主義の立場である。第三は、近年のセクハラ規制に見られるように、職場や学校をはじめとして公的空間における性的侵害の規制を推し進める実践的フェミニズムの立場である。

言うまでもなく、性的生活世界の再編をリードしているのは第一のベクトルにおける展開である。それは、一九六〇年代以降の、いわゆる〈性革命〉〈性の解放〉の延長線上に位置づくものであるが、近年の動向は、〈性の商品化〉をも容認する方向で展開している点に特徴がある。それに対して、秩序維持的関心やフェミニズムの立場からの批判があることは言うまでもないが、情況的には批判派は守勢に立たされている。それは、一つには、前にも述べたように、〈性的自己決定〉を絶対基準とする新自由主義的議論に対して有効な反論を構築できていないからであるが、いま一つには、性的快楽の日常的追求を自明視するカルチャーが、避妊法の発達・普及や中絶の解禁と〈性の解放〉運動を背景にして、そしてまた、情報消費資本主義の進展を背景にして、広まってきたからでもある。性的行為が技術的にも規範的にも生殖や恋愛・結婚と切り離され、もう一方で、性的刺激の氾濫、性的嗜好の表出・表現の多様化と日常化が進むなかで、〈性的自由〉は〈性の商品化〉のプロセスに取り込まれ、性を市場支配の外に隔離する理念的・規範的根拠が侵食されてきたからである。つまり、〈性の商品化〉に対する批判が劣勢に立たされているのは、たんに新自由主義的議論の攻勢によるというだけでなく、〈性の商品化〉が実態レベルで拡大し続けているからであり、さらには、〈性の解放〉〈性的自由〉を主張するカルチャーが〈性の商品化〉を促進する市場権力と共振する性質を持っているからである。映画「失楽園」のヒットは、それを象徴しているように思われる。

しかし、たとえそうであっても、すなわち、人びとの性的嗜好が市場支配を許容し促進する方向にシフトしてきたことは事実であるにしても、だからといって、〈性の商品化〉を成り行き任せにしてよいということにはならないし、いわんや、売買春やポルノを合法化すべきだということにもならない。そこに、差別や虐待の蔓延る蓋然性や自律性・関係性を将来にわたって侵害する蓋然性があるかぎり、あるいはまた、守るに値する美徳やマナーの退廃を招く蓋然性があるかぎり、そうした動向を批判し阻止しようとすることには十分な根拠がある。すでに述べたように、元来、セクシャリティは個々人の嗜好とマナーに委ねるべき事柄であるが、同時に、各社会はそれぞれの仕方でそのアナーキーな展開を抑止するルールと規範を作り上げてきたということも、これからも作り上げていくということも、変えようのない事実である。そうであるなら、どのようなルールと規範を作り上げるかは、各時代・各社会の課題であり、知性と美学の問題である。しかも、その課題は、けっして合理的に達成されるものではなくて、権力的・政治的に達成されるものである。こんにち市場的権力が優勢になりつつあるわけだが、性の市場支配をどのように制約するかは、文化遺産や自然環境を市場の暴走から守るのと同様、価値的な選択であり、そして、その価値的選択を実現するために、国家権力の介入をどのように組織し枠付けるかは、個々の社会が政治的に達成すべき課題である。

子ども・若年青少年を対象にした商業的性搾取を禁止する法律を世界各国が制定してきたことも、セクハラを法律によって規制することも、そうした国家権力の介入の例である。レイプや売買春は従来から問題視されてきたが、児童ポルノやセクハラは、情報消費資本主義の発展や女性の職場進出の拡大に伴って、顕在化し問題視されるようになった現象である。前者は、いわば市場の暴走の産物であり、後者は、職場や学校といった制度的空間において隠蔽されてきた暴力的支配の産物である。つまり、児童ポルノ規制もセクハラ規制も、市場の暴走や暴君的権力の横暴を抑止するための公権力の介入である。この二つの権力、すなわち暴君的権力と市場的権力の横暴・暴走に対しては、その犠牲者になる可能性のある個々人・集団はあまりに弱く、無防備である。それだからこそ、それを越える公権力の介入が必要とされるのであり、正当化されるのである。しかし、その介入の仕方と範囲は、市民的コントロールの下に適切なものでなければならない。その点で、近年のセクハラ規制が職業名のような一般的な言葉の規制にまで及んでいることには疑問があると言わざるを得ない。

5　教育圏とアイデンティティ形成

1　学校教育の理念と現実——業績主義とジェンダー・バイアス

これまでに言及してきた〈女性解放プロジェクト〉の課題や矛盾のすべては、こんにち教育圏に雪崩込んでいる、と言っても過言ではない。それは、教育という営みがジェンダー・カルチャーを含む文化社会の再生産に関わる営みだからであり、そしてまた、近代的な学校教育はその当初から、〈近代化プロジェクト〉の中核に位置づけられてきたからである。

周知のように、教育圏は、近代国家の下で固有の圏域として確立し、経済圏、家族圏、道徳・文化圏の近代的再編と並行して、国民教育制度を核にして整備され体系化されてきた。学校は、国民教育制度の下、すべての子どもに共通の教育を施す公共の空間として整備されてきた。公共圏に向けての自律的な市民の育成、経済圏に向けての有能な人材の育成、家族圏・社会圏と連携して子どもを庇護し、同時に、その共生的な担い手を育成するという役割、道徳・文化圏の自律的な担い手の育成、そのすべてを、学校教育は期待され、引き受けてきた。そして、言うまでもなく、この包括性と多面性に〈ジェンダーと教育〉というテーマの重要性と可能性の源泉、ジェンダー・フリーな教育の重要性と複雑さ・難しさの源泉がある。

このように学校教育は多様な期待と機能を担って意図的・計画的営みとして組織されてきたが、その構造的特質は、業績主義・メリトクラシーが中核的な組織原理になっている点にある。むろん、教育の機会は現在でも家庭環境や性別などの帰属的要因にある程度左右されているということも、初期の学校教育ではその傾向が顕著だったことも事実である。しかし、学校教育の内部組織は、上級段階に行くほど学習内容が高度化し、進級・進学はその高度化する学習内容の習得を基本的条件に認められるというように、業績主義的に組織されている。また、そこでの教授・学習活動は、上級段階への進級・進学や、将来の職業や社会生活に向けて準備し努力するものとして構造化されており、その評価システムは、その努力と成果を評価するメリトクラティックなものであることを基本にしている。児童中心主義を掲げる学校にしても、子どもの個性・興味・関心や学校生活それ自体の充実を重視する教育実践や学校運営にしても、さらには、男子校／女子校の場合も、その基本的な枠組みの外にあるわけではない。

このように学校教育の中核的な組織原理が業績主義的・平等主義的なものであるかぎりにおいて、その本質はジェンダー・フリーなものである。しかし、学校の現実がそうでないことは周知の事実である。それは、言うまでもなく、学校は社会の縮図にほかならないからであり、社会の組織原理が学校教育の中軸的な組織原理になっているからである。学校の現実がジェンダー・フリーなものになっていないのは、社会がジェンダーを主要な要素として秩序化されているからであり、その秩序が学校にも浸透しているからである。

たとえば、幼稚園・小学校では女性教師が多く、中学、高校、大学と、学校段階が高いほど男性教師が多いとか、校長や教頭は男性が圧倒的に多いとか、男女別名簿が長らく自明のものとして用いられてきたとか、学級編成や座席配置やグループ編成などで性別が考慮されているとか、カリキュラムやクラブ活動などに男女差があるとか、教科書の内容が男性中心的なものに偏っているとか、教師の指導や評価の仕方にステレオタイプな性別イメージが反映しているとか、性別役割モデルが学校のなかでも支配的であるとか、それを含めて、男子には逞しさや手段的価値を重視伝達し、女子には優しさや表出的価値を重視伝達する〈隠れたカリキュラム〉が充満しているとか、生徒のサブカルチャーもジェンダーを重要な基盤にして展開しているとか、あげれば切りがないほどである。

こうした諸々の偏りや差異が重なり合って、学校は、ジェンダー・ソーシャリゼーションの機能を果たし、ジェンダー／セクシャリティ秩序の再生産に加担していると指摘されてきた。学校は、家庭とともに、女子／男子が、それぞれ〈女らしさ〉／〈男らしさ〉を身につけ、女性役割／男性役割を内面化し、ジェンダーとしての〈女〉／〈男〉になっていくプロセスの主要な場になっていると言われてきた。日本でも一九八〇年代以降、そうした学校における偏りや差別が批判され、さまざまの変更・修正が図られ、〈ジェンダー・フリーな教育〉の実現が言われるようになってきた。

2 ジェンダー再生産装置としての学校教育

それにしても、学校におけるジェンダー・ソーシャリゼーションは実際のところどのように展開しているのか、ジェンダー（セクシャリティを含む）はどのように形成され再生産されているのか。その実態とメカニズムについては、教育社会学的研究を中心にして、さまざまの知見が蓄積されてきたが、それらは次の三つの系列に大別される。

第一は、女性の教育達成・職業達成・社会参加と学校教育との関連に関する研究（男女差の研究や女性内分化の研究を含む）、第二は、学校内の教育過程におけるジェンダー・バイアスやジェンダー・カルチャーの研究、第三は、ジェンダー・サブカルチャーのダイナミズムやジェンダー・アイデンティティの多様性と揺らぎに注目した研究である。

第二と第三は、学校の内部過程に注目しているという点で同じ系列に属すると見ることもできないわけではない。しかし、ここで両者を区別するのは、前者は、男性／女性という二項対立的なジェンダー構造がなぜ再生産されるかに注目しているのに対して、後者は、それをむしろ所与として、〈女性〉であることの葛藤や女性内の分化と多様性に注目しているからである。前者の場合、基本的な問いとして立てられているのは、なぜ女性／男性は女性性／男性性を育み、女性役割／男性役割を引き受けるようになるのか、なぜ差別的なジェンダー秩序が受容され再生産されていくのか、という問題であるのに対して、後者で問われているのは、なぜ〈女〉／〈男〉になっていくのかという問題よりも、むしろ、どのような〈女〉／〈男〉になっていくのかという問題だからである。

第一の系列では、実証主義社会学の古典的テーマとも言える階層研究、地位達成過程の研究と同様の枠組みで、多数の実証的研究が行われており、労働市場の閉鎖性、役割モデルの男女差、役割期待や教育投資の男女間格差、ジェンダー・トラックの存在とその社会化機能（野心を冷却し低位トラックへと方向付けるクーリング・アウト機能、野心・競争心を鎮静化し消極的にするクーリング・オフ機能を含む）、学歴の地位達成機能と地位表示機能の男女間での違いなど、さまざまの知見が蓄積されてきた。また、そうした研究の枠組みそれ自体や業績達成の基準それ自体が男性中心主義的に構成されてきたことも、批判的に検討されている(木村・一九九〇、吉原・一九九一、橋本・一九九七、中西/堀・一九九七)。

第二の系列では、学校におけるヒドゥン・カリキュラム(隠れたカリキュラム)や集団過程におけるジェンダー力学に焦点化した研究が行われてきた。たとえば、すでに述べたように学校の組織原理や明示的カリキュラムは業績主義・平等主義を基調としているが、その一方で、教科書の内容に性別役割や女性の従属性・周辺性が広範に埋め込まれているとか、教師の日常的な実践や評価行為において、性別カテゴリーが必要以上に多用されているとか、男女間で異なる評価基準が採用されているとか、ステレオタイプな性別役割やジェンダー・イメージに基づく指導や助言が頻繁に行われているといったことが明らかにされ、そうした知見に基づいて、学校は業績主義・平等主義とセクシズムが錯綜する矛盾したメッセージ空間として構造化されており、しかも、その機能は男女間で異なるということが論じられてきた(木村・一九九〇、藤田・一九九二、氏原・一九九六)。また、そうしたジェンダー・バイアスに満ちた指導は必ずしも性別社会化を意図してのことではなく、教室統制の手段として行われているということも指摘されている(森・一九八九、宮崎・一九九一)。さらに、木村(一九九七)は、ケーススタディに基づいて、授業中、女子より男子の発言のほうが圧倒的に多く、また、女子の発言や行動に対して男子が揶揄や嘲笑を加える傾向があることを指摘し、そうした男子の教室支配がパブリックな場での女性の消極性の形成に寄与していると論じている。

また、これらの実証的研究と並行して、なぜ女性は、構造的不平等があるにもかかわらず、伝統的な女性性を内面化していくのかについて、理論的考察も行われている。たとえば木村（一九九二）は、そのメカニズムについて、虚偽意識仮説、合理的選択仮説、適合化仮説、の三つを区別しており、また加藤（一九九七）は、強制的選択、合理的選択、主体的選択、無意識的選択、の四つを区別している。強制的選択仮説は、家父長制的な権力構造のなかで女性性の選択を強いられているとする説、虚偽意識仮説は、その選択が好ましいものだと信じ込まされているとする説、合理的選択仮説は、自らの合理的な判断で女性性を選択しているとする説、主体的選択仮説は、女性性に主体的に意味付与しているとする説、適合化仮説及び無意識的選択仮説は、性別社会化が女性性を再生産しているとする説である。

他方、第三の系列では、たとえば女性役割を担うことに伴う葛藤がさまざまの仕方で処理されていることや、個々人の内面化している性役割は不変のものではなく、さまざまの出来事を契機に揺らぎ変容していくことが指摘されている（神田・一九九〇、井上ほか・一九九五、多賀・一九九六）。越智ら（一九九三）は、女性役割は必ずしも抑圧的・差別的なものとして捉えられているわけではなく、その捉え方は多様であることを明らかにしている。宮崎（一九九三）は、女子高生のジェンダ・サブカルチャーに注目し、学校・教師の要求する「女らしさ」に対する対抗戦略と、ジェンダー・オリエンテーションを異にするサブ・グループ間の対抗意識と差異化戦略が絡み合うなかで、多様なジェンダー・アイデンティティが育まれていることを指摘している。

3 ジェンダーとセクシャリティの形成

以上のように、学校教育がジェンダーの形成・再生産にどのように関わっているかについては、かなりの研究が蓄積されてきている。しかし、そこでは、ジェンダーとセクシャリティの違いが必ずしも実質的に区別されず、どちらかというとジェンダーの側面に焦点があてられてきた。

確かに、ジェンダーとセクシャリティは不可分に結びつき重なり合っている。どこまでがジェンダーでどこまでがセクシャリティかを区別することは、必ずしも容易なことではない。また、常に区別する必要があるというものでもない。しかし、前節でも論じたように、ジェンダーとセクシャリティは、その基盤と位相を異にしている。その違いを考慮することは、研究面でも実践・政策面でも、時には重要なことである。本稿では、ジェンダーを狭義と広義の二通りの意味で用い、広義の場合にはセクシャリティを含むものとして、狭義の場合にはセクシャリティとは次元を異にするものとして用いてきたが、両者を区別することは、アイデンティティ形成の問題やジェンダー・フリーな教育について考える場合（この場合ジェンダーは広義に用いられている）、とくに重要なことである。

すでに幾度か言及したように、セクシャリティは、基本的には〈対としての性〉を基盤にした関係性（に関わる諸現象）の総体であり、要素的には、性差意識と他者に対する情緒的・性愛的な志向性、その表出性向、そうした志向性と表出性向を基盤にして展開する諸現象と社会関係などを指す。そのありようが社会的問題となるのは、その関係性が権力関係に媒介されて疎外的・抑圧的・搾取的なものになるからである。それに対して、狭義のジェンダー問題は、性別カテゴリーを基盤にして現象している女性性／男性性、女性役割／男性役割のありように関わる問題である。つまり、問題になっているのは、一方が〈関係性としてのセクシャリティ〉であるのに対して、もう一方は〈個としてのジェンダー〉である。この違いは、〈女性解放のプロジェクト〉や〈ジェンダー・フリーな教育〉の可能性について考える場合、決定的に重要である。

発達論的にも存在論的にも、両者はともに文化社会的に既成事実として構築されている性別カテゴリーを基盤にしている。存在論的に言えば、人間社会では、役割行動も立ち居振る舞いも言葉遣いも、そのすべてがジェンダー・カルチャーとして、女性性／男性性に分化している。むろん、そのありようは文化社会によって多様であり、女性性と男性性が重要な点で逆転している場合もないわけではない（Mead, 1935, 1950；Davenport, 1965）。しかし、その内容がどうであれ、性別カテゴリーと女性性／男性性の差異化は普遍的に見られる現象である。

発達論的には、自分が男性か女性かという性別自己認知は、生後一年半ごろから発現し始め、性別役割認知とそれに基づく行動は三歳頃から顕在化し始める。子どもたちは、この二重の性別認知（自己認知と役割認知）を基盤にして、生活世界に充満するジェンダー・カルチャーのなかで、女性性／男性性のスクリプト（行動様式）を選択的に身体化し、性差意識を拡大し、性的ハビトゥス（性的アイデンティティ）、ジェンダー・ハビトゥス（ジェンダー・アイデンティティ）を形成していく。

性差意識は、一〇歳頃（思春期）から、身体的性差に関わる意識や異性に対する志向性を含む性的ハビトゥスとして展開するようになり、また、とくに思春期から青年期前期には、異性に対して距離を置こうとする性別分離意識が強くなる。むろん、この意識は、学校における諸々の性別処遇（座席配置やグループ編成や役割配分など）によってかなり左右されることは事実だが、そうした違いに関わりなく、性別分離する傾向は小学校高学年から中学校段階でもっとも強くなることが指摘されている（Schofield, 1982/1989 ; Shrum, 1988）。しかし、青年期中期頃からは、性別分離意識と異性志向がせめぎ合うようになり、前者の露骨な表出は除々に後退するようになる。

他方、ジェンダー・ハビトゥスは、とくに思春期以降は、性別分業の実態、労働市場の性別格差、性別役割モデル、性別役割規範、ジェンダー・カルチャー、それまでの経験を通じて形成された文化的嗜好などに影響されながら、多少なりとも自覚的・自省的・選択的に形成されていく。ここで重要な点は、性的ハビトゥスの場合、性別分離意識や異性志向に象徴されるように、関係性・他者志向性のありようがその中核的要素であるのに対して、ジェンダー・ハビトゥスの場合、性別カテゴリーが前提になっているとはいえ、その中核は、男性／女性としての〈自性〉であり、その〈自性〉を担った自己である。したがって、性的ハビトゥスの形式は、その関係性・他者志向性を再構成していくプロセスであるのに対して、ジェンダー・ハビトゥスの形式は、〈自性〉を担った自己がその〈自性〉を再構成していくプロセスである。前者の場合、〈自性〉と〈他性〉との関係性の再構成、〈他性〉との関係における〈自性〉の再構成が課題であるのに対して、後者の場合の課題は、性別カテゴリーを基盤にして非対称的・差別的に構造化しているジェンダー秩序のなかでの〈自性〉の再構成、ジェンダー秩序との関係における〈自性〉の再構成である。

4　ジェンダー・フリーな教育の課題と視座

さて、以上のことを前提にするなら、教育とジェンダーの研究は何を課題とする必要があるのだろうか。また、ジェンダー・フリーな教育はどうあるべきだろうか。最後に、この点について略述して、本稿の結びとしよう。

まず最初に、教育とジェンダー形成に関する構造的な制約条約について確認しておこう。言うまでもなく、学校教育の中心的な機能は、人間の生産（教育）と、それを媒介にした文化社会の再生産（維持・再編）にある。ところが、私たちの社会は男性と女性によって構成されており、文化社会はこの二つの性カテゴリーを基盤にして構造化されており、しかも、その構造（ジェンダー構造）は非対称で歪んでいる。この教育の機能と非対称で歪んだジェンダー構造という事実、その矛盾のなかに、学校教育におけるジェンダー問題の複雑さと難しさ、〈ジェンダー・フリーな教育（ジェンダーにとらわれない教育）〉の重要性と難しさの源泉がある。

この基本的な矛盾のゆえに、〈ジェンダー・フリーな教育〉は、少なくとも四重の構造的制約のなかで試行錯誤せざるをえない。第一に、教育は文化社会の再生産に関わる営みであるから、どのような文化社会を再生産するかという点で価値対立・利害対立が不可避である。ジェンダー・フリーな教育は、既存の男性支配的な文化社会を否定し、ジェンダー・フリーな文化社会、ジェンダー・バイアスのない文化社会、性による差別や抑圧のない社会を志向する。しかし、ジェンダー・バイアス、性による差別や抑圧は文化社会の至るところに広く行き渡っており、教育という営みはそのほとんどに関わり、それを基盤にして展開しているから、ジェンダー・フリーな教育実践は不可避的にさまざまの価値対立に遭遇し、矛盾を抱えることになる。

第二に、教育は形成的なプロセスであるから、そのプロセスにおける矛盾や価値対立は学習者の活動と自己形成にさまざまの混乱や疎外を引き起こす。とくに幼少期の経験とその後の経験が不連続・不整合である場合（発達的不整合）、家族や学校、地域や階層や民族といった所属集団において支配的なジェンダー・カルチャーと準拠集団や志向集団のそれとが矛盾している場合（共時的不整合）、その不整合や矛盾が深刻なものであればあるほど、学習者が経験する混乱・疎外は深刻なものになりがちである。

第三に、近年、生物学的な性（sex）の境界でさえ曖昧さを含んでいると言われているが、それにしても、ジェンダーに関わる意識は、対としての性、関係性としてのセクシャリティから自由ではありえないから、ジェンダーに関わる教育は性及びセクシャリティの意識によって枠付けられ歪められがちである。

第四に、性に関して非対称で歪んだ生活空間・教育空間を是正するという試みは社会的な資源や機会の再配分を伴うから、その試みへの構えをも非対称なものにし、もう一方で、一連の矛盾や混乱、その再配分に関わる困難は、構造的に劣位に置かれている人びとや、配分されている資源や機会の相対的に乏しい子どもたちに特に顕著に表れる。

こうした構造的制約のなかで生じるさまざまの問題は、日常の実践（教育過程）においてさらに複雑なものとなる。日常の実践は、多様なジェンダー・ディスコースに影響され、マクロな構造に制約され、メゾ（中間）レベルの組織や規範や慣行に規定され、さらには、その実践に参加している多様な個人の相互作用（グループ・ダイナミクス）のなかで展開している。そうした多様で錯綜した文脈のなかで、いかにしてジェンダーにとらわれない教育・学習は可能か、いかにして新たな歪みや抑圧を招来することのない改革・再編を進めることができるか、その可能性を探ることが、こんにち教育実践・教育政策の重要な課題になっている。

　こうした構造的制約を踏まえて、〈ジェンダー・フリーな教育〉は何をフロンティアとすべきであろうか。さまざまのフロンティアがありうるだろうが、とくに次の三点が重要と考えられる。その第一は、狭義のジェンダー・アイデンティティの形成に関わる領域である。この領域では、前項で述べたような、非対称的で差別的なジェンダー秩序のなかで〈自性〉の再構成としてジェンダー形成が展開していることを踏まえ、〈自性〉の自由な再構成を支援する教育を実現していくことが重要である。そのためにも、具体的には、カリキュラムや教育過程・教育実践における不当なジェンダー・バイアスを排除することが肝要である。

　第二は、非対称的で差別的・抑圧的なジェンダー／セクシャリティ秩序について考える教育である。これには、たとえば家族やセクシャリティの多様性について考えることも含まれる。これまで繰り返し述べたように、筆者は、家族解体論や性の多様性を制度的に保障すべきだという議論には批判的だが、個々人の主体的な選択・生き方として多様な形態がありうることや、そこに孕まれている問題について考えることは重要だと考えている。さらに言えば、日常的実践において許容的であること、差別的でないことは重要なことだと考えている。また、どのような家族を営んでいようと、また、どのような性的嗜好を持っていようと、それ自体が犯罪的でないかぎり、そのことによって、雇用機会などの社会的な生活機会が差別されてはならないと考えている。

第三は、セクシャリティ形成に関わる教育である。日本でも、とくに八〇年代以降、性教育の在り方が注目されるようになったが、教育現場では大方の戸惑いと消極性があり、もう一方で、局所的な試行錯誤が続いているというのが実情である。欧米でも、生理的・身体的特徴や生殖のメカニズム、性交や避妊法や中絶の問題、AIDSや性病の問題、性愛的感情や男女交際のマナー、性的隠語など、何をどのように扱うべきかについて種々議論が分かれているが、いずれにしても、技術主義的・知識主義的傾向が優勢になりがちである。しかし、すでに述べたように、セクシャリティは関係性を基本にしている。したがって、その形成に関わる教育は、どのような関係性を育むかが重要であり、必ずしも特定の教科や時間のなかでのみ行われるというものではない。どのような関係性を構築していくか、関係性のなかでどのような〈自性〉を形成していくかということに配慮した実践が期待されると言えよう。

最後に、〈ジェンダーと教育〉研究については、これまでの研究領域に加えて、次の三つの領域での研究の発展を期待したい。第一は、〈関係性としてのセクシャリティ〉の形成に関する研究である。子どもたちが学校のなかでどのような〈関係性としてのセクシャリティ〉を育んでいるのか、学校における諸実践はその形成にどのように関与しているのか、その解明を課題とする研究である。第二は、広義のジェンダー・アイデンティティの形成に関する研究である。これは、前項で区別した第三の研究系譜に属するものだが、もっと多角的・多面的な研究が期待される。そこには、ジェンダー・アイデンティティの多様性と揺らぎ、その形成過程における多様な葛藤やダイナミズム、社会生活のさまざまな領域における自己表出・自己形成との関係やジェンダー・カルチャーの多様性との関係など、さまざまの研究課題があるように思われる。

第三は、ジェンダー秩序やジェンダー・カルチャーはなぜ再生産され続けるかについて、従来のような機能主義的な考察だけでなく、存在論的・現象学的な考察があってもいいように思う。たとえば統計数理研究所が継続的に行っている国民性調査によれば、「生まれ変わるとしたら、女/男のどちらに生まれたいか」という質問に対して、「女に生まれたい」という女性の割合は、一九五八年に行われた第二回調査では五割弱であったが、六〇年代半ば以降増え続け、一九九八年の第八回調査では七割に近づいている（男性は一貫して九割以上が「男に生まれたい」と答えている）。むろん、「女に生まれたい」という意識とジェンダー/セクシャリティ秩序の現状に不満を抱いていないということとは同じではないし、「男に生まれたい」という意識とジェンダー/セクシャリティ秩序の抑圧性を肯定しているということとは同じではない。しかし、その意識は、現状において「女であること」「男であること」を受容する意識と重なり合い、さらには、既存の秩序を受容し支える日常的な構えに連接していると考えられる。そうした意識形成やアイデンティティ形成の問題を含めて、ジェンダー/セクシャリティや性別カテゴリーはなぜ受容され再生産されているかについて、存在論的・現象学的に考察することも重要だと考えられる。

前項で紹介した、意識的であれ無意識的であれ、適合や選択によって再生産されているとする説明図式は、ジェンダー秩序そのものが変わらなければ再生産メカニズムも変わらないということを合意しており、したがって、それを突き進めれば、ジェンダー秩序そのものの解体が必要だとするラディカリズムに行き着かざるを得ない。これは、多くのラディカルなフェミニズム論に共通する前提であり論理的特質であるように思われる。

性別カテゴリーの廃棄は本当に可能なことか。ジェンダー／セクシャリティが文化社会的に生成されたものだからといって、その生成を阻止することが可能なのか。もしそうでないとしたら、それはなぜか。もしそうでないとしたら、〈女性解放のプロジェクト〉はどこに戦線を展開し、どのような戦略をたてることができるのか。こうした問いのすべてが、こんにち改めて問われているように思われる。

●注

1　本年報では、創刊号から第五号までは編集委員全員が特集テーマの論文を書くという方針を貫いてきたが、第六号からは、その方針を変更し、何人かは書くが、必ずしも全員が特集テーマの論文を書かなくてもよいということにした。今回は、筆者が特集の編集担当ということで、その〈何人か〉のなかに筆者も入らざるをえなかったわけだが、率直に言って、今回の特集テーマに沿って論文を書くことには〈ためらい〉があった。それは、一つには、筆者なりに認知しているジェンダー問題の複雑さとそれを論じることの難しさにあったが、いま一つには、近年のジェンダー研究・フェミニズム論の隆盛に比して、筆者自身あまりに不勉強だと感じていたからである。本稿は、その〈ためらい〉の理由の後者に蓋をして、前者の課題に応えようとしたものである。本稿が、ジェンダー問題をどう考え、ジェンダー・ディスコースをどう理解するかに関する筆者の覚え書きといった性質のものになっているのは、そのためである。

2　拙稿「教育の公共性と共同性」（一九九三）では、〈公共性・共同性の構造連関〉に関して、公共性／私事性と共同性／個別性を分類軸として、市民社会（公共性の領域・個別性の次元）、市場（私事性の領域・個別性の次元）、家族（私事性の領域・共同性の次元）、国家（公共性の領域・共同性の次元）という四つの要素を区別し、その構造変容とそこに潜む今日的な問題について論じたが、ここにあげた六つの圏域のうち、公共圏は市民社会に、経済圏は市場に、家族圏は家族に、それぞれ対応している。本稿では、それらの用語を互換的に用いている。

●参考文献

Aries, P., 1960. ＝杉山光信・杉山恵美子〔訳〕『〈子ども〉の誕生』みすず書房、一九八〇年。

Connel, R. W., 1987. ＝森重雄・菊地栄治・加藤隆雄・越智康詞〔訳〕『ジェンダーと権力：セクシャリティの社会学』三交社、一九九三年。

Davenport, W., 1965, "Sexual patterns and the regulation in a society of the South Pacific," F. Beach ed., *Sex and Behavior*, NY: Wiley, pp.164-207.

Donzelot, J., 1977. ＝宇波彰〔訳〕『家族に介入する社会』新曜社、一九九一年。

江原由美子　一九九五『装置としての性支配』勁草書房。

江原由美子編　一九九〇『フェミニズム論争：70年代から90年代へ』勁草書房。

Fine, M., 1988, "Sexuality, schooling and adolescent females : The missing discourse of desire," Harvard Educational Review,58 (1),pp.29-53.

Fine, M. and L. Weis eds., 1993, *Silenced Voices : Race, Class, and Gender in U. S. Schools,* State University of New York

Press.
Firestone, S., 1970. ＝林弘子〔訳〕『性の弁証法』評論社、一九七二年。
Firestone, S. & A. Koedt, eds., 1970. ＝ウルフの会〔訳〕『女から女たちへ』合同出版、一九七一年。
藤田英典 一九八七「高校教育と大学入学者選抜」『高等教育研究紀要 第7号 アメリカの高等教育』（財）高等教育研究所 一九八七年 一二三―一二六頁。
藤田英典 一九八九「教育政策と家族（Ⅰ）近代家族の展開と教育――戦後マイホーム主義を中心として――」『NIRA研究叢書：わが国の家族と制度・政策に関する研究』NO.880028、総合研究開発機構、五―二四頁。
藤田英典 一九九一「学校化・情報化と人間形成空間の変容」『現代社会学研究』第四巻、北海道社会学会。
藤田英典 一九九一『子ども・学校・社会』東京大学出版会。
藤田英典 一九九二「教育における性差とジェンダー」『性差と文化』東京大学出版会。
藤田英典 一九九三「教育の公共性と共同性」森田尚人・藤田英典・黒崎勲・片桐芳雄・佐藤学〔編〕『教育学年報2 学校＝規範と文化』世織書房。
Foucault, M., 1966. ＝渡辺一民・佐々木明〔訳〕『言葉と物』新潮社、一九七四年。
Foucault, M., 1975. ＝田村俶〔訳〕『監獄の誕生』新潮社、一九七七年。
Foucault, M., 1976. ＝渡辺守章〔訳〕『性の歴史 Ⅰ 知への意志』新潮社、一九八六年。
Habermas, j., 1962. ＝細谷貞雄・山田正之〔訳〕『公共性の構造転換』未来社、一九七三年。
橋爪大三郎 一九九二「売春のどこが悪い」江原由美子〔編〕『フェミニズムの主張』勁草書房。
橋本健二 一九九七「ジェンダーと階層構造」『教育社会学研究』第61集。
伊田広行 一九九五『性差別と資本制――シングル単位社会の提唱――』啓文社。
井上輝子・亀田温子・波田あい子・平川和子 一九九五「青年期女子のジェンダー・アイデンティティと自己形成」女

性学研究会編『女性学研究』第3号、勁草書房。
神田道子・平野貴子・木村敏子・清原慶子 一九九〇「性役割の変動過程を説明する『折り合い行動』概念」女性学研究会〔編〕『女性学研究〈ジェンダーと性差別〉』第1号。
加藤隆雄 一九九七「女性文化と家父長制資本」『教育社会学研究』第61号。
Katz, M. B., 1968, *The Irony of Early School Reform : Educational Innovation in Mind-Nineteenth-Century Massachusetts*, Cambridge : Harvard University Press.
Katz, M. B., 1986, *In the Shadow of the Poorhouse : A Social History of Welfare in America*, N.Y.: Basic Books.
木村涼子 一九九〇「ジェンダーと学校文化」長尾彰夫・池田寛〔編〕『学校文化』東信堂。
木村涼子 一九九二「女性の性役割受容をめぐって」『大阪大学人間科学部紀要』18巻。
木村涼子 一九九七「教室におけるジェンダー形成」『教育社会学研究』第61集。
国立婦人教育会館編 一九九七『女性学教育／学習ハンドブック』有斐閣。
Lasch, C., 1977, *Haven in a Heartless World : The Family Besieged*, N.Y .: Basic Books.
Lasch, C.,1978=1984. ＝ 石川弘義〔訳〕『ナルシシズムの時代』ナツメ社。
Mead, M., 1935, *Sex and Temperament in Three Primitive Societies*, N.Y .: Morrow.
Mead, M., 1950. ＝ 田中寿美子・加藤秀俊〔訳〕『男性と女性——移りゆく世界における両性の研究』（上・下）東京創元社、一九六一年。
目黒依子 一九八九『個人化する家族』勁草書房。
宮台真司 一九九四『制服少女たちの選択』講談社。
宮崎あゆみ 一九九一「学校における『性役割の社会化』再考」『教育社会学研究』第48集。
宮崎あゆみ 一九九三「ジェンダー・サブカルチャーのダイナミクス」『教育社会学研究』第52集。

Morgan, D., 1985, *The Family, Politics and Social Theory*, Landon : Routledge.
森繁男　一九八九「性役割の学習としつけ行為」柴野昌山〔編〕『しつけの社会学』世界思想社。
中西祐子・堀健志　一九九七「『ジェンダーと教育』研究の動向と課題——教育社会学・ジェンダー・フェミニズム——」『教育社会学研究』第61集。
越智康詞・菊地栄治・加藤隆雄・吉原恵子　一九九三「女子学生文化の現代的位相——女性内分化と女性性の両義性の視点から——」『東京大学教育学部紀要』第32巻。
落合恵美子　一九九五「『個人を単位とする社会』と『親子関係の双系化』」『ジュリスト』一〇五九号（九五年一月一五日）
落合恵美子　一九九七『新版21世紀家族へ』有斐閣（初版：一九九四年）。
小川真知子・森陽子編　一九九八『実践ジェンダー・フリー教育：フェミニズムを学校に』明石書店。
Okin, S M., 1989, *Justice, Gender, and the Family*, N.Y. : Basic Books.
Schofield, J. W., 1982 / 1989, *Black and White in School : Trust, Tension, or Tolerance?*, N.Y. : Teachers College Press (Original Version : Praeger).
Shrum, W., 1988, "Friendship in school : Gender and racial homophily," Sociology of Education, 61 (4), pp.227-239.
鈴木智道　一九九七「戦前期日本における家族秩序の問題化と『家庭』の論理」『教育社会学研究』第60集。
多賀太　一九九六「青年期の男性性形成に関する一考察」『教育社会学研究』第58集。
上野千鶴子　一九九〇『家父長制と資本制』岩波書店。
上野千鶴子編　一九八二『主婦論争を読む』（Ⅰ、Ⅱ）勁草書房。
氏原陽子　一九九六「中学校における男女平等と性差別の錯綜」『教育社会学研究』第58集。
吉原恵子　一九九二「『平等』概念と差異化のメカニズム」『放送教育開発センター研究紀要』第6号。

7 教育における性差とジェンダー

〈教育における性差とジェンダー〉というテーマは、非常に論争的でむずかしい問題を含んでいて、そのため、この領域での議論はとかく価値観の対立を含んだものになりがちである。私はイデオロギー的論争をあまり好まないが、教育を研究対象にしているかぎりこの問題を避けるわけにはいかないので、きょうは私なりに少し考えてみたいと思う。

まず初めに、どういうむずかしい問題が潜在しているのかを考えてみたい。そのまえに、基本的な用語の意味を確認しておこう。

1　ジェンダー再生産装置としての学校

1　フェミニズム／セクシズム／セックス／ジェンダー／セクシャリティ

わたしたちの社会は男性と女性によって構成され、営まれている。しかし、この二つの性の現実は、対等な関係にあるのではなく、支配vs従属、抑圧vs被抑圧、優位vs劣位といった不平等・非対称の関係にある。ウィメンズ・リブ、フェミニズム、女性学（以下、フェミニズム）は、この不平等性・非対称性を告発・改変・再編しようとする運動、立場、学派である。それに対してセクシズム（性差別主義 sexism）は、この不平等性・非対称性を〈自然なもの〉〈合理的なもの〉として自明視し再生産する傾向性をもった態度・立場・思考様式である。ジェンダー（gender）は、このフェミニズム（feminism）の言説のなかで、生物学的性（セックス　sex）に対して、文化社会的につくられた性をさす語として一般的に用いられるようになった(1)。

ジェンダー概念の中核にあるのは、社会におけるさまざまな役割関係・分業関係とそれにまつわる象徴体系における男女差である。それに対してセクシャリティは、日常的に〈男らしさ／女らしさ〉と言われるものをさす。これも文化によって違いがあることはいうまでもないが、それは分業関係・役割関係における男女差ではなくて、むしろ〈まなざし関係〉における男女差であり、異性との関係性に関わる問題である。異性との関係に関わる側面、男性あるいは女性として、他者を見る〈まなざし〉のなかで意味をもつ側面、セックスやジェンダーを基盤にしながらも、基本的には〈まなざし関係〉や異性との関係のなかで認識され経験され演じられる側面が、ここでいうセクシュアリティである。

このように三つの次元が概念的に区別されるが、日常的な経験世界では、それらは相互に絡み合い入り組んでいる。そこで、そういう絡み合い入り組んで展開している文化的・社会的な現象としての性差の問題・性関係の問題を、広い意味で〈ジェンダー〉の問題という。つまりジェンダーということばは、役割関係・分業関係とその象徴体系を中核にした性という意味で使われる場合と、セックスもセクシュアリティも含む文化的・社会的な性現象の意味で使われる場合があるということである。

2 学校教育の三位一体的機能

学校教育は、文化・社会の維持・再生産の機能を担う制度化された営みである。学校は、子どもにさまざまな知識・文化を伝達し、子どもはそれを学ぶことによって大人になっていく。この学校教育の機能を文化伝達ないし社会化というが、この場合、学校が伝達する文化、子どもが学習する文化は、文化一般ではない。それは、日本の文化であり、現代の日本において一般に重要なものとして自明視されている文化である。大人になるというのも、抽象的に大人になるというのではなくて、日本人の大人になるのである。むろんこれは、そうでなければいけないという規範論ではなくて、事実である。この事実レベルにおいて、社会化とは、その社会の文化を身につけ、その社会の成員になることをいう。学校は、こうした社会化の機能を専門的に担っている主要な機関である。

しかし、学校はたんに知識・文化を伝達しているだけでなく、それをどの程度習得したかを絶えず評価してもいる。教育学的思考では、評価は子どもの学習を促進するための形成的なものとして位置づけているが、構造的には、評価は社会的な選抜・配分と不可分に結びついている。子どもたちはこんにち、人生の最初の四分の一を主として学校で過ごしているが、そこでの経験とその経験の証明としての学歴・学校歴・資格によって、卒業後の社会的地位が左右されている。これは、いわゆる学歴社会・学歴主義の問題として論じられているところであるが、その功罪はともかく、学校が学歴主義と言われる社会的選抜・配分様式の要に位置する機関であることは、まぎれもない事実である。

文化伝達と評価・選抜・配分という機能に加えて、学校はさらに、その結果が正当なものであると人びとに思い込ませる機能をも果たしている。学校で教えている文化は、われわれの周りにあるさまざまな文化のなかのほんの一部でしかない。それにもかかわらず、その一部の選ばれた文化に、学ぶに値する価値ある文化、次世代に伝えられるべき正統な文化という特別の地位を付与する。その意味で、学校は特定の文化を正統な文化として認定し、その文化の伝達・習得の活動（教育・学習）とそれを基盤にしている社会のありようを正統化し、かくして、文化と社会を世代を越えて再生産するという機能を担っている。こうした学校の機能を、正統化機能・再生産機能という(2)。

この特定文化の伝達と正統化という機能がいかに重要かは、次のような場合を想定してみれば明らかであろう。戦後改革期に、漢字と平仮名まじりの日本語はややこしいからローマ字表記にしたらどうかという意見が占領軍総司令部内にあったことは周知のところだが、もしそれが実行され、学校でローマ字国字化の教育が行われていたら、その後の日本の文化は大きく変ったことであろう。そういう変化・変動の可能性をも含めて、学校は社会の再生産機能を果たしているということである。

さて、学校教育が以上のような三つの機能を三位一体的に担っていることを考えるなら、教育において性差とジェンダーの問題が争点化する理由が理解されるであろう。学校が伝達している文化、その選抜・配分のメカニズムには、社会諸制度を貫徹しているセクシズムが反映している。その意味で学校は、文化社会的な性としてのジェンダーを再生産する装置である。ここに、学校教育をめぐる言説・研究がフェミニズムの運動・思潮・視座の影響を受けざるをえない理由がある。

3 教育・教育研究におけるジェンダー問題の位置

以上のような学校教育の三位一体的機能のゆえに教育においてジェンダー問題は重要なのだが、それゆえにまた、教育の場合には、社会生活の他の領域の場合とは違うむずかしさがある。

第一に、ジェンダー問題は現状の問い直しと改変を迫るが、教育という営み、その中核をなす文化伝達という活動は、現行の価値的・構造的な枠組みを前提にしたところで行われるのが通常である。ところがフェミニズムの問題は、セクシズムによって貫徹されている現行枠組みを前提にしながら、その改変を志向する内容を伝達するという矛盾を教育の過程に負荷することになる。むろん、こうした矛盾はセクシズム／フェミニズムの問題に限られるわけではない。一般に社会科の内容にはその種のものが少なくない。しかし、セクシズムは日常的・直接的な経験世界に広く深く浸透しているだけに、それは現実と理想の矛盾として、あるいは、現実派と理想派の価値対立として、顕在化し争点化しがちである。しかも、この価値対立は、たとえば階層間の不平等のように、目標・理想レベルでの不平等の排除と結果・現実レベルでの不平等の存続の共存を正当化するロジックをもっていない。階層間の不平等の場合、一般的にはメリトクラシーや市場原理が理想とギャップを正当化するロジックとして機能しうるが、ジェンダー不平等の場合、そうしたロジックそのものが価値対立の争点になっている。この点に、ジェンダー問題のむずかしさの一つの基盤がある。

第二に、教育という営みは本来的に未来志向的な営みであるが、それは個々人の成長・発達を媒介にした未来志向性であり、個々人の未来形成力において具現する未来志向性である。この点に、教育におけるジェンダー問題の特異性がある。社会生活の他の領域、たとえば職業活動の場合、ジェンダー問題の構図は、既得権益保持者である男性とその修正・変更を迫る女性との対立、経済的合理性という価値基準と平等性というそれとの対立が基本であるが、その対立は基本的には共時的な対立関係である。ところが教育の領域では、この共時的な対立が、子どもの成長・発達という時間軸をもった次元に投影される。このように共時的な対立が発達過程に投影されるとき、学習過程は、知識・能力の累積・拡張というより、それまでに形成してきた認識と行動の枠組み（ハビトゥス）を修正・改造するというものになる。これは、子どもたちにアイデンティティ形成上の課題・困難を負荷することになる。というのも、ジェンダー・ハビトゥスがジェンダー・アイデンティティを不可分の要素として含んでいるかぎりにおいて、ジェンダー関係の改変を志向する教育はそれまでに形成されたジェンダー・アイデンティティの修正を要求するからである。

第三に、性にかかわるもろもろの差異とカテゴリーは身体的差異にリンクしており、しかも、家族関係をはじめとして生活世界の基底部に広範に組み込まれているだけに、〈自然なもの〉として幼少期より知らず知らずのうちに学習され、認識と行動の基底的枠組みをなすものとして身体化される傾向がある。このため、個々の子どものなかに形成された認識と行動の枠組み（ハビトゥス）が既存の非対称的で不平等なジェンダー構造を反映している度合いに応じて、その改変を志向する教育は、学習過程に混乱の契機を持ち込み、子どもたちに学習上のハンディを負荷することになる。というのも、〈模倣〉が発達・学習の中核的なメカニズムであることは周知のところであるが、ジェンダー問題はその模倣対象を揺るがし不確かにするからである。むろん模倣対象・学習対象の価値的対立・不確かさ・可変性は、ジェンダー問題にかぎられるわけではない。一般に社会科の内容にはその種のものが少なくない。しかしジェンダー問題の場合、その多くは身近な生活経験のなかに埋め込まれているだけに、学習対象と日常性との隔たりが一般に小さい低学年ではとくに、学習対象の揺らぎ・価値的対立が負荷する学習上のハンディは小さくないと推量される。

以上の三点――価値対立、アイデンティティ問題、学習上のハンディ――に、教育におけるジェンダー問題の複雑さとむずかしさが集中的にあらわれていると考えられる。以下では、これらの点を念頭に置きつつ、教育におけるジェンダー問題の現状と課題を具体的に検討しよう。

2　教育における性差と性差別

教育の現場には実際どのような性差・性差別があるかを簡単にみておこう。学校にはさまざまの性差（differences／differentiation）があり、そのあるものは性差別（discrimination）として排除すべきだと主張され、あるものは自明なものとして維持されている。

1　教育機会の男女差（形式的平等と実質的差異／差別）

教育機会の平等は、戦後の教育システムにおいては、少なくとも法制的・形式的には保障されている。しかし、実際には性によるさまざまの差異がある。そして、その多くは単なる差異ではなくて、平等化しなければいけないものとして見られがちである。現在、日本の高等教育進学率は、大学・短大の合計で約三八％、専修学校も含めると約五一％になっている。この割合は、男女ともほぼ同じであるが、四年制大学では約七割が男子学生であるのに対して、短大生の約九割は女子学生である。また、学部別では、人文・家政・薬学系には女性が多いのに対して、理工系・社会科学系の学部では大半が男性である。

これらの違いは、一般には必ずしも差別とは見なされていない。親の奨め・選択も含めて、個々人の〈主体的な選択〉の結果と見なせるからである。しかし、この〈主体的な選択〉自体が問題だという見方がないわけではない。というのも、確かにそれは露骨な外部圧力によって選択させられているわけではないが、性別分業や女性役割に関する社会通念に拘束されているとか、女性の職業機会が限定されているために、その限定された機会構造を見越した選択を強いられているという解釈が可能だからである。実際、各種の意識調査の結果は、こうした傾向が存在することを示しており、そしてフェミニズムの視点に立つ研究者は、この傾向をセクシズムの隠れた働きとして捉えている。

意識調査だけでなく、具体的な行動や制度にも〈隠れたセクシズム〉と見ることのできるものがある。たとえば、旧制中学を前身とする公立高校のなかには、いまでも男子定員の多い学校が少なくない。他方、私立高校の六割は男女別学である。こうした差異を差別と見るかどうかも微妙な問題であるが、歴史的・社会的につくりあげられた教育観・学校間と性別役割観が背後にあることは否定できない。具体的な行動面では、たとえば地元大学への進学率や大学浪人率にも明らかな男女差がある。男子の現役進学率は約二五％であるのに対して、女子の場合は三七％である。つまり、女子の場合、浪人する人は非常に少ないということなのだが、この背後には、いうまでもなく、人生や大学教育に対する構えの違いがある。この違いを差別と見るかどうかも議論の分かれるところであるが、こうした構えの違いを自明視する人びとの意識や、そういう女性の構えを育んでいる文化的・社会的特質を社会生活のなかに埋め込まれている〈隠れたセクシズム〉だと見る立場があることは確かである。

2　教職における性差／性差別

次に、教育する側である教師の場合を見てみよう。女性教師の割合は、表1に示したように、学校段階によって明らかに異なっている。幼稚園では九四％、小学校では六〇％が女性教師であるのに対して、高

表1　各学校段階に占める女性の割合（%）

	国公私立合計			
	在学者	本務教員	校長	教頭
合計	48.1	43.8	—	—
幼稚園	49.2	93.8	—	—
小学校	48.8	59.8	4.9	13.3
中学校	48.8	37.9	0.9	3.1
高等学校	49.7	21.3	2.4	1.6
短期大学	91.7	38.4	—	—
大学	29.3	9.6	—	—
大学院	18.0	4.5	—	—
専修学校	50.6	48.0	—	—

（出典）「我が国の文教政策　平成４年度版」「文部統計要覧　平成４年度版」

校では二一%、大学では一〇%と、少なくなっている。つまり、幼稚園、小学校では女性教師のほうが多いが、上級の学校段階にいくほど男性教師の割合が大きくなっている。これは、職業機会面での性差別であると解釈することもできる差異である。

職位別の割合をみると、女性校長の割合は小学校で四・九%、中学校で〇・九%、高校で二・四%となっている。これは、各学校段階の女性教師の割合と比べると、きわめて小さい。つまり、女性が校長になる確率は男性の場合と比べてきわめて低いということである。これは、教職における性差別の存在を示すに十分な数字である。

教科によって女性教師の割合がいちじるしく異なっていることも、よく知られているところである。家庭科や音楽では、圧倒的に女性教師が多く、また、語学系の教科（国語・英語）も女性教師が比較的多い。それに対して数学・社会では男性教師が圧倒的に多い。

以上は、就業機会・昇進機会の側面での男女差であるが、学校内における役割分担の側面での男女差も重要である。日本の中学・高校では、多くの教師は部活動・クラブ活動の顧問をしているが、運動系のクラブ・部では、男性教師が顧問をしている場合が多く、約六~七割を占めている。それに対して文化系のクラブ・部では、女性教師が顧問をしている場合が比較的多い。日本の学校では、部活動・クラブ活動が大きいウェートを占めており、その顧問は重要な教師の役割となっているが、こうした状況のなかで、部活動・クラブ活動の顧問を分担できるかどうかが教師採用の重要な基準の一つになっているということは、十分にありうることである(3)。

以上のような一連の女性教師の割合を妥当な性差とみるか性差別とみるかの違いの背後には、学校教育の役割や男女の特性に関する考え方の違いがある。幼稚園教師の九割以上、小学校教師の六割が女性であることを、人びとはほとんど問題にしない。むろん気まぐれであるとか感情的だということで批判的に見られる女性教師が少なくないことは知られているところであるが、女性教師が多いのは男性に対する差別であるという意見はほとんど聞かれない。この背後には、幼稚園や小学校段階の教師には母親的・お姉さん的役割・特性が期待されるのに対して、中学・高校へと進むにつれて、父親的・兄貴分的役割・特性が期待されるようになる、という考え方がある。また、青年期の教育は、教える側と教えられる側のあいだに権威関係という点で一定の距離がなければうまくいきにくいという見方もある。この観点からすれば、権威的距離は女性教師よりも男性教師のほうが確保しやすいということが現状を正当化する根拠となる。つまり、学校段階別の女性教師割合の違いは、こうした教育観・学校観や、男女の能力特性についての評価によって正当視されがちだということである。

しかし、フェミニズムの観点からすれば、事態は違って見えることも確かである。青年期の教育で期待される教師役割・教師特性についての前述のような解釈は、男性中心の古い心理学・精神分析学や、調教的で秩序志向の強い古い教育観によるものだということになる。いずれにしても、ここにはたんに職業機会の問題に還元できない問題が潜在していることは、明らかであろう。

3 教育課程・内容における性差／性差別――知識の差異的配分

最初にも述べたように、学校は知識・文化の伝達機関であるが、そこで伝達される知識は、カリキュラム・教育課程として組織化されている。このカリキュラム・教育課程における性差／性差別の典型としてしばしば言及されるのが、中学・高校における技術科・家庭科および体育の問題である。

戦後の教育改革によって日本の中等教育は基本的には共学・総合制の学校で男女共通のカリキュラムを提供するようになったが、それでも、女性のための家庭科、男性のための技術科というように、性別によって異なった知識の伝達・配分が行われてきたことも事実である。しかし、こうした性別による知識の差異的配分も、今回の学習指導要領の改訂で家庭科の男女共習が実施されることになり、次第に廃止されてきていることは、周知のところである。

しかし、問題はそれほど単純ではないことも確かである。家庭科の男女共習については、世間でも学校でもそれほど大きな抵抗はないようだが、体育の実技となると、意見がさまざまに分かれているのが実情である。社会の一般的傾向としては、ジョギングやテニスをはじめとして、スポーツを楽しむという傾向が強まっている。大学のクラブ活動でも、上下関係と厳しい基礎トレーニングを特徴とする体育会系のクラブよりも、気やすさと楽しさを重視するサークルのほうが盛んになっている。その傾向は高校までの体育の時間にも除々に浸透しはじめているようだが、もう一方で、少なくない男子生徒の間で、女子と一緒では思いきり力を出すわけにいかない。思いきり体を動かすことができず欲求不満がたまるような気がする、といった声もある。むろんスポーツの種類によっても異なるであろうが、ともあれ、スポーツ・体育に何を期待するかに違いがあるわけで、これは単純にどちらであるべきだと決めることのむずかしい問題である。かつてギリシアの時代、スポーツが盛んであったが、アテネとスパルタでは、同じ身体トレーニングでも違う意味が付与されていたと言われている。アテネではスポーツの究極的な目的は美の追求にあったが、スパルタでは強さの追求にあった。同じ身体活動でも、美を追求する場合と強さを追求する場合とでは形態に違いが生じると考えられるのだが、学校教育でも体育の時間が何を実現する時間と考えるかによって、つまり、何を目的とするかによって、男女一緒のほうがいいのかどうかの判断が分かれることになる。

別学・別習の問題は、明示的な知識の差異的配分であるのに対して、近年のジェンダー研究では、教科書の内容をはじめとして教材のなかに組み込まれた性差・性差別が指摘・告発され始めている。たとえば国語や歴史の教科書に出てくる登場人物は、圧倒的に男性が多い。むろん女性も出てはくるが、その場合、固有名詞としてではなくて、〈女の人〉とか〈だれそれの妻〉といった普通名詞として出てくることが多い。また、教科書にはさまざまの職業が出てくるが、多くの場合、職業人としての男性、外で仕事をしている男性、家庭人としての女性、家庭で悶々とした日々を過ごす女性、といったステレオタイプな役割分担が前提になっている。さらに、男性登場人物が従事している職業にはバラエティがあるのに対して、女性の場合、教師や看護婦というようにバラエティに乏しい。こうした傾向は教科書の内容分析によって統

図1

計的にも有意な差異として確認されているところであるが(4)、別学・別習の場合とは違って、そこに描かれ提示されている性別の役割分担や行動様式の違いは、伝統的な性別分業や性別役割規範を子どもたちのなかに植え付けていく〈隠れたカリキュラム〉となっているというのが、フェミニズムの観点からの解釈・批判である。

この問題は、前節でも述べた学習上のハンディやアイデンティティ形成にもかかわる微妙で複雑な問題である。そこで、具体的に教科書の内容を少し見ておこう。図1～図4は、現在使われている中学校の技術・家庭科の教科書と小学校1、2年の生活科(かつての理科と社会を併合した教科)の教科書からの抜粋である。いずれも東京書籍の教科書からのものであるが、生活科ではこの教科書がもっとも多くの学校で使われている(5)。

図1は朝の登校風景の挿絵である。道路を歩い

図2

ているネクタイをした二人の男性と右端の肩からショルダーバックを下げた女性は、出勤途上にある。左のほうで見送りをしているのは母親(女性)である。右上の二階の窓から布団を干しているのも母親、そのまた右のやはり布団の干してある家で掃除機をかけているのも母親である。これはごく日常的な朝の光景であり、一般的な役割分担をそのまま挿絵にしたものだと考えてよいであろう。

図2は、「上手な買物をするにはどうしたらいいか」という単元で出てくる挿絵である。靴屋さんの店員は必ずしも男性とはかぎらないが、この挿絵では、靴屋さんのレジ台にいる店員は男性になっている。他方、同じ図で「消費者の権利」と題された挿絵では、消費者の権利を主張しているのは女性になっている。つまり、この図は、意識的にかどうかはともかく、男性は職業人(販売者)で、女性は消費者という定型的な役割分担を前提し、暗示していることになる。

図3では、一軒の家のなかに、家族の団欒の光景、料理をし

ている人、二階では洗濯をする女性、三階では掃除をしている男性が描かれている。団欒の光景では、中央に父親が座り、本か新聞を見ており、それを子どもが覗き込んでいる。図4は、学校でクラッカーサンド作りをした子どもが、家に帰っておやつを作り、父親に食べてもらおうと手渡しているところである。しかし、買物の点検役は母親で、味見役は父親になっている。しかも母親はエプロンをかけ、父親は左手に新聞を持っている。ここには定型的な役割分担が再現されているわけだが、それにしても、なぜこういう場面でも父親は新聞を持たねばならないのかという疑問がだされても不思議ではない構図になっている。

図3

　以上は、生活科や技術・家庭科の教科書に描かれている典型的な父親像・母親像である。父親は、外での仕事・出勤、一家団欒、外部世界の情報源といった役割の担い手として描かれているのに対して、母親は、家事、育児、お年寄りの介護、一家団欒のなかでのおしゃべり、お茶を入れているといった状態が描かれている。これは日常の家庭生活で見られるごくありふれた光景である。したがって、こうした挿絵は、偏っているとか、歪んでいるとか、現実を歪めていると言うことはできない。むしろ、現実を非常に写実的に描いているといえる。しかし見方を変えれば、あるいは、フェミニズムの観点からすれば、それは、男性中心の社会のあり

図4

よう、伝統的な性別分業・性別役割の社会を、自明のものとして子どもに伝達していると解釈することができる。この解釈によれば、こうした〈隠れたメッセージ〉〈隠れたカリキュラム〉が、男女間で異なった行動様式・役割観・将来展望を知らず知らずのうちに植え付け、その結果として、先に見たような教育達成の男女差を生み出しているということになる。

4　教育過程における性差／性差別——隠れたカリキュラム

教育過程には、こうした〈隠れたメッセージ〉を含むと考えられる慣行が少なくない(5)。たとえば男女別名簿の問題。近年マスコミ等でも批判的に論じられているが、たいていは男生徒が一番から始まり、女生徒は三一番から始まるというように、男生徒が前半に配された名簿がこれまで一般的であった。

子どもたちの能力・適性や役割分担についてステレオタイプな性別イメージがあり、教師は無意識的にそのイメージにしたがって子どもたちに接していることが少なくない。たとえば、男生徒が騒いでいると、「乱暴するな」「怪我をするぞ」というように、その行為がもたらすかもしれない被害について、それを抑制・防止するための指導をすることが多い。ところが女生徒の場合、女らしく行動するようにという類の注意をする場合が多い。また、女生徒が数学や理科で良い成績をとると、「女の子にしてはなかなかできる」といった類の評価が職員室などで聞かれることが少なくない。こうしたステレオタイプな性別イメージとそれにもとづく行動様式が、教育過程には多数存在している。

同様の差異的処遇は進路指導場面でもしばしば見られる。女子高校生がどの大学に進学しようか、英文科にしようか仏文科にしようか迷っていても、教師は、生徒の興味がどこにあるかを聞き、本当にやりたいことをやるのが一番だ、といった内容的な助言をする傾向がある。ところが男生徒が文学部の英文や仏文を希望すると、就職がむずかしいぞといった類の助言をする教師や親が少なくない。

こうした指導・助言に見られる男女差の背後には、大学教育に対する男女間での評価の違い、さらには、〈男は仕事、女は家庭〉という伝統的な性別役割観がある。男子の場合、就職は当然のことであり、大学教育はそのための準備として、つまり手段的価値をもつものとして位置づけられている。それに対して、女子の場合、就職に有利か不利かは二次的で、むしろ自分の興味・関心を優先すればいいというのである。ただし、この興味・関心の優先には、たとえば地元の大学、自宅通学、人文系の学部などの条件がつく場合が少なくない。それは、就職のための手段というよりも、家庭の経済水準・教養水準や本人の教養水準を象徴するものとして、つまり、地位表示機能・象徴的機能をもつものとして位置づけられているからでもあろう。

これまでに見たのは教師が生徒をどう処遇するかという側面での性差であるが、それだけでなく、生徒同士の関係における性差・性現象も重要である。近年、アメリカやイギリスでも共学・別学の是非をめぐる議論が盛んになっている。アメリカでは一九七〇年代以降、名門女子大が相次いで共学になったが、やはり女子大のほうがよかったのではないかという声が近年強まってきている。とくにフェミニズムの観点からは、学生間での役割分担をめぐる問題が注目されている。女子大では伝統的にすべての役割が女子学生によって担われていた。ゼミでもサークルでも、リーダーシップ・まとめ役、企画・交渉・準備などさまざまの役割をすべて女子学生が分担していた。ところが共学になると、能力のある女子学生も無意識のうちに男子学生に追従する立場にたってしまう、男子学生がリーダーシップをとり、女子学生は補佐的・追従的立場に立つことが多くなるというのである。大学生活における多様な役割分担（ロール・プレイ）が、女子大ではすべて女子学生によって担われるのに対して、共学になると、社会一般のジェンダー関係（性別分業や男らしさ・女らしさのイメージ）を反映してしまうというのである。

こうした事態をどう評価するかはむずかしい問題であるが、性別ステレオタイピングや性別ロール・プレイが生徒関係のなかで多様な様相を呈し、重要な機能を果たしていることは、いくつかの研究で明らかにされている。私の指導学生が東京都内のある女子高で行った調査でも明らかにされていることであるが、一所懸命に勉強し自分の能力を生かせる職業につこうと考えていて、結婚するかどうかは職業についてみないとわからないといったオリエンテーションを持っている女子生徒もいれば、幸せな家庭生活を志向し、それを先取りした高校生活を過ごしている子もいる。そういう多様なオリエンテーションと生活スタイルは、たんに個々の生徒のなかで独自に選び取られているのではなく、多様な友人関係のなかで相互作用的に選び取られているという側面がある。仲良しのだれそれがどうだから自分もそうしたいとか、敵対関係にあるグループの子がどうだから、自分はああいう人たちと同じになりたくないとか、学校における多様な人間関係・グループ関係のなかで将来展望・行動様式・役割規範が選び取られ内面化されているという側面がある。しかも、そこには、社会一般に流布している多様な性別ステレオタイプが反映している。伝統的な性別役割や〈男らしさ／女らしさ〉に対する生徒たちの対応の仕方は、集団的な関係のなかで多様な様相を呈しながらも、社会一般のそれを反映している(7)。

以上に見てきたように、教育機会、教師の男女別割合、教育課程や教科書の内容、学校における教師・生徒関係や生徒間関係など多様な側面において、性差が存在し、そのあるものは性差別として批判・告発され、あるものは自明のものとして日常的に再生産されている。そこで次に、そうした性差・性差別・性現象をどう解釈し、どう評価すればよいのかについて考えてみよう。

3　学校におけるジェンダー・カルチャーの構造と機能

1　教育知識の編成原理と学校教育の正統化機能

最初にも述べたように、学校は知識・文化・価値を伝達している機関である。そこでまず、それはどのような知識・文化・価値なのか、それはどのように選択・編成されているのかという点に関して若干の原理的特徴を確認しておこう。

日本の場合、どのような知識・文化を、どのように、どの段階で学ぶかについては、学習指導要領でその大枠が決められている。その枠組みの決定基準になっているのは、第一に、当該社会における学問や知識の体系である。たとえば物理・化学・生物・地学は、小・中学校では理科という一つの教科として教えられている。それは自然界の事象として共通の範疇に属すると考えられるからであるが、高校では、それぞれ別系統の知識の集合として別々の時間枠のなかで別々の科目として教えられる。国語と英語はどちらも言語であるが、別系統の言語ということで別々の教科として教えられている。しかし、大学での言語学の講義では、両者は他の多様な言語とともにその対象として言及される。ともあれ、何をどのように教えるかを決めている主要な基準の一つは、学問・知識の体系である。

二番目の主要な基準・原理は、学習者である子どもの発達段階・能力水準である。小学校一年では数の教え方や足算・引算を教え、二年生では九九や掛け算を教えるとか、小学校では社会の身近な出来事を教え、中学・高校に行くにつれて、その基盤にある法制度や構造的特質を教えるとか、小学校では現代国語・口語を中心に教えるのに対して、中学・高校では古文や漢文も教えるというのは、いずれも、子どもの発達段階・能力水準に見合うように教えるという考え方である。つまり、多様な知識・文化を子どもの発達段階に見合うように配列するというのが、二番目の主要な原理である。

三番目の基準は、多様な文化的・社会的要請である。その一つは、日本のすべての子どもに日本文化の核となっているものを教えるという要請である。日本社会の構成員であれば最低限これだけのことは必要だという内容を教えるという側面である。たとえば日本語の知識・言語能力は、その典型例である。これは、とくに義務教育段階で重視されている側面であり、上級段階の学校に行くにつれて内容的に分化・多様化していく傾向がある。しかし第二に、たとえば日本語といっても、さまざまの方言があるなかで、一般的には標準語・共通語と言われる特定の日本語が学校では教えられる。それは、新聞やNHKで使われている日本語であり、社会的に〈望ましい／正統〉とされる日本語であるが、その中核を占めているのは、歴史的・社会的に優勢な勢力によってつくりあげられてきた合成語である。つまり、社会的に優勢な言葉・知識・文化が〈正統な価値ある〉知識・文化として教えられるというのが、文化的・社会的要請の第二の傾向である。さらに第三の傾向として、重要な生活領域の文化が教えられるという傾向がある。上級の学校段階に行くにつれて、すべての子どもに共通の文化を教えるというのではなく、子どもたちの将来の職業や生活様式に見合う知識・文化を教えるという傾向がある。専門的な知識・文化はその主要なものである。つまり、多様な知識・文化を将来の社会生活に見合うように差異的に配分するという側面である。

　学校が伝達している知識・文化の内容は、大雑把に言えば、これら三つの原理・基準によって選択・編成されていると言える。しかし、どの原理・基準によっているにしても、その選択過程はきわめて〈社会的〉なものであり、その内容には種々の性差別や階級的偏りや社会的秩序づけが含まれているということが、近年の社会学的研究・フェミニズム研究で指摘されてきている。

　まず、共通言語・共通文化を伝達しているという点について考えてみよう。ことばには、男性語・女性語・中性語と区別してもいいような微妙な差異がある。また、論理的な文章を重視する教師もいれば、叙情的な文章を好む教師もいる。日本では入学試験が重要な共通化作用を果たしているが、いずれにせよ、この点での選択は多分に好みの問題でもあるが、一般的傾向としては中性語、論理的文章が教育言語の中核を占めている。国語の教科書には多様な文章が載っているにしても、他の諸教科をはじめ、公的な教授

・学習過程における言語は、基本的には中性語・論理的文章である。しかし日常生活における言語空間との関連では、それがどちらかというと中産階級の言語空間に近いものであることは、B・バースティンをはじめとして言語社会学者の指摘しているところである(8)。

第二に、優勢な知識・文化が選ばれ伝達されているという点について。すでに述べたように、学校言語と種々の方言との関係や、英語と他の外国語との関係には、われわれの社会における勢力関係が反映しているが、その関係は、そうした言語教育を通じて自明のものとして追認されている。日本の学校では一般に英語を第一外国語として教え、大学では英語のほかに第二外国語の履修を義務づけている。こうした外国語学習の規定には、英語がもっとも重要で、次いで第二外国語として選ばれる言語が重要で、その他の外国語は学校で教える必要はないというように、外国語についての一定の序列づけが含まれている。言語教育にかぎらず、同様の序列づけとその追認の機能を学校教育は果たしている。学校で教える知識・文化は重要で価値があり、そうでない知識・文化は必ずしも覚える必要はないというメッセージを、学校教育は潜在的に伝えている。

第三に、多様な知識が教育体系のなかで差異的に配分されているという点について。学校教育では多様な知識が、学校段階が高くなるにつれて高度な知識が教えられるというようにハイアラーキカルに配列されており、もう一方で、多様な生活領域に見合うように学校系列（学部・学科）によって差異的に配分されている。この知識の配分・配列のハイアラーキカルな構造は、結果的に、それに対応する生活領域や職業の序列化に寄与することになる。高等数学のような高度な数学を必要とする職業は非常に限られているが、そういう高度な数学は大学で教えられる。大学で教えられるような高度な知識を多少なりとも必要とする職業は、その知識が教えられる学校・課程の相対的位置に対応して高い序列を付与されることになる。

以上の三点はいずれも、最初に述べた学校教育の正統化機能・再生産機能にかかわる問題である。学校教育のこうした機能のゆえに、近年のフェミニズムの言説のなかで学校教育のあり方が鋭く問われているのである。私は、その批判的言説や問い直しの試みの多くについて、きわめて妥当なものであると考えるが、もう一方で、そうした多様な差異や差別を埋め込んだ現状の直接的でラディカルな改革を主張するフェミニズムの運動に対しては、素朴なしかし基本的な疑問を提起せざるをえない。それは、学校教育について考えるうえでの重要な問題であると同時に、教育におけるフェミニズム問題の難しさの源泉でもある。

2 性差・性差別の構造的基盤と認識枠組みの形成

第一は、〈認知能力の発達過程は知識内容と無関係でありうるか?〉という問題である。前述の挿絵をもう一度見ていただきたい。それは小学校一、二年生の生活科の教科書から抜粋したものであったが、他の出版社のものも同様で、生活科の教科書は挿絵や写真や図表が中心であって、文字は非常に少ない。かなり昔からある『キンダーブック』という幼児向けの雑誌に似ているというのが生活科の教科書を初めて見たときの私の印象である。この教科書を使って教師はどのような授業をするのだろうか。おそらく一般的には、そこに書かれている内容を理解し、ときにはそれを実習してみるということになるであろう。たとえば前述の〈上手な買い物〉の場合であれば、絵の内容を確認することから始まるであろう。挿絵や写真を見ながら、この人はだれでしょうか、何をしているのでしょうか、と確認する作業から始まるであろう。そこで、仮に前述の図1で、玄関前で見送っている人や二階で布団を干している人が父親ふうの人であったら、子どもたちは何と言うだろうか。たぶん「先生、この絵ちょっとおかしいよ」という子どもが少なからずいるであろう。

ことばや知識を獲得し、知的能力を発達させていく過程は、たんにことばの形式や抽象的な論理を習得するだけの過程なのではない。それに対応するさまざまの事象や役割をセットにして習得していくというのが通常であり、したがってまた、ことばや知識を獲得していくうえで重要なことでもある。たとえば幼稚園児に漢字を教える場合、個々の漢字を個別に覚えさせようとしても、複雑な漢字を覚えさせることは容易なことではない。ところが、たとえば〈犬が橋のところに来て、水に写った自分の姿をみてワンと吠えたら、肉が川に落ちてしまった〉といった（イソップ）童話と一緒に教えると、橋や姿のような複雑な漢字でも比較的容易に読めるようになる。つまり、子どもは物語（ストーリー）のなかで漢字を覚えるのであり、生活の文脈のなかでその文脈とセットにことばや知識を習得するということである。さらには、その物語や文脈のなかで考える力、推理する力を訓練し、発達させていく。

そこで問題は、日常生活での一般的な経験とは異質な事柄・知識が教科書に書かれている場合、子どもの学習過程はどのように展開するかということである。たぶん、そうした事項に接した場合、戸惑い違和感を感じ、認識上の混乱を経験する子どもが少なくないであろうし、その可能性は低学年ほど大きいであろう。むろん、そうした戸惑いや混乱が無用なものだとか有害なものだと断定する理由はない。それが次の発達へのステップとなるなら、むしろ望ましいと言わねばならない。しかし、混乱したままで次に進めないということになるなら、それは望ましいことではない。

この点に関連して、イギリスの教育社会学者B・バーンスティンが展開している議論は示唆的である。日常の経験世界とは異質な出来事や抽象的な知識を理解する能力は、中産階級の家庭の子どものほうが労働者階級の家庭の子どもより高いが、それは、労働者階級の日常的な言語行為やコミュニケーション様式が生活の文脈と密接に結びついているからだというのである。階級言語の状況は社会によって異なるから、このバーンスティンの議論をそのまま日本社会に適用するわけにはいかないが、言語能力の発達と言語経験と生活上の文脈のあいだには密接な関係があること、さらには、言語経験や生活上の文脈は階層や地域や性によって異なるから、その違いに応じて言語能力の発達が左右される傾向があるということは、一応の知見ないし示唆として確認してよいであろう。

前述の挿絵に戻って考えてみよう。前述の挿絵で女生と男性、母親と父親との役割が入れ替わっていたら、不思議に思い混乱する子どもと、そうでない子どももいるであろう。たとえば私は大学の教師で、出勤時間はまちまちであるから、母親が早朝に外出し、父親が子どもに「いってらっしゃい」と言うこともある。こういう経験をもつ子どもの場合、女生と男性が逆の挿絵があってもおかしくないと考えることができるであろう。しかし、父親が毎日定時に出勤し、母親がいつも家にいる子どもの場合、「それはやっぱりおかしい、うちのお母さんはいつも家にいて掃除をし布団を干し、お父さんや子どもに『いってらっしゃい』と言うよ」と言っても不思議ではない。

実際、「小学校のテストの問題で、世間一般の慣行とは違う答えを書いたら、バツがついたが、このようなバツや問題はおかしいのではないか」といった投書が、新聞や雑誌の投書欄にしばしば掲載されている。生活世界・生活経験が違えば正解も違ってくるということなのだが、ここで考えるべき点は、正解が多様でありうるような出題をするのはおかしいというようなことではなくて、どうして特定の答えが正解になるのかがわかる子どもと、それがわからず同様の間違いを繰り返す子どもがいるということである。具体的な答えが違っていたとき、その理由がわからずに足踏みする子どもと、ある答えが正しくて別の答えが間違いになる理由を理解して次のステップに行くことのできる子どもがいる。バーンスティンの理論仮説によれば、中産階級・高学歴者の子どものほうがその理由、その判断基準（メタ知識）を理解する傾向があるということなのだが、要するに、生活経験の階層差が判断基準というメタ知識の理解度に反映するということである。ジェンダー問題の多くは日常の生活世界に広く深く埋め込まれているだけに、この点は重要である。ジェンダー問題と階層差（社会経験の系統的な差）の問題は密接に絡み合いながら、しばしば価値的に鋭く対立する局面を持って展開しているだけに、理念論はともかく、教育内容の具体的変更にあたっては、慎重な検討が必要である。

第二は、〈教育内容は優勢な文化・経験と無関係でありうるか？〉という問題である。これはすでに繰り返し述べたことであるが、たとえば学校言語は今日、標準語・中性語・論理語ではなくて、どこかの方言、女性語もしくは男性語、叙情的言語を中心にしたものでありうるかという問題である。むろん、学校で言語の多様なヴァリアントを教えてはいけないということではないし、実際、国語の授業では多様なヴァリアントを教えることも重要な課題になっている。しかし、国民国家として共通の文化圏をつくりあげ、その中枢に学校教育を位置づけてきた近代以降の社会では、一定範囲の共通言語・共通文化の伝達を教授（とくに義務教育段階の学校）の中心的課題としてきた。むろん、多言語国家のなかには複数の言語を学校言語として用いている場合がないわけではない。それは、言語は認識とアイデンティティの根幹にかかわる事項と見なされているからであるが、そうであるなら、なおのこと、学校が伝達する言語・知識・文化の決定・改変は重大な問題であり、十全な検討を要する問題である。そこで問題は、学校で伝達される知識がどこまで当該社会で優勢な知識や生活世界の編成の仕方から乖離・矛盾したものでありうるかということである。

第三は、〈教育内容は知識や生活領域のハイアラーキーと無関係でありうるか？〉という問題である。個々人のなかでも、社会一般においても、知識や生活領域にはある種のハイアラーキーがある。優先順位や難易度の違いがある。私は昔腰を痛めたことがあって重いものをほとんど持てない。一方で非常に重いものを持つことのできる人がいる。しかし、たとえば文章を書くとか、話をするということであれば、十時間でも続けることができるだろう。ともあれ、どちらの能力が重要かを決める絶対的な基準があるわけではない。しかし、現代社会の一般的傾向としては、言語的・知的能力のほうが運動能力よりも重視されている。それは一つには、現代産業社会における職業の多くが運動能力よりも言語的・知的能力を必要としているからである。またもう一方で、言語的・知的能力は学校教育を通じて小学校から大学に至るまで一貫して重要な教育内容として教えられ続けるが、運動能力の育成はある段階でストップする。それから先は、特定領域の職業（たとえば体育教師やスポーツ選手）を志向する人たちだけが学習することになる。つまり、より高い段階まで学校で教えられる領域は、一般に、その社会でより広い範囲で重要な領域として位置づいているということである。

このようなハイアラーキーが知識・文化のなかにあるとするなら、学校でどのような知識をどのように教えるかをめぐっては、そういう構造化の作用が絶えず働いていると考えざるをえない。そこで問題は、そうした構造化の枠組みから逸脱した知識の教え方がどこまで可能かということである。

以上の三点、教育知識・学校知識の編成原理をめぐる三つの問題を踏まえて、ジェンダーにかかわる知識・文化の伝達の問題を次に考えてみよう。

すでに述べたように、教育機会、教師の男女別構成、教科書の内容や学校における諸慣行に埋め込まれた性差／性差別など、学校にはさまざまの性差・性差別・性現象が充満している。しかも、多くの教師も生徒も、その多くを自明のこととしてさまざまの努力を日常的に行っている。その日常的な努力・営為をどう解釈・評価するのかという点を、まず考えてみよう。

たとえば、教師は男女の資質の違いや〈男らしさ／女らしさ〉のイメージを前提にしたところで、教育上の努力と配慮を行っている。その努力と配慮は社会一般の慣行と相似であるのが通常である。また、男女の資質についての認識や〈男らしさ／女らしさ〉についてのイメージも、たとえステレオタイプだと批判されようとも、社会一般に流布しているものと大概は相似的である。しかも、その努力と配慮は、ジェンダー問題にかかわるだけでなく、他のさまざまな問題と重なり合っている。たとえば、日本の小学校ではグループ活動が多いが、そのグループ編成・班編成の仕方を考えてみよう。それは学校にかぎらず、職場におけるチーム編成の仕方などでも見られるものである。特定の目標のもとに意図的・組織的にグループを編成する場合、まったくランダムに人びとを組み合わせるということはほとんどない。むろんランダムに編成されることがないということではないが、それはランダムでもいい場合である。たとえば座席グループや作業グループの場合、多くの教師は、男の子と女の子のバランスを考えるとか、一人ひとりの子どもの性格や能力を考えてさまざまの配慮をしている。幼稚園や小学校の低学年であれば、何月生まれかによって活動力や判断力に違いがあるので、低学年であればあるほど、その傾向は強い。こうした配慮が、個人差はもちろんだが、性差についての一定のイメージに基づいて行われている場合が少なくない。

こうした側面を踏まえるなら、少なくとも次の三点について考える必要があろう。第一は、学習効率の問題である。すでに述べたように、とくに低学年で日常的な経験世界とは異質な要素を明示的な教育内容として提示する場合、いまよりはるかに大きな時間と努力が必要になり、しかも、子どもたちの日常経験の質に対応して理解度にいま以上の差が生じる可能性があるということである。第二はアイデンティティ形成の問題であり、価値選択・価値対立の問題である。性差・ジェンダー問題は日常的な経験世界に広く深く埋め込まれているだけに、幼少期から経験のなかでジェンダー・アイデンティティは除々に形成されてきている。そのアイデンティティ形成の過程のどの段階でどのように介入するのが適切かという問題は、学習効率の問題であると同時に、人間と社会のありようをめぐる価値的選択の問題でもある。この点については、後でもう一度検討する。

教育におけるジェンダー問題のむずかしさは、まえにも述べたように、共時的な対立が発達過程・学習過程に投影される点にある。ラディカルで直接的な改変を主張する立場は、この投影が孕む問題性を軽視して、教育の内容と過程における性差別的慣行の全面的な改変を主張する傾向がある。しかし、以上の諸点を踏まえるなら、第三に考えるべき点として、どの部分を改変のフロンティアとするのが適切かという問題が重要だと言えるだろう。教育内容のどのような部分、教育過程におけるどのような慣行を、学校教育のどの段階で変えていくのか、どの段階で争点を含んだ問題として子どもたちに提示するのか、これらの具体的・戦略的な問いを十分に検討することが、教育におけるジェンダー問題を考える場合、重要だと考えられる。

教育の明示的な内容、たとえば教科書の内容に関していえば、その内容編成で重要なことは、真理性・代表性・道徳性の三つの基準を重視することである。真理性というのは、学問・科学の成果において正しいと見なされていることを歪めないということである。代表性というのは、生活世界で一般的な事柄・知識を基本的には重視するということである。ただし、この代表性は、すでに述べたように、生活領域の分化に対応しているだけに、真理性に比べて二次的基準とならざるをえない。最後に道徳性というのは、一般に言われる道徳のことではなくて、何らかの〈善さ〉なり価値についての判断にもとづいて教育の内容は選択され配列されているということである。性差にかかわる事項の多くは、この道徳性の問題を含んでいるだけに、今日、争点化しはじめているのであり、また、難しさがあるのだが、ここで注意すべき点は、真理性の基準と同様、その適用は漸次的・段階的であっていいし、また、そうであることがたぶん望ましいということである。ここに漸次的・段階的というのは、たとえば、物理や数学や経済の知識にしても、最初から理論的・体系的に知識が提示されるのではなく、具体的・部分的なところから漸次的・段階的に積みあげるというような配列・構成の仕方をいう。ジェンダーにかかわる知識・行動様式にしても、どこまで厳密に構想することができるかどうかはともかく、多少なりともそうした検討が不可欠なように思われる。

3　教育システムの理念とメッセージ構造

最後に、教育システム・教育過程の理念と構造について、アイデンティティ形成との関連で検討しよう。学校教育は、建前・理念のうえでは、男の子であれ女の子であれ、すべての子どもが努力をして一定以上の成績をとれば次の学年・学校へ進級・進学できるというシステムになっている。小学校一年生から二年生へ、二年生から三年生へと進級するにつれて、知識・能力の水準は高まっていく。高校に進学できるかどうか、大学に進学できるかどうかは、基本的には、個々の子どもがどの程度の学力を身につけたかによって判断される。その意味で学校教育は基本的に業績主義的でメリトクラティックなシステムになっている。これを業績主義の原則と呼ぶことにしよう。

第二に、学校教育は一人ひとりの子どもの個性・可能性を伸ばすことを理念的な課題としている。先の臨教審においても強調されたところであるが、ともあれ、個性尊重という原則がある。さらに第三の原則として、機会均等の原則、男女平等の原則がある。男子と女子を差別すべきでないし、男子であれ女子であれ、学力と意欲があれば、上級段階の学校に進学できることになっている。

つまり、学校教育は、業績主義・個性尊重・男女平等を指導理念としたシステムとして編成され運営されているはずである。しかし現実には、学校教育が〈隠れたメッセージ〉を伝えていることは確かである。すでに見たように、教科書の内容にも、学校における諸慣行のなかにも、女性は家庭に入るものであり、男性は一生働いてお金を稼いでくるものであるというメッセージが含まれている。つまり、この隠れた〈メッセージ構造〉は男女間で異なっているということである(9)。この〈メッセージ構造〉が、現代の日本社会において規範化している〈ジェンダー構造〉を反映していることはいうまでもない。

図6は、この〈ジェンダー構造〉を女性の場合について図式化したものである。横軸は、冒頭でも述べたように、ジェンダーの次元、すなわち性別分業・性別役割の次元で、生活時間の主要部分を職場で過ごすのか家庭で過ごすのかという軸である。それに対して縦軸は、他者のまなざしに対してどう振る舞うか、どう自分を表現し、どのような空間をつくりあげるかという側面、言い換えれば、生活空間の編成に関わって表出性・共同性と手段性のどちらをどの程度重視するかという側面で、これをセクシュアリティの次元と呼ぶことにする。

この図式化によれば、伝統的な性別分業規範における構造は、男性が手段性と職場の象限(第四象限)に位置し、女性が表出性と家庭の象限(第二象限)に位置すると言えよう(図6の(a))。むろん、こんにちそうした伝統的な性別分業規範とジェンダー構造が批判され揺らぎ始めていることはいうまでもない。そして、その揺らぎはとくに女性の生き方において先導的に実現されつつあるのだが、それを図示したのが

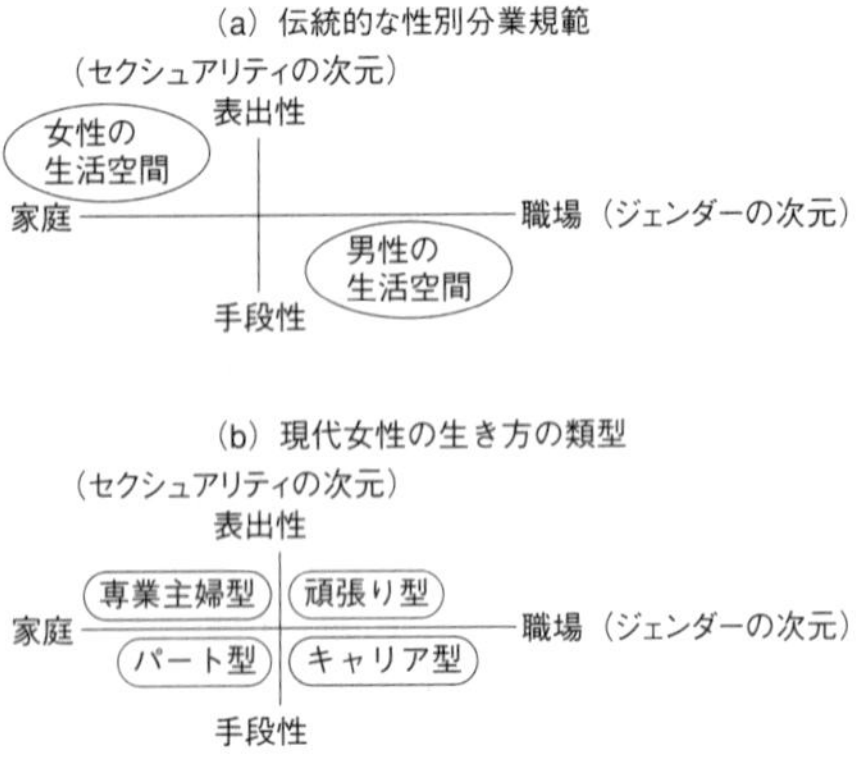

図6　ジェンダー構造（社会）

図6の(b)である。それは、多様な女性の生き方を、頑張り型、キャリア型、パート型、専業主婦型の四種型に区別して、各象限にプロットしたものである。頑張り型は、家庭もきれいにしておきたいし自分の仕事も続けたい、家庭も職場も引き受けて、時間的にも体力的にも精神的にも頑張るタイプである。それに対してキャリア型は、家庭は食べて寝る場所であり、掃除が行き届かなくてもいい、何を食べていようが健康でさえあればいい、自分がやらなくても夫や母親がやってくれるならそれでもいい、ともあれ職業優先の生活を志向するタイプである。他方、専業主婦型は、家庭を大事にし、家庭を居心地のいい豊かな空間にすることを重視し、その責任は自分にあると考えるタイプである。それに対してパート型は、家のなかは多少雑然としていてもいい、自分も少しは外に出て仕事をしたい、外の空気をすいたい、お小遣いを稼ぎたいというタイプである。男性のオリエンテーションが一般的には未だ図6(a)に近いのに対して、女性のオリエンテーションがこうした多様なタイプに分化しているというのが、今日の状況である。

では、学校の〈メッセージ構造〉はどうなっているであろうか。図7の(a)および(b)は、それを男女別に示したものである。この図の枠組みは、横軸の言葉は違っているが、図6のそれと同じであり、〈共同性

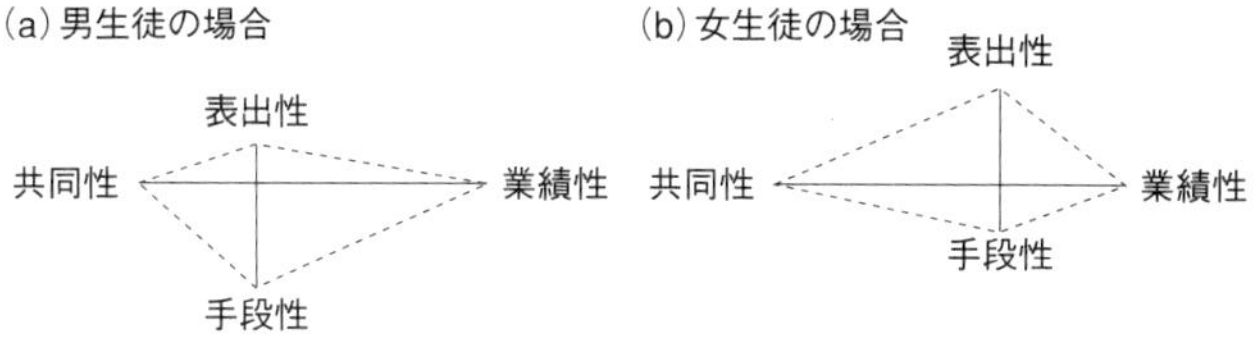

図7　メッセージ構造（学校）

vs業績性〉の軸は、〈家庭vs職場〉をその中軸的な価値に言い換えたものである。
また、男女別のメッセージ構造は、図6の(a)の伝統的な性別分業規範の構造に対応している。社会一般におけるジェンダー構造では、男性の生活空間は主として手段性と職場の象限で規範化されているように、学校におけるメッセージ構造は、男生徒の場合、手段性と業績性が大きく膨らんだものになっている。それに対して女生徒の場合、女性の生活空間が家庭と表出性の象限で規範化されているように、学校のメッセージ構造は表出性と共同性が膨らんだものになっている[9]。学校のメッセージ構造がこのように男女間で異なっているということは、これまでの話のなかで例示してきたとおりである。教科書の内容にも、教師の指導・助言のなかにも、学校におけるさまざまの役割分担や日常的な慣行のなかにも、さらには、卒業生の進路のなかにも、そうした偏ったメッセージが埋め込まれている。そしていうまでもなく、こうした男女別のメッセージ構造が、男女別のジェンダー・アイデンティティの形成とジェンダー構造の再生産に寄与していると考えられるのである。

とはいえ、問題はそれほど単純でないことも事実である。男子の場合、学校教育の明示的理念も、メッセージ構造も、さらには社会のジェンダー構造も、手段性と業績性の強い空間になっているために、それ以外の空間を志向することがむずかしい。言い換えれば、手段性と業績性の空間（第四象限）で成功できなかったからといって、他の象限を志向するというわけにはいかない。それは敗者・落語者というレッテルを貼られることになりかねないからである。他方、女子の場合、学校の明示的理念は業績主義・平等主義であり、業績性・手段性の側面も一応重視されている。しかし、メッセージ構造は表出性・共同性のほうに膨らんだものになっている。つまり、明示的理念とメッセージ構造のあいだには矛盾がある。この矛盾は、一方で葛藤の源泉となるが、もう一方で、多様な選択肢の基盤ともなる。結婚か就職か、家庭重視かキャリア志向か、子育てか仕事優先かといった二律背反的状況に追い込まれる場合が少なくないが、もう一方で、二律背反というより、むしろ多様な選択肢が用意されていると見ることもできる。第二象限（共同性と表出性、家庭と表出性）を選ぶことになっても、第一象限ないし第三象限を選ぶことになっても、男子の場合とは違って、敗者・落語者のレッテルを貼られることもなければ、自己嫌悪に陥る必要もないのが普通である。しかし、男子の場合、そうした象限を積極的に選択できるケースは、現在までのところでは、少数派だと言わざるをえない。

しかし、こうしたジェンダー構造が揺らぎ始めていること、それに対応してメッセージ構造の再編をもたらすかもしれない動きが出始めていることも確かである。とくに消費文化の拡大・進展と価値観・生活様式の多様化が進み、もう一方で、フェミニズム運動が拡大するなかで、伝統的なジェンダー構造が問い直され、その問い直しが進むにつれて、ジェンダー構造やメッセージ構造のもつ意味合いが逆転しはじめている。産業社会・学歴社会の一元的尺度に拘束され、挙げ句の果てには〈産業廃棄物〉になるかもしれない男性と、多様な選択肢のなかで積極的に生きることが可能になり始めている女性という見方が出始めていることは、注目すべきことである。そうした変化の兆しと現状の構造的文脈を踏まえて、教育における性差とジェンダーの問題を考えることが重要である。

●注

1 江原由美子ほか著『ジェンダーの社会学』新曜社、一九八九年。
2 藤田英典『子ども・学校・社会』東京大学出版会、一九九一年。宮島喬・藤田英典編著『文化と社会』(放送大学テキスト)放送大学教育振興会、一九九三年。
3 女性学研究会編『ジェンダーと性差別』勁草書房、一九九〇年。
4 片岡徳雄編『教科書の社会学的研究』福村出版、一九八七年。
5 図1から図4は『あたらしいせいかつ1』平成四(一九九二)年、『新しい生活2』平成四年、『新しい技術・家庭上』平成三年(いずれも東京書籍株式会社)より引用。
6 女性学研究会編、前掲書。天野正子「『性と教育』研究の現代的課題」『社会学評論』一五五号、一九八八年、二六六―二八三頁。宮崎あゆみ「ジェンダー・サブカルチャーのダイナミズム」『教育社会学研究』第五二集、東洋館出版社、一九九三年、一五七―一七七頁。
8 B・バーンスティン著、萩原元昭編訳『教育伝達の社会学』明治図書、一九八五年。
9 木村涼子「ジェンダーと学校文化」長尾彰夫・池田寛編『学校文化』東信堂、一九九〇年、一四七―一七〇頁。

あとがき

本書は、筆者が過去十数年の間に書いた七篇の論文をまとめたものである。そのうちの一篇は一九八九年、四篇は九三年から九五年にかけて書いたものであり、そして、九五年の二論文の一つは、八九年に書いた論文を元にしたものである。本書への所収に際して、ごく僅かの表現を訂正したことと、原論文公表の経緯との関連で挿入されていた文章を一部削除したことを除いては、原論文をそのまま収録した。

そのようなわけで、使用しているデータには若干古いものもある。また、この間、関連する諸制度・政策も急速に展開しており、幾つかの点で論文執筆時から事態がさらに進展している点もある。本来なら、一冊の本にまとめるに際しては、新しいデータと入れ替え、重複を可能なかぎり排除し、叙述についても必要な修正を施すべきところであろう。そう思いながら、他の仕事にかまけて、数年が過ぎた。

今回、その作業をせずに一冊の本にまとめることにしたのは、そのために出版をさらに先延ばしするよりも、それらの論文をより多くの方に少しでも早く読んで頂く方が好ましいと判断したからである。そこで提起した視点・論点や問題点は、今日ますます重要になっていると思うからである。

とはいえ、筆者は、必ずしも家族・ジェンダー研究を専門にしてきたわけではない。それにもかかわらず、一連の論文を書くことになったのは、多くの場合、請われたからでもあるが、それだけでなく、教育社会学を専門にする者として、子どもの生活・成長や青少年問題・教育問題や教育・社会の在り方などについて考えるうえで、家族・ジェンダーの問題は避けて通ることのできない重要な問題だと感じられたからである。

専門の研究者からみれば、あるいは的はずれだと言われるような議論や解釈をしているかもしれない。しかし、筆者が専門に研究してきた領域からすれば、本書で提起している視点・論点や問題点は、それなりに根拠のある重要なものだと自負している。専門研究者の方々を含めて、多くの読者を得ることができるなら、このうえない幸せである。

藤田英典

二〇〇三年三月八日

初出一覧

〈家族論〉

1 家族の現在——変貌する家族、〈家族〉への憧れ（『東京大学公開講座66 家族』東京大学出版会、一九九八年）

2 家族の変容と子どもの教育（「家庭教育研究セミナー・国際セミナー報告書」国立婦人教育会館、一九九五年）

3 近代家族の展開と教育——戦後マイホーム主義を中心として（「教育政策と家族(1)」「ＭＩＲＡ研究叢書 わが国の家族と制度・政策に関する研究」総合研究開発機構、一九八九年）

4 社会・家族の変化と幼児（『講座 幼児の生活と教育5 幼児教育の現在と未来』岩波書店、一九九四年）

5 ポストモダン社会における家族と青少年（「家庭教育研究セミナー・国際セミナー報告書」国立婦人教育会館、一九九五年）

〈ジェンダー論〉

6 ジェンダー問題の構造と〈女性解放プロジェクト〉の課題（藤田・黒崎・片桐・佐藤編『教育学年報7 ジェンダーと教育』世織書房、一九九九年）

7 教育における性差とジェンダー（『東京大学公開講座57 性差と文化』東京大学出版会、一九九三年）

著者略歴

藤田英典（ふじた・ひでのり）
東京大学大学院教育研究科教授
著書に『子ども・学校・社会』（東京大学出版会、1991年）『教育改革』（岩波新書、1997年）『市民社会と教育』（世織書房、2000年）、共編著に『文化と社会』（有信堂、1991年）『教育学年報』（世織書房, 1992～2002年）『シリーズ学びと文化』（東京大学出版会、1995～96年）、訳書にカッツ，M.『階級・官僚制と学校』（共編訳、有信堂、1989年）などがある。
2000年3月から2000年12月まで教育改革国民会議委員を務める。2003年4月より、国際基督教大学教授。

家族とジェンダー——教育と社会の構成原理

2003年3月31日　第1刷発行

著　者｜藤田英典
発行者｜伊藤晶宣
発行所｜(株)世織書房
組版・印刷所｜(株)マチダ印刷
製本所｜協栄製本(株)

〒240-0003 神奈川県横浜市保土ヶ谷区天王町1丁目12番地12
電話045(334)5554　振替00250-2-18694

落丁本・乱丁本はお取替いたします　Printed in Japan
ISBN4-906388-99-X

藤田英典　市民社会と教育　新時代の教育改革・私案　二九〇〇円

広田照幸　陸軍将校の教育社会史　立身出世と天皇制　五〇〇〇円

佐藤　学　カリキュラムの批評　公共性の再構築へ　四八〇〇円

矢野智司　ソクラテスのダブル・バインド　意味生成の教育人間学　二六〇〇円

森田伸子　テクストの子ども　ディスクール・レシ・イマージュ　二六〇〇円

齊藤　孝　息の人間学　二六〇〇円

〈価格は税別〉

世織書房